东北师范大学青年学者出版基金资助

中央高校基本科研业务费专项资金资助

国家社会科学基金重点项目资金资助（08AGJ001）

教育部人文社会科学研究青年基金项目资金资助（15YJC790143）

张　见　刘力臻◎著

Study on the Internal-External Imbalance
and Policy Mix in Open Economy

开放经济中的内外失衡
与政策组合研究

人民出版社

策划编辑:郑海燕

封面设计:吴燕妮

责任校对:吕　飞

图书在版编目(CIP)数据

开放经济中的内外失衡与政策组合研究/张见,刘力臻 著.
　-北京:人民出版社,2016.1
ISBN 978－7－01－015602－6

Ⅰ.①开…　Ⅱ.①张…②刘…　Ⅲ.①中国经济-开放经济-研究　Ⅳ.①F125

中国版本图书馆 CIP 数据核字(2015)第 301299 号

开放经济中的内外失衡与政策组合研究

KAIFANG JINGJI ZHONG DE NEIWAI SHIHENG YU ZHENGCE ZUHE YANJIU

张 见　刘力臻　著

人民出版社 出版发行

(100706　北京市东城区隆福寺街 99 号)

北京汇林印务有限公司印刷　新华书店经销

2016 年 1 月第 1 版　2016 年 1 月北京第 1 次印刷
开本:710 毫米×1000 毫米 1/16　印张:17.25
字数:223 千字

ISBN 978－7－01－015602－6　定价:45.00 元

邮购地址 100706　北京市东城区隆福寺街 99 号

人民东方图书销售中心　电话 (010)65250042　65289539

目　　录

导　　论

第一节　研究背景与问题

一、研究背景

(一)关于政策干预经济的理论分歧依然存在

政府旨在干预经济的宏观政策到底有没有存在的必要,自经济学产生的那一刻起,就一直争论不休。

古典经济学(Classical Economics)认为经济活动是内在平稳的,不需要干预,政府只需要扮演"守夜人"的角色。传统凯恩斯主义经济学(Traditional Keynesian Economics)则认为需求不足是宏观经济的普遍特征,因此经济是需要被干预的,政府应该及时采取最优的宏观政策来抚平经济波动的幅度,减少波动的危害,以实现经济的平稳增长。20世纪70年代,在货币主义和理性预期学派的基础上产生了新古典宏观经济学(New Classical Macroeconomics,NCM)。新古典宏观经济学遵循古典经济学的传统,以新古典微观经济学为基础,相信市场是有效的,认为只要市场机制得到充分的发挥,经济的短期波动及由此引发的一系列宏观经济问题都可以自发地得到解决,积极干预的宏观经济政策不仅不能很好地解决问题,而且可能会使问题变得更加复杂,使原本健康的经济体系受到伤害。新古典宏观经济学派同时从研究方法和研究结论两个角度对传统凯恩斯主义经济学进行了严厉的批评,他们认为,

1

宏观经济学的建立必须要有微观基础,政府不应该对经济进行无谓的干预。面对挑战,新凯恩斯主义经济学(New Keynesian Economics, NKE)适时兴起。新凯恩斯主义经济学把传统凯恩主义经济学关于价格粘性等主要假定,同新古典宏观经济学的基于微观经济主体的研究方法结合起来,为政策干预经济找到了微观基础。

(二)政策干预已经成为世界经济的显著特征

尽管在理论上对于政策干预经济的必要性一直存在分歧,但是事实上,从 20 世纪 30 年代的大危机开始,世界各国政府就从没停止过对经济的政策干预。适当的政策干预不仅可以化解经济危机,而且能够确保经济实现平稳健康发展。

例如,1929—1933 年的大萧条(The Great Depression)之后,美国通过"罗斯福新政"实施了一系列旨在克服经济危机的政策措施,包括以加强金融监管和促进货币流动为目标的金融货币政策,以增强美国商品对外竞争力为目标的汇率贬值政策,以"以工代赈"为主要形式的积极财政政策。在一系列宏观经济政策的有效搭配和共同作用下,从 1935 年开始,美国几乎所有的经济指标都开始好转,逐步摆脱了大萧条的困境。20 世纪末,面对东南亚金融危机对我国实体经济造成的冲击,我国政府及时地调整了宏观经济政策的目标和模式,实行积极的财政政策和货币政策,使我国经济保持了平稳高速增长的态势。21 世纪初,面对由美国次贷危机发展而来的全球金融危机的冲击,世界各国纷纷采取了必要的宏观经济政策来加以应对,特别是美国的量化宽松货币政策,对美国经济的恢复和发展起到了十分重要的作用。

现在,制定和执行适当的宏观经济政策以确保经济的健康均衡发展,已经成为各国政府的主要职能之一,政策干预已经成为世界经济的显著特征。

(三)政策组合失误成为政策干预的主要障碍

适当的政策干预已经成为化解经济危机,确保经济实现平稳健康发展的必要手段。同时,我们也应该清醒地认识到,政策干预并不是总能实现预期的政策效果,有的时候甚至会与我们所预期的政策效果相反,导致这种现象的主要原因就是政策组合的失误。

例如,面对 20 世纪 70 年代的"滞胀"现象,西方发达国家纷纷采取以反通货膨胀为主要目标的政策组合模式,事实证明,不仅没有起到很好的反通货膨胀效果,而且还导致经济更加萧条。在 20 世纪末的日本泡沫经济中,为了缓解日元升值对经济造成的影响,日本政府实行以降息和增加货币供应为主要特征的货币政策,搭配以减少国债和减少税收为主要特征的财政政策,结果不仅没有起到刺激实体经济发展的政策效果,反而进一步刺激了泡沫经济的膨胀,最终给日本经济造成了难以估量的损失。20 世纪 90 年代东南亚金融危机爆发的一个重要原因就是亚洲一些国家采取了不恰当的金融政策组合形式,这些国家为了吸引外资,在实行固定汇率政策的同时大力推行金融自由化政策,使国际游资有了可乘之机。

当前,对于世界各国政府而言,要不要干预经济似乎已经不再是一个问题,现在的问题是应该采取怎样的政策组合以更好地实现政策干预的预期效果。

(四)内外失衡已经成为中国经济的主要矛盾

改革开放以来,中国经济取得了举世瞩目的发展成就,2009 年,中国的 GDP 总量跃居世界第三,仅次于美国和日本;2010 年,中国的 GDP 总量超越日本,成为仅次于美国的世界第二大经济体。与此同时,中国经济内外失衡的问题也越来越严重。

从内部来看,经济失衡主要表现在两个方面:

第一,就业形势严峻。虽然我国统计的城镇登记失业率近几年一直徘徊在 4% 左右,但实际上中国的就业形势要严峻得多。尤其显著的是隐性失业问题,比如城镇里相当一部分工人工作量不足,不能获得社会认可的正常收入,农村大量少地或无地的农民,也不能够通过从事农业生产来获得正常收入。

第二,通胀压力和通缩压力反复交替。《中国统计年鉴2009》的数据显示,2008年我国居民消费价格指数为105.9,商品零售价格指数为105.9,工业品出厂价格指数为106.9,原材料价格指数为110.5,固定资产投资价格指数为108.9,通货膨胀压力十分明显。2009年之后,虽然地方各级政府推出了抑制房价等相关措施,但是房地产市场价格上升迅猛,资产泡沫和通胀压力都越来越大。然而来自国家统计局官方网站的最新数据显示,2013年1月到2015年2月,我国居民消费价格月度环比指数长期徘徊在100左右,并且反复多次出现价格水平环比下降的情况,这预示着中国的物价水平又开始面临着一定的通货紧缩压力。

从外部来看,经济失衡主要表现在两个方面:

第一,人民币不断升值,而且升值的压力还在不断增强,汇率的相对稳定也越来越困难。

第二,国际收支失衡的主要表现是经常项目顺差持续扩大,资本与金融项目波动过大,外汇储备规模过大。随着中国资本项目开放的逐步推进,以及人民币汇率形成机制改革的继续深化,中国国际收支长期以来的双顺差现象有所改观,主要表现为中国国际收支的资本与金融项目开始出现逆差。然而,中国的国际收支依然存在失衡,具体表现为经常项目顺差持续扩大,资本与金融项目出现了大进大出的现象,外汇储备规模在接近于4万亿美元的高位徘徊。

二、研究问题

总的来看,虽然理论界对于政府干预经济的必要性依然争论不休,但是在实际中世界各国政府对经济的主动干预从来都没有停止过。回顾政府干预经济的历史,有成功也有失败,但是这丝毫没有影响到各国政府运用政策干预经济的努力,即使是那些宣称经济完全自由的国家。

进入 21 世纪,世界各国的经济联系越来越紧密,各国经济面临的问题也越来越多,其中最为显著的是内外经济失衡的问题,政府对经济的宏观调控也变得经常化,政府干预经济已经成为当前世界经济中最显著的特征之一。现在,对于世界各国政府而言,要不要干预经济似乎已经不再是一个问题,现在的关键问题是:应该采取怎样的政策组合以更好地实现政策干预经济的预期效果。基于以上背景,本书确定了所要研究的问题:开放经济中的内外失衡现象,以及应对内外失衡的政策组合。具体而言,本书要研究的核心问题是宏观政策组合,研究政策组合的动机或目标是要解决开放经济条件下宏观经济内外失衡的问题。

第二节　理论研究现状

通过回顾理论经济学界关于政策干预经济的争论,我们发现提倡政策干预经济的经济学理论主要有两个:传统凯恩斯主义经济学(Traditional Keynesian Economics)和新凯恩斯主义经济学(New Keynesian Economics)。新凯恩斯主义经济学是传统凯恩斯主义经济学的发展和延伸。虽然二者都提倡积极的政策干预,但是因为研究方法和部分假定的不同,导致他们对于政策组合有不同的见解。本书对已有的关于政策组合的研究文献的梳理也将遵循从传统凯恩斯主义经济学到新凯恩斯主义经济学的发展过程。

一、传统凯恩斯主义政策理论的应用:政策组合理论的建立

凯恩斯(John Maynard Keynes,1936)出版了《就业、利息和货币通论》一书,标志着宏观经济学的建立。在该书中,凯恩斯主张通过宏观经济政策来调节总需求,以实现经济平稳增长。

作为对凯恩斯政策理论的应用,詹姆斯·米德(James Meade, 1951)最早提出了政策组合思想,他在对开放经济条件下的内外双均衡问题作系统研究时,发现在开放经济条件下,单一宏观经济政策的实施,可能会导致内部平衡目标和外部平衡目标的冲突,即无法通过单一的宏观经济政策同时实现内部均衡目标和外部均衡目标,这种现象被称为"米德冲突"(Meade Conflict)。在此基础上,他提出了通过政策组合来实现内外均衡目标的思想。

简·丁伯根(Jan Tinbergen,1955)从对策角度提出了 N 个宏观经济目标要有 N 种宏观经济调控工具的"丁伯根法则"(Tinbergen's Rule)。关于内外均衡的政策组合问题,他认为如果内部均衡和外部均衡两个独立的目标要同时达到的话,政策当局一般至少需要两个或两个以上独立的政策工具,只有特定的政策工具针对特定的经济目标,才可能相对避免或减少单一工具下两个目标的冲突。

斯旺(Swan,1955)用直角坐标图生动形象地说明了开放经济内外矛盾与和谐的各种组合模式及政策组合,被称为"斯旺图型"(Swan diagram)。

二、传统凯恩斯主义政策组合的基本框架:蒙代尔—弗莱明模型

广义的蒙代尔—弗莱明模型泛指基于最初的蒙代尔—弗莱明分析框架和传统凯恩斯主义经济学理论来进行政策分析的一系列模型。

马库斯·弗莱明(John Marcus Fleming,1962)和罗伯特·蒙代尔(Robert Alexander Mundell,1963)为开放经济条件下宏观经济内外双均衡的政策组合研究建立了分析平台,探讨了不同的汇率制度及资本流动约束下,财政政策和货币政策各自以及相互搭配运用对经济增长和内外均衡的具体效应,创立了著名的"蒙代尔—弗莱明模型"(M-F

Model）。蒙代尔—弗莱明模型是詹姆斯·米德的政策组合思想与凯恩斯理论的综合。

鲁迪格·多恩布什（Rudiger Dornbusch，1976）以蒙代尔—弗莱明模型为基础建立了汇率决定的粘性价格货币模型（Sticky Price Monetary Approach），提出了汇率超调理论（Overshooting）。汇率超调模型继承了蒙代尔—弗莱明模型中固定价格的分析，假定在短期内价格粘性，并采取了蒙代尔—弗莱明模型中的商品和货币市场均衡的分析。同时他对蒙代尔—弗莱明模型进行了修正，在蒙代尔—弗莱明模型中，假定是静态预期，而多恩布什引入了理性预期的分析。因为多恩布什模型和蒙代尔—弗莱明模型是一脉相承的，所以又被称为"蒙代尔—弗莱明—多恩布什模型"（Mundell-Fleming-Dornbusch Model）。

克鲁格曼（Krugman，1998）在蒙代尔—弗莱明模型的基础上，提出了国际经济学中的一个著名论断——三元悖论（The Impossible Trinity）。三元悖论揭示了资本完全流动、汇率稳定和货币政策独立三者之间的相互制衡关系，即一个国家只能同时实现资本完全流动、汇率稳定和货币政策独立这三个目标中的两个，而不可能同时实现三个目标。

三、新凯恩斯主义的开放经济分析框架：新开放宏观模型

新开放宏观模型是以REDUX模型为代表的新开放宏观经济学的一系列模型。新开放宏观经济学是新凯恩斯主义经济学在开放经济条件下的运用。

20世纪70年代的经济"滞胀"现象，对以传统凯恩斯主义为基础的政策分析框架提出了严峻挑战。同时，传统凯恩斯主义宏观经济学缺乏微观基础这一缺陷也受到了新古典宏观经济学者的广泛批评。

基于穆斯（Muth，1961）的理性预期思想，新古典宏观经济学的杰出代表卢卡斯（Lucas，1976）认为宏观经济政策的变化会影响到理性的

微观经济主体的决策行为,从而引起宏观经济政策不能获得预期效果。因此,他认为缺乏微观基础的宏观经济政策分析会产生偏差。卢卡斯的这一著名论断被称为"卢卡斯批判"(Lucas Critique)。

面临来自理论和实践两方面的挑战,坚持工资和价格粘性的一批中青年凯恩斯主义经济学者开始为传统的凯恩斯主义经济学建立微观基础,代表性的研究者包括史丹利·费希尔(Stanley Fischer,1977),菲尔普斯和泰勒(Phelps 和 Taylor,1977),鲍尔、曼昆和罗默(Ball,Mankiw 和 Romer,1988),等等。通过众多中青年凯恩斯主义经济学者的不懈努力,新凯恩斯主义经济学(New Keynesian Economics)逐步形成,并成为与新古典宏观经济学(New Classical Macroeconomics)并立的当代宏观经济学的两大主流学派。

奥博斯菲尔德与罗格夫(Obstfeld 和 Rogoff,1995)以开放经济为前提,开创性地将垄断竞争和名义价格粘性纳入动态一般均衡模型中,为深入解析开放经济内外均衡提供了非常精致的理论平台,开创了"新开放经济宏观经济学"(New Open Economy Macroeconomics)。奥博斯菲尔德与罗格夫(Obstfeld 和 Rogoff,1998)还在动态一般均衡模型中加入随机因素,形成了动态随机一般均衡(DSGE)的分析框架。

新开放经济宏观经济学是新凯恩斯主义在开放经济条件下的应用和发展,是进行开放经济分析的一个全新框架。相对于传统凯恩斯主义的开放经济分析框架而言,新开放经济宏观经济学方法不仅具有了微观基础,而且还可以进行福利分析,可以考察宏观经济政策的变化对经济主体福利的影响。不过,由于分析过程的复杂性,相对于传统凯恩斯主义的开放经济分析框架而言,新开放经济宏观经济学并不是一个成熟的政策组合框架,从而限制了其在实践中的应用。柯赛蒂和佩森蒂(Corsetti 和 Pesenti,2001)尝试利用"奥罗分析框架"对宏观经济政策进行系统分析,详细研究了财政政策与货币政策的传导机制、作用效果和福利效应。

虽然新开放宏观经济学的"奥罗分析框架"作为一个全新的开放经济分析框架得到了学术界的广泛认可,但是该框架目前主要被运用于汇率动态行为研究,基于"奥罗分析框架"的系统的政策组合研究还十分缺乏。

四、理论研究评述

通过对相关理论研究文献的梳理,我们可以得到以下五个主要结论:

第一,新凯恩斯主义政策组合理论是传统凯恩斯主义政策组合理论的发展。新凯恩斯主义政策组合理论坚持传统凯恩斯主义政策组合理论关于货币非中性、不完全竞争、不完全信息和工资(价格)粘性的主要观点,同时吸收了新古典宏观经济学关于理性预期的假定和基于微观经济主体的研究方法。新凯恩斯主义经济学在开放经济条件下的运用是新开放宏观经济学。新开放宏观模型是以 REDUX 模型为代表的新开放宏观经济学的一系列模型。

第二,传统凯恩斯主义政策组合理论以局部均衡为主要分析框架,而新凯恩斯主义经济学则以一般均衡为主要分析框架。

第三,传统凯恩斯主义政策组合理论以静态或比较静态为主要的分析手段,而新凯恩斯主义经济学则广泛地使用了动态分析的研究方法。

第四,传统凯恩斯主义经济学已经具备了相对完备的政策组合体系,应用性较强,而新凯恩斯主义经济学还没有形成完备的政策组合体系,更加偏重于学术研究,应用性较弱。

第五,传统凯恩斯主义政策组合理论无法进行福利分析,而新凯恩斯主义政策分析框架则可以更好地进行政策组合的福利分析。

第三节　应用研究现状

一、国外关于政策组合的应用研究

（一）基于传统凯恩斯主义政策组合理论的应用研究

相对于以新凯恩斯主义政策组合理论为基础的应用研究而言，以传统凯恩斯主义政策组合理论为基础的应用研究自产生以来就一直受到政府决策部门的偏爱，因为建立在传统凯恩斯主义政策组合理论上的模型更加简单明了，可操作性强。根据侧重点不同，已有的应用研究可以分为以下几类：

一些研究侧重于分析政策组合的效果。例如，霍姆斯（Holmes，1972）应用传统凯恩斯主义经济学的政策理论，分析了财政政策和货币政策在存在失业的两国一般均衡框架下的效果，研究发现一个或两个国家的扩张性货币政策会提高两个国家的价格、收入和就业水平，但对国际资本流动的影响并不确定；一个国家的扩张性财政政策会提高该国的价格、收入和就业水平，并且会降低资本从该国流出。

一些研究侧重于分析政策之间的关系。穆萨（Mussa，1976）研究发现，相对于固定汇率制，在管理浮动的汇率制度下，财政政策与货币政策的冲突问题要小得多，但是不能完全消除。格雷厄姆（Graham，1997）认为在面临国际收支赤字的时候，外部融资和内部政策调整是两种互补而不是替代的处理手段，其中，内部政策调整的方向不仅要进行总量调整，更要重视结构性调整。阿德格莱（Ardagna，2004）研究了财政紧缩影响政府债务产出比和经济增长的决定因素和渠道，发现成功的扩张性财政政策并不是扩张性货币政策或汇率贬值搭配的结果。

一些研究侧重于计量经济分析。法提赫（Fatih，1997）通过对土耳其政策组合实践的分析，认为仅仅使用货币政策来确保价格平稳是不恰当的,他强调财政政策和货币政策协调搭配在实现物价稳定目标中的重要性。哈彻森(Hutchison,2010)等通过考察 66 个新兴市场和发展中国家的 83 次国际收支骤停(Sudden-stop)危机,分析了财政政策和货币政策在国际收支骤停危机期间对产出的影响,研究发现确保国际收支骤停期间产出损失最小的财政政策与货币政策的组合应该是相机决策的财政扩张政策组合中性的货币政策。

(二)基于新凯恩斯主义政策组合理论的应用研究

虽然基于新凯恩斯主义政策组合理论的应用研究比基于传统凯恩斯主义政策组合理论的应用研究的起步要晚很多,但是基于新凯恩斯主义政策组合理论的应用研究成果却非常丰硕,尤其是 1995 年奥博斯菲尔德与罗格夫的经典论文"Exchange Rate Dynamics Redux"发表以来,以新凯恩斯主义政策组合理论为基础的应用研究占据了这类研究的主体。

一些应用研究试图为财政政策与货币政策的搭配寻找一个一般性的最优化规则。例如,施密特和乌里韦(Schmitt 和 Uribe,2007)在粘性价格和税收扭曲的条件下分析了福利最大化目标下的财政政策与货币政策规则,并与拉姆齐最优政策规则(Ramsey Rule)进行了比较,研究发现对产出沉默回应的货币政策和对产出积极回应的利率政策会导致显著的福利损失;最优的财政政策和货币政策组合可以获得与拉姆齐最优政策规则(Ramsey Rule)几乎相同的福利水平。利斯和萨顿(Leith 和 Thadden,2008)研究了没有李嘉图等价的确定性动态均衡情况下的财政和货币政策规则,分析发现在不明确政府赤字水平的情况下,是不可能推断出应该使用什么力度的财政和货币政策工具来确保确定性动态均衡的成立,他们还进一步找到了导致本地确定需求数量发生变化的稳态的政府赤字的门限水平。阿塞纽和丘格(Arseneau 和 Chugh,2008)研究了在工资谈判成本很高的情况下最优的财政政策和货币政策组合问题。阿鲁巴和丘格(Aruoba 和 Chugh,2010)研究了最

11

优财政政策和货币政策配合,发现货币问题与财政政策存在深层次的相关性。玛拉蒂(Marattin,2011)等人建立了一个一般均衡模型,通过设定不同的扭曲,来评估不同的货币政策制度下的财政政策选择配置的福利大小。帕帕格奥吉奥(Papageorgiou,2012)通过在一个新古典增长模型中增加一个相对富裕的公共部门,用以校准希腊经济,进而分析财政政策改革对于宏观经济和社会福利的影响。比安奇(Bianchi,2012)通过建立允许财政政策和货币政策组合变换和结构冲击变换的具有微观基础的模型来分析了第二次世界大战后的美国经济。多西(Dosi,2015)等人基于代表人模型分析了当经济主体面临银行危机和经济衰退时的财政政策和货币政策最恰当的组合。

一些应用研究尝试用计量经济学的分析方法来检验新凯恩斯主义政策组合理论的相关结论。例如,马斯科塔利(Muscatelli,2004)等人运用 VAR 模型和新凯恩斯主义经济学的动态一般均衡模型分析了美国的财政政策与货币政策的相互关系,研究发现财政政策和货币政策的搭配主要取决于外生冲击的类型和结构模型背后的假定;如果财政政策和货币政策没有很好地协调,则反周期的财政政策可能会降低福利。纳赛尔(Nasir,2010)等人利用 VAR 模型和 1975—2006 年的年度数据,分析了巴基斯坦的财政政策与货币政策的协调情况,结果显示巴基斯坦的财政政策和货币政策的协调程度很低。戴维格和利珀(Davig 和 Leeper,2011)估计了美国的财政政策和货币政策在积极与消极之间转换的马尔可夫机制(Markov Mechanism),研究认为政府支出具有期内和跨期的替代效应和财富效应,但是对经济的最终影响取决于当前的和预期的财政政策和货币政策,积极的货币政策和消极的财政政策会导致政府消费挤出私人消费,较高的财产税会产生较强的负财富效应。弗拉泽塔和奇沙诺娃(Fragetta 和 Kirsanova,2010)基于小规模开放经济的结构一般均衡模型和贝叶斯估计方法(Bayesian Estimation Method),研究了英国、美国和瑞士的财政政策和货币政策互动中的主导政策机制,研究发现英国和瑞士符合财政政策占主导的模型,而美国的主导政策由纳什均衡(Nash Equilibrium)或非策略机制决定。切维克(Cevik,2014)等人通过马尔可夫机制转换模型实证分析了欧洲新兴经济体的财政政策与货币政策的互动关系。马赫福兹(Mahfoudh,2014)以突尼斯为例,基于结构 VAR 模型实证分析了新兴经济国家的财政政策和货币政策组合。

除此之外,基于新凯恩斯主义政策组合理论的其他应用研究也值得我们的关注。例如,萨顿(Thadden,2004)研究发现如果考虑名义的政策债务,在以下两种政策组合下宏观经济的动态性质有显著区别:以增长为目标的积极的货币政策组合消极的财政政策;以反通胀为目标的积极的货币政策组合消极的财政政策。巴奈特(Barnett,2005)利用一个简单的 AK 增长模型,分析了三种不同的宏观经济政策协调模式对长期增长的影响,发现财政政策通常会限制货币政策的实施,因此,为了更好地发挥财政政策和货币政策的作用,两种政策必须加强协调。亚当和比尔(Adam 和 Bill,2014)分析了扭曲性税收环境下,通胀保守主义的中央银行的作用,结果发现如果财政政策和货币政策的独立决策部门同时作出政策决定时,通胀保守主义会导致财政超支;如果财政政策在货币政策之前决定,通胀保守主义会导致财政支出下降。

总体而言,由于模型较为复杂,基于新凯恩斯主义政策组合理论的应用研究更加偏重于学术性,而基于传统凯恩斯主义政策组合理论的应用研究对于宏观调控的决策者而言更加受欢迎。为了更好地让基于新凯恩斯主义政策组合理论具有可操作性,本书将以新开放宏观模型为基础建立一套系统的宏观政策组合原则和组合模式。

二、国内关于政策组合的应用研究

国内学术界关于宏观政策组合的应用研究开始于 20 世纪 80 年代。随着改革开放的深入,以及世界经济环境的变化,对我国宏观调控政策的要求也越来越高,在国内学术界相应地产生了大量的研究成果。

在这些研究中,只有极少数研究是以新凯恩斯主义政策组合理论为基础的。例如,张瀛(2006)在 OR 模型分析框架下,构建了一个包含卡尔沃价格交错调整粘性和垄断竞争的两国动态一般均衡模型,分析了金融市场和商品市场一体化程度对财政政策和货币政策效果的影响,其结论与 M-F 模型的结论不同,他认为开放条件下财政政策和货币政策的有效性取决于商品市场和金融市场一体化程度及二者的相互作用。陈智君(2008)在柯赛蒂和佩森蒂的研究基础上,从微观经济分析出发,建立了新开放宏观经济学的政策组合理论框架,在该框架之内,展示了一个具有普遍适用意义的图形分析,涵盖了货币政策、汇率政策和资本管制政策相互搭配的各种可能性。贾俊雪和郭庆旺(2012)构建了一个新凯恩斯动态随机均衡模型,以中国经济为样本,在更加现实的经济条件下探究具有较强可操作性的最优财政政策和货币政策规则;同时深入考察了财政支出的生产效应和效用效应,澄清其在刻画财政政策作用机理方面的作用及其对最优财政政策和货币政策规则特性的影响。朱柏松(2013)在动态随机一般均衡模型的框架下引入了财政政策和货币政策的联动性机制,考察两大政策的搭配如何影响我国宏观经济的波动。朱军(2014)在动态随机一般均衡模型的框架下,构建适合中国国情的动态新凯恩斯主义 DSGE 模型以研究不同财政政策和货币政策规则的搭配效应。

根据研究的侧重点不同,基于传统凯恩斯主义政策组合理论的应用研究主要可以分为以下几种类型:

(一)侧重于评价和改进传统政策组合模型的研究

1. 一般性研究

赵儒煜(1994)认为传统的政策组合理论存在两大缺憾:第一,内外两个平衡同时实现的最佳目标设定存在缺陷;第二,传统理论在论述各个政策自身的功用及其搭配原理上也存在局限。苏剑(1998)以 IS

曲线和 LM 曲线在两个坐标轴的截距为参照点,分析了决定 IS 曲线和 LM 曲线斜率的各个具体因素对货币政策与财政政策效果的不同影响,从而更加准确地明确了宏观经济政策在不同条件下的作用效果。张延(1999)利用等比数列求和法考察了 IS-LM 模型中的财政政策与货币政策的效力问题。郭庆旺和赵志耘(2000)利用简明的图形生动地阐述了在蒙代尔—弗莱明模型的框架下,不同汇率制度下的财政政策和货币政策的有效性问题。盛斌(2001)把汇率超调和预期冲击的概念嵌入蒙代尔—弗莱明模型,论述了短期内价格固定和产出固定时预期冲击和非预期冲击条件下,不同财政政策和货币政策对价格汇率和产出的影响。程实(2007)尝试拓宽传统政策组合理论的边界,将"如何进行政策组合"的关键问题具体分解为"必要性评价、存在性判断和指派法则确定"三个步骤。黄余送和梅鹏军(2007)通过放松 M-F 模型的前提条件,分析了浮动汇率制度下大国经济的最佳政策组合,得出了低估本币汇率水平时扩张性货币政策效果明显,高估本币时扩张性财政政策效果明显的结论。王文甫(2007)通过把政府购买和货币同时引进效用函数中,建立一般模型,得出最优条件,然后在内生增长理论的分析框架下,讨论两者对经济的影响及其相互关系,研究认为经济存在一条平衡增长路径,财政政策在长期内是有效的,而货币政策呈现出非"超中性"。黄德权(2008)通过在 IS-LM 模型中加入基尼系数,研究发现,基尼系数的增大将削弱货币政策的效应而增强财政政策的效应。逄淑梅等(2015)通过在标准的 IS-LM-BP 模型中考虑跨境金融资产和负债这一影响货币需求的因素,构建了资本不完全流动、有管理的浮动汇率制下的两国宏观调控模型。

2. 结合中国实际的研究

吴骏等(2006)结合中国经济实际对蒙代尔—弗莱明模型的国际收支平衡线进行修正,并运用修正后的蒙代尔—弗莱明模型分析了开放经济条件下的财政政策与货币政策的执行效果。龚敏和李文溥

（2007）基于 AD—AS 模型，估计了一个包含产出和价格水平的结构式向量自回归模型，对我国宏观政策组合的目标提出了新的见解，他们认为我国的宏观调控应该更加重视供给管理而不是需求管理。高坚和杨念（2007）构建了一个有中国特色的总供给—总需求模型，并且对模型进行了计量分析和动态稳定性分析，结果表明，为了使经济能够得到稳定，并减少波动，财政政策与货币政策不仅应该遵守一定的调控规则，而且应该有一定程度的配合。王文甫和明娟（2009）运用 SVAR 模型研究发现，中国数据与 AD—AS 模型的经济学内涵在一定程度上具有不匹配性，因此他们认为在运用凯恩斯主义来作为分析中国宏观经济问题和制定政策组合的理论基础时需要慎重。

（二）侧重于分析政策之间互动关系的主要研究

研究政策之间的互动关系有助于我们更好地选择适当的政策组合模式。

孙华妤（1998）研究认为财政政策的变动会对货币供给造成影响，因此，财政政策与货币政策的配合问题仍然是影响我国经济发展和通货膨胀的重要因素，需要给予充分的分析和重视。李春琦（2001）通过分析财政政策对货币政策执行效果的影响，探讨了财政政策与货币政策有效搭配的机制。赵丽芬、李玉山（2006）通过构建一个由真实 GDP 增长率、财政赤字占 GDP 比重、货币供给 M_2 增长率和零售物价指数变化率 4 个变量组成的 VAR 模型，对我国财政政策与货币政策相互作用的关系及其动态性进行了实证分析，研究发现在我国不存在简单的财政政策和货币政策的互补或替代关系，而是一种非对称性的关系，即扩张的货币政策伴随着收缩或稳健的财政政策，而扩张的财政政策导致被动扩张的货币政策。晏露蓉等（2008）透过我国货币当局资产负债表，深入观察并揭示了反映经济发展规律与本质的货币运行特征，以财政政策的四大主要政策工具为主线，采取定量与定性相结合的方法，分析了财政政策对货币运行特征的影响机理与程度，财政政策与货币政策协调空间和互动架构。张志栋和靳玉英(2011)利用 MS-VAR 模型检验我国财政政策和货币政策在价格决定中的作用区制。刘贵生和高士成(2013)通过构建结构向量自回归(SVAR)模型对我国财政支出的调控效果进行实证分析,研究发现货币政策变量和价格因素对财政政策的实证分析具有重要作用;财政支出对通货膨胀的调控具有一定作用;财政支出对私人支出具有部分挤出效应。

(三)侧重于提出政策组合建议的主要研究

1. 以优化政策组合过程为目标的建议

王松奇(1987)论述了政策组合需要注意的四个问题:主辅关系、政策手段、政策形式和出台时间。席克正、丛树海(1993)强调财政政策与货币政策的搭配不仅要以实现经济总量的平衡为目标,而且要以实现经济结构的平衡为目标。黄志刚(2001)指出了蒙代尔模型和斯旺模型关于政策组合和路径选择的一些不足,分别就"线性状态"和"非线性状态"两种情况,提出了最优调节路径的寻找和选择方法。蔡思复(2003)利用"三缺口模型",建立了我国财政政策、货币政策和外贸政策的新的搭配运作关系。类承曜、谢觐(2007)建议建立财政政策和货币政策协调委员会,以实现财政政策和货币政策的协调配合。王经绫和周小付(2014)研究认为应当把政府债务政策置于和财政政策、货币政策并列的地位,在政策工具上,设立独立的债务政策目标和工具;在政策协调的框架上,以主权资产负债表管理为框架促进政策之间的合作;在体制方面,促进财政政策和货币政策对政府债务政策的松绑。

2. 以追求内外均衡为主要目标的建议

姜波克(1998)针对开放经济条件下,中国国内的经济政策常常与国际社会的反应相冲突的现实情况,研究和设计了适合中国国情的宏观政策工具、实施环境、操作方法以及各种政策相互之间的合理搭配。蔡一珍和郑榕(1999)围绕内部均衡和外部均衡的宏观经济目标,论述了促进内部均衡和外部均衡实现的财政政策和汇率政策的搭配问题。何刚(2000)认为解决我国所面临的内外平衡矛盾的关键方法是进行政策组合,对于不适应新的经济情况的传统的宏观政策体系应该进行改革。章和杰(2002)认为中国在加入世界贸易组织后的 10 年左右时间,将处于经济转型中,应该通过调节社会总需求、社会总供给等政策工具,实现合理搭配,以达到中国宏观经济的内外均衡。徐长生等(2006)、焦武等(2007)说明了如何通过外贸、财政、货币、利率与汇率政策的搭配来管理危机或经济内外失衡。丛明(2007)在对 2006 年宏观经济运行情况进行评价的基础上,认为 2007 年的宏观调控政策组合模式应该是双稳健的政策组合模式,要继续保持宏观调控政策的连续和稳定,适当调整总量,着力调整结构,将短期调控与中长期结构调整和体制改革结合起来。陈志龙和黄余送(2007)利用 M-F 模型,从大国经济角度出发,分析了在不同汇率政策下政府的最佳政策选择,他们认为正在向大国经济转型的中国经济,在资本流动受到管制、货币政策效果不显著的情况下,低估的汇率政策和扩张性的财政政策组合模式更加适合中国经济的发展。陆前进(2007)认为在人民币升值预期的背景下,政府可以综合搭配以下政策手段实现内外均衡:采取扩张性的货币政策(不进行冲销干预);减少出口,增加进口;采取更加弹性的汇率制度。刘晓喆(2008)具体分析了中国宏观经济运行中面临的内外均衡矛盾,借鉴其他国家管理米德冲突的经验教训,系统地研究了开放经济下中国为实现经济内外均衡运用的各项政策组合。陈传兴(2008)、伍端翌(2008)以 2008 年前后我国经济的实际状况为背景,研究认为调节我国经济内外失衡的政策组合手段是:通过从紧的货币政策减缓国际收支顺差、外汇储备过快增长而引起的流动性过剩以及通货膨胀,同时以宽松的财政政策抵消紧缩性货币政策以及人民币升值所带来的负面效应,以保持经济持续增长。党印和汪洋(2009)以中美两国的经济政策为分析起点,构建了一个中美内外部经济失衡与全球经济失衡的关系图,并基于斯旺图形和修正后的蒙代尔政策组合图形,提出了中美两国应对内外失衡的"三位一体"的政策组合。

3. 以调整经济结构为主要目标的建议

吴少新和许文卿(1988)研究发现这一时期我国宏观经济结构不合理的原因是货币政策与财政政策的双松搭配,他们认为,在当时的宏观经济背景下,紧缩的货币政策和放松的财政政策将是更加合理的政策组合模式。徐晓光(2003)分析了我国政府自1998年以来的积极的财政政策和稳健的货币政策,认为我国宏观经济调控政策的重点取向应该是解决扩大就业、缩小贫富差距、发展资本市场、促进居民储蓄向消费和证券投资方面转化等问题。李颖(2009)研究了如何通过财政政策和货币政策协调配合来化解我国内部需求结构失衡的现状,提出了较为系统的政策组合建议。

4. 以化解通货膨胀为主要目标的建议

朱萍(1990)研究认为应该采取双紧的宏观政策组合模式才能有效地缓解这一时期存在的严重通货膨胀状况。许雄奇和张宗益(2004)运用计量经济学的方法,考察了1978—2002年中国的财政赤字水平与通货膨胀的因果关系,发现中国的通货膨胀不仅是一个货币现象,也是一个财政现象,短期内赤字对通货膨胀具有显著的正效应,因此治理中国的通货膨胀或通货紧缩需要寻求财政政策与货币政策的更好组合。赵莹等(2008)分析了2008年我国货币政策从稳健性货币政策转化为紧缩性货币政策的必要性,并且同时强调了货币政策与财政政策及其他宏观政策组合使用的必要性。方红生(2008)运用经过修正的财政主导型制度和价格水平决定的财政理论,分别对1981—1994年和1995—2006年两个时期的通货膨胀史进行解释,研究认为要实现价格稳定和可持续经济增长,中国务必要进行第二次制度变革,具体方向是以积极型货币政策与被动型财政政策组合为基础的货币主导的李嘉图制度。姚枝仲、何帆(2010)在分析当前中国经济形势的基础上,认为决定 2010 年经济形势的是财政政策和货币政策调整力度,如果当前的财政刺激政策力度不减,货币政策适度宽松,2010 年的 GDP 增长率将达到 11.6%,但是到第四季度,CPI 的增长率将上升到 4.8%,资产泡沫尤其是房地产市场泡沫将成为宏观经济稳定的最大威胁,他们因此认为当前政策组合中的适度宽松的货币政策应该更紧一些。

5. 以化解通货紧缩为主要目标的建议

20 世纪 90 年代中期我国经济实现软着陆以后的通货紧缩问题受到了学者们(胡鞍钢,1999;李茂生等,1999;李俊芸,1999;等等)的广泛关注,为治理我国经济通货紧缩问题提出了一系列的政策建议,其中不仅包括了相机抉择的货币政策,也包括了必要的财政政策。学术界普遍认为 1998 年前后中国宏观经济政策的着眼点应该是防止经济增长速度的下滑和物价的负增长,因此需要进一步实施积极的财政政策和稳健的货币政策的政策组合模式,以扩大内需,缓解通货紧缩的压力。张志超和王聪(2000)则主要考察了 20 世纪末我国的通货紧缩问题产生的原因,研究认为 20 世纪末我国的通货紧缩问题一定程度上是受到东南亚金融危机的影响,但是更为主要的原因是国内宏观经济政策的某些失误。郑超愚和陈景耀(2000)依据结构主义模型描述了与开放经济相关的中国宏观经济时间特征,揭示了非均衡汇率政策对货币政策扩张性操作的外部约束,进而给出了通货紧缩时期货币政策与财政政策配合的原则建议。

(四)侧重于评价政策组合效果的研究

1. 对已有政策组合效果持肯定意见的研究

陈红(1998)通过考察 20 世纪 90 年代中国实施双紧搭配的宏观经济政策,成功实现了经济软着陆的案例,阐述了蒙代尔—弗莱明模型作为一种政策组合的理论框架,在中国依然具有很强的适用性。崔维(1999)通过考察 20 世纪 90 年代美国财政政策与货币政策的协调配合,发现美国经济持续稳定增长,财政赤字大幅度下降,失业率和通货膨胀率处于战后的最低水平的最关键因素是当时克林顿政府的财政政策和美联储的货币政策的协调配合。刘溶沧(1999)认为 1998 年我国采取的积极财政与货币政策,已经在稳定经济、安定社会、促进增长等方面收到明显成效。毛定祥(2006)运用向量误差修正模型、协整检验、格兰杰因果检验和方差分解的方法,对我国货币政策和财政政策与经济增长关系的协整性进行了实证分析,发现我国财政政策和货币政策对宏观经济的短期调控效果较显著。雒敏和聂文忠(2012)通过平衡面板数据实证检验了财政政策和货币政策对企业资本结构调整速度的影响,研究发现财政政策和货币政策对企业资本结构调整速度的影响方向,并不会因为企业的产权性质而发生改变。

2. 对已有政策组合效果持保留意见的研究

虞关涛(1986)对里根政府逐渐放松的货币政策和逐渐紧缩的财政政策进行了分析和评价,研究认为美国用松紧搭配的宏观政策来代替过去的双紧搭配或双松搭配的宏观政策,并不能取得策略性的突破。姜波克(1995)通过对我国 1993 年和 1994 年实行的以反通货膨胀为主要目标的货币政策的分析,论证了以单一货币政策来对付通货膨胀,效果并不理想。赵雪恒(1995)、米建国等(1996)发现改革开放以来我国的财政政策和货币政策对宏观经济的健康发展起到了一些积极作用,但是由于相互之间缺乏很好的配合,导致其在宏观调控中的影响力受到削弱。杨帆(1996)发现我国当时经济中出现了大量本应该由财政政策解决的问题,却因财政力量不足、手段僵化而改由货币政策来解决,这样的后果是导致了更多的经济问题。一些学者(王彬等,2000;王玉平,2000;陈景耀,2001;许经勇,2003;彭志龙等,2003;刘晓薇,2003;等等)认为 20 世纪末中国宏观经济政策虽然对扩大内需和保持经济社会发展起到了非常重要的作用,但是与预期目标和改革发展的需求还存在较大差距。刘力臻、徐奇渊(2002)研究发现 20 世纪 90 年代以来日本政府实施扩张财政政策和扩张货币政策的组合模式效果不明显。柳欣和王晨(2008)通过 VAR 模型分析了我国内生经济增长下财政与货币政策产生的动态效应,研究认为在经济衰退时,如果政府采取紧缩的财政政策和货币政策组合模式,将导致更为严重的经济衰退;如果政府基于收入—支出模型或 IS-LM 模型使用财政政策和货币政策来调节总需求,其结果很可能导致通货膨胀或"滞胀"。郭晔(2011)通过动态面板数据模型进行实证分析,研究发现东部与中部地区的货币政策和财政政策都具有产业效应,而西部地区货币政策和财政政策的效应均不理想,货币政策和财政政策对三次产业的效应都存在明显的区域性。这一结论也得到了其他相关研究(马理等,2013;陈煜明和阳建辉,2015)的支持。章和杰和何彦清(2011)在人民币一篮子货币汇率制度框架下,用修正的 M-F 模型深入分析我国财政与货币政策对国民经济的综合影响,认为与财政政策相比,我国的货币政策并未发挥应有的作用。

(五)侧重于分析政策组合影响因素的研究

何振一(1987)认为解决财政政策与货币政策的协调配合问题的关键在于改革宏观经济管理体制,调整财政、银行和计划三者之间的关系。江其务(1996)分析了我国改革开放以来的宏观经济运行状况,研究发现我国的财政政策和货币政策在宏观调控中没有很好地协调配合,原因在于缺乏相互配合的制度基础。刘溶沧(1996)结合改革开放以来到 20 世纪 90 年代中期的中国经济实际情况,认为体制和制度是我国财政政策和货币政策协调配合所面临的主要障碍。田国强(1999)分析了财政政策和货币政策组合没能解决 20 世纪末中国经济通货紧缩和经济持续低迷的原因,他认为处于经济体制转轨过程中的中国经济,经济体制和结构问题比较严重,在这种情况下,就不能像市场体系完善的发达国家那样,简单地依靠财政政策和货币政策组合来刺激经济,而应该调整经济结构,深化体制改革,加大教育和科研投入,通过技术进步来提高生产力和经济效益。刘尚希和焦建国(2000)强调处于转轨时期的中国,我们不能在假设制度背景不变的条件下来研究财政政策和货币政策的搭配问题,而应当把两大政策的细化研究和制度变迁结合起来。司春林等(2002)借助经济计量方法建立了中国的 IS-LM 模型,研究认为频繁地改变制度会增加宏观经济政策效果的不确定性,现阶段我国存在宏观经济政策发挥作用的基础,目前财政政策比货币政策更能有效地刺激产出,但是依然要注意两类政策的搭配。龚六堂、邹恒甫(2001)讨论了直接对私人的经济援助和直接对政府的经济援助对政府财政政策和货币政策的影响。段宗志(2003)认为中国市场经济与西方发达国家市场经济的微观基础、体制基础是不同的,西方发达国家市场经济经历了几百年的发展历程,而中国经济则处于由计划经济向市场经济过渡的阶段,体制转型期的诸多不确定性导致了我国宏观政策组合的效果受到限制。崔建军(2008)回顾了新中国财政政策与货币政策作用空间变迁的三个阶段,总结发现财政政策和货币政策要真正发挥宏观调控功能必须改善其赖以发挥作用的经济运行环境并加强两者之间的协调。

三、应用研究评述

通过对相关应用研究文献的梳理,我们可以得到以下两个主要结论:

第一,传统凯恩斯主义政策组合理论的应用研究具有更强的可操作性,深受政策决策者的欢迎,并且已经在实践中获得了广泛认可,而新凯恩斯主义政策组合理论的应用研究更加偏重学术性,其研究结论的可操作性较弱。

第二,国内关于政策组合的应用研究绝大部分是以传统凯恩斯主义政策组合理论为基础的,缺少以新凯恩斯主义经济理论为基础的应用研究。

第四节　研究目标与内容框架

一、研究目标

通过回顾和评述已有的关于政策组合的理论研究和应用研究的主要文献,笔者确定了本书研究的具体目标:以新开放宏观经济学的基本理论模型为基础,在一般均衡的框架下,建立以内外均衡为目标的具有较强可操作性的政策组合框架,在此基础上,对中国宏观经济失衡现状进行实证分析,提出具有针对性的政策组合模式。

二、内容框架

围绕研究目标,本书首先从动态系统的视角分析了经济系统中的均衡与开放经济系统中的内外失衡,然后系统考察了宏观政策组合的基本内涵、必要性和传统框架等相关问题,在此基础上,在一般均衡的框架下建立了以应对内外失衡为目标的具有较强可操作性的政策组合框架,最后对中国宏观经济内外失衡现状进行了实证分析,探讨了实现中国宏观内外均衡发展的政策组合。如图1所示,本书主要包括六个部分,具体而言:

在导论部分,笔者主要介绍了本书的研究背景,分析了相关的理论研究现状和应用研究现状,在此基础上,确定了本书的基本研究目标和主要研究框架。

第一章是经济系统中的均衡。这一章主要是从动态系统的角度来重新探讨宏观经济体系,对经济系统中的均衡状态进行了新的界定。第一章对一般经济系统均衡状态的讨论是第二章对开放经济系统内外失衡讨论的基础。

第二章是开放经济中的内外失衡。第二章以第一章对一般经济系

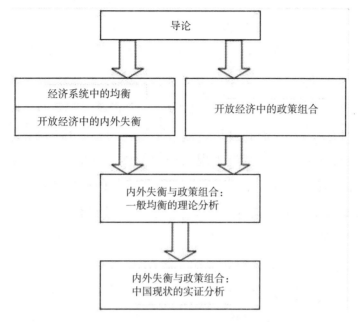

图 1　研究框架

统均衡状态的讨论为基础,探讨了开放经济系统中的内外失衡问题。具体包括开放经济内外失衡的基本内涵、基本原因、内在联系和日本案例。第二章是第四章探讨应对内外失衡的政策组合的基础。

第三章是开放经济中的政策组合。本章主要探讨了政策组合的基本内涵、政策组合的必要性和政策组合的传统框架等相关问题。如果把第一章和第二章视为一个总体,那么第三章和这个总体之间形成一种并列关系,共同构成第四章内外失衡与政策组合的理论分析的基础。

第四章是从理论的角度来分析内外失衡与政策组合问题。本章基于奥博斯菲尔德与罗格夫(Obstfeld 和 Rogoff,1995)所开创的新开放经济宏观经济学(New Open Economy Macroeconomics)的基本理论和模型,在一般均衡框架下建立了一个应对内外失衡的政策组合框架。

第五章是从实证的角度来探讨内外失衡与政策组合问题。本章以中国宏观经济为实证研究对象,在分析中国宏观经济内外失衡现状的基础上,探索实现中国宏观内外均衡发展的政策组合。

通过研究,本书主要取得了六方面进展:第一,本书以新开放宏观经济学为理论基础建立了一个以内外均衡为目标的具有较强可操作性的政策组合框架;第二,本书从动态系统的角度重新认识宏观经济体系,对宏观经济体系中的均衡进行了新的界定;第三,本书在政策组合的理论分析中纳入了福利分析;第四,本书在理论分析的基础上,运用门限模型对中国宏观经济失衡现状进行了实证分析,并且提出了具有针对性的政策组合模式;第五,本书在分析中国内外失衡和政策组合的过程中,纳入了预期因素;第六,本书在分析政策组合必要性的时候,借用了物理学的视角。

除此之外,本书的研究还存在一些不足,最主要的不足之处在于没有在实证研究中进行福利分析。本书在理论研究中纳入了福利分析,但是由于社会福利难以直接测算,因此本书的实证研究并没有包括福利分析。通过实证的方法来研究政策组合对社会福利的影响将是笔者今后研究的方向。

第一章　经济系统中的均衡

第一节　经济均衡概述

均衡是经济学中最为核心的概念之一,早在古典经济学时期,亚当·斯密就开始关注经济均衡,虽然他并没有对经济均衡进行明确界定,但是其均衡思想却是现代主流经济学中均衡思想的基础。亚当·斯密(Adam Smith,1776)在《国民财富的性质和原因的研究》一书中指出,"(每个个人)通常既不打算促进公共的利益,也不知道他自己是在什么程度上促进那种利益……他管理产业的方式目的在于使其生产物的价值能达到最大程度,他所盘算的也只是他自己的利益。在这场合,像在其他许多场合一样,他受着一只看不见的手的指导,去尽力达到一个并非他本意想要达到的目的……他追求自己的利益,往往使他能比在真正出于本意的情况下更有效地促进社会的利益"①。由此可见,亚当·斯密的经济均衡思想与其"看不见的手"的理论是密不可分的,他认为经济系统中个体的行为都会受到看不见的手的引导,虽然每个个体都是从最大化自身利益的角度实施经济行为,但是这些看似独立的经济行为最终将促使整个经济秩序达到一个自然状态。显然,在亚当·斯密看来,经济均衡是存在的,而且经济均衡可以通过经济系统中个体最优化行为而自发达到,"看不见的手"实际上就是实现经济均衡

---

① [英]亚当·斯密:《国民财富的性质和原因的研究》(下卷),郭大力、王亚南译,商务印书馆1983年版,第27页。

的内在机制。

新古典经济学时期,马歇尔(Marshall,1890)认为均衡就是指市场中供给与需求相等的状态,他同时指出,"市场不但因地区而异,而且也因使供求力量彼此达到均衡所需要的时间的长短不同而有所不同。这种时间因素比空间因素当前需要更加充分的注意。……如果时期很短,则供给局限于现有存货;如果时期较长,则供给将或多或少受到该商品生产成本的影响;而如果时期很长,则这种成本将又或多或少受到生产该商品所需要的劳动和物质资料的生产成本的影响"①。显然,马歇尔的均衡分析属于局部静态分析,因为他通常是在假定其他市场和条件不变的情况下来分析一个特定市场的均衡问题。

同一时期,法国经济学家瓦尔拉斯(Walras,1874)开创了一般均衡理论(General Equilibrium Theory)。瓦尔拉斯一般均衡思想的基本特征是把整个市场经济体系作为一个有机整体来进行研究,通过建立一组数学方程系统来描述经济体系中各个内生变量之间的关系,这是对经济学研究思路和研究方法上的极大创新。具体而言,瓦尔拉斯一般均衡理论认为经济体系中任意商品的供给和需求都不是孤立的,不同商品的供给和需求之间是相互影响的,并且可以通过一组数学方程系统来加以刻画,通过求解方程组系统可以得到每种商品的均衡价格和均衡数量,当经济体系中的所有商品的价格和数量都达到其均衡值时,整个经济系统就实现了均衡。瓦尔拉斯的一般均衡理论提出以后受到了经济学家们的广泛关注,意大利经济学家帕累托(Pareto,1906)对瓦尔拉斯的一般均衡理论进行了改进,美国经济学家阿罗和法国经济学家德步鲁(Arrow和Debreu,1954)运用拓扑学等数学方法对一般均衡的存在性进行了严格证明,奥博斯菲尔德与罗格夫(Obstfeld和Rogoff,1995,1998)开创性地在动态一般均衡问题中纳入垄断竞争、名义价格

① [英]马歇尔:《经济学原理》(下卷),朱志泰译,商务印书馆1964年版,第1—93页。

粘性和随机因素。

除此之外,均衡也是博弈论中的核心概念。约翰·福布斯·纳什(John Forbes Nash,1950,1951)对非合作博弈过程中的均衡进行了明确界定,从而形成了博弈论中著名的纳什均衡(Nash Equilibrium)。具体而言,纳什均衡是指非合作博弈过程中的特定策略组合,该特定策略组合对于所有博弈参与者而言都是最优的策略组合,此时,如果非合作博弈中的其他参与者不改变博弈策略,那么特定博弈参与者也不会主动改变策略,因为特定博弈者对博弈策略的任何改变都会降低其博弈收益。

相对于均衡,非均衡是英国两位著名经济学家凯恩斯(Keynes,1936)和希克斯(Hicks,1946)关注的重点。相对于其他学者专注于研究与均衡相关的性质,凯恩斯和希克斯更加关心与非均衡相关的问题,他们认为宏观经济并不会自动实现均衡,从而为短期政策干预找到理论基础。因此,从这个意义上来看,凯恩斯和希克斯主要研究的是非均衡。在现实经济中,相对于经济均衡而言,经济非均衡往往更加常见。根据凯恩斯的政策干预理论,当经济体系处于非均衡状态时就需要政府采取积极主动的政策手段进行干预。然而在事实上,当经济体系出现轻微失衡时,政府往往并不会主动采取干预政策。以汇率为例,即使经济体系中汇率在一定程度上偏离了均衡汇率水平,但是只要其保持在一个合理的目标区域内(克鲁格曼,1991),政府就不必进行主动干预。

通过回顾经济学中均衡概念的演进过程,可以发现经济学中的均衡主要包含四层基本含义:第一,均衡是经济体系中相关变量保持不变的状态,这是影响相关变量的各方力量相互抵消的结果;第二,均衡在完全竞争经济体系中是客观存在的,并且均衡状态是唯一的,这一点已经得到阿罗和德步鲁的严格证明;第三,均衡与外生经济环境(经济结构和外生参数等等)有关,如果外生经济环境随着时间推移发生变化,那么均衡状态也会相应地发生变化;第四,均衡可以分为局部均衡和一般均衡,局部均衡是指经济体系中一个特定组成部分的均衡,此时,经济体系的其他部分全部被视为外生经济环境,一般均衡是指经济体系中所有组成部分共同实现均衡。以上关于经济均衡的四层含义很好地刻画出了经济均衡的基本特征,然而,这样的界定对于政策组合分析而言还不够完备。笔者认为,政府是否需要实施政策干预是确定经济均衡与否的基本准则。在这个准则之下,本书对于经济均衡的界定将具有以下四个显著特征:

第一,一般均衡。正如前面讨论所指出的,经济体系的均衡既包括局部均衡,也包括一般均衡,局部均衡是指经济体系中一个特定组成部分的均衡,而一般均衡是指经济体系中所有组成部分共同实现均衡。因为经济体系的各个组成部分是有机联系的,任何局部失衡都可能会对经济体系的总体造成严重负面影响,所以只要经济体系没有实现一般均衡,政府主动的政策干预就是必要的,任何局部均衡都不能成为政府放弃政策干预的理由。同时,政府的政策干预也必须以实现一般均衡为根本目标,也就是说,政府的政策干预不能仅仅局限于改善局部失衡,而忽略经济体系的其他组成部分,任何无视全局而只是试图改善局部失衡的政策或政策组合都不可取。

第二,区间均衡。克鲁格曼(Krugman,1991)的汇率目标区理论(Exchange Target Zone)认为,只要汇率水平保持在一个合理的目标区间内,政府就不必对汇率的微小波动进行干预,因为在这个合理的目标区间内,汇率水平可以保持近似均衡。同理,对于经济体系的其他组成部分,也必然存在对应的合理区间,只要经济体系的各个组成部分都位于其对应的合理区间之内,就可以认为经济体系实现了一般均衡。区间均衡实际上是一种近似均衡,如果经济体系能够实现这样的近似均衡,政府就不需要采取任何政策干预措施,而如果经济体系的某个或某些组成部分不在其对应的合理区间之内,政府就需要进行主动的政策干预。

第三,自发均衡。自发均衡是指经济体系的各个组成部分可以自发地保持在其对应的合理区间之内,而不需要任何外力(包括政策)的干预。如果经济体系的各个组成部分不能自发地保持在其对应的合理区间之内,这样的"均衡"就是不稳定的。显然,在这种情况下,经济体系各个组成部分要保持在其对应的合理区间之内,就必须依靠政府适当的政策干预,而这又显然违背了本书判定经济均衡与否的基本准则,因此,这种"均衡"并不是真正的均衡。

第四,目标均衡。正如前文讨论所指出,均衡在完全竞争经济体系中是客观存在的,并且均衡状态是唯一的,这一点已经得到阿罗和德步鲁的严格证明,其证明的前提是完全竞争经济体系可以用线性化的方程系统来刻画。然而,完全竞争的经济体系不过是一种理想中的经济体系,现实中经济体系更多的是垄断竞争等非完全竞争的经济体系,这就意味着现实的经济体系并不总是一个线性化的系统,而更多地具有非线性特征。经济体系的非线性特征意味着经济体系中均衡的唯一性不再成立,经济体系可能具有多重均衡。从理论上看,多重均衡对于经济体系的合理性也是显而易见的。罗伯特·索洛(Robert Solow,1956)经济增长理论的一个重要推论是人均收入较低的国家通常具有更高的增长速度,低收入水平国家和高收入水平国家的差距将越来越小,并最终收敛到同一均衡水平。然而,现实的情况并不支持这一结论,新古典经济增长理论也因此受到质疑。不过,在经济体系存在多重均衡的背景下,索洛模型面临的理论与现实的矛盾就可以得到解释,这一点可以在后面的讨论中更加明确。

在多重均衡的背景下,作为经济体系管理者的政府将面临一个新的问题:确定目标均衡。虽然经济体系中可能存在多重均衡,但是经济体系在一个特定时刻只能实现一个均衡。因为政府是宏观政策的决策者,所以政府应该(也必然会)从众多目标均衡中选择一个均衡作为目标均衡。如果经济体系当前的均衡并不是目标均衡,那么政府就有必要采取适当的政策干预,以推动经济体系达到目标均衡。目标均衡的选择过程是政府的最优化决策过程。同普通消费者的消费决策一样,政府选择目标均衡的最优化决策过程也建立在政府的目标效用函数之上。从这个角度来看,目标均衡带有一定的主观性,包含了政府对不同均衡状态优劣的主观判断,是一种主观均衡。

第二节　均衡点

一般而言,均衡是指系统中的变量在不同力量的作用下达到相对静止的状态,也就是说,在外生系统环境不变的情况下,均衡是一种不随时间变化而变化的状态。在经济系统中,经济均衡可以被定义为在外生经济环境不变的情况下,经济系统中的内生变量保持不变的状态。如果经济系统中只有部分内生变量保持不变,这种均衡可以被称为局部均衡;如果经济系统中的所有内生变量均保持不变,则这种均衡可以被称为一般均衡。

经济系统通常是一个非线性的动态系统,经济系统中内生变量的动态特征通常可以用微分方程(组)或差分方程(组)来刻画。其中,微分方程(组)主要用于刻画连续性的经济系统,而差分方程(组)主要用于刻画离散性的经济系统。通过求解反映经济系统动态特征的微分方程(组)或差分方程(组),可以得到经济系统中各内生变量的动态路径。基于前文关于经济均衡的定义,可以通过考察一个抽象的非自控(Non-autonomous)微分方程组系统[1]来分析动态经济系统中的均衡问题。令 $y = (y_1, y_2, y_3, \cdots, y_n)$ 表示经济系统的内生变量向量,其中 n 表示经济系统中内生变量的个数,则经济系统的动态特征可以表示为如

---

[1]　当时间 t 作为微分函数 f 的显示变量出现时,微分方程系统又被称为非自控微分方程系统。

下的微分方程组系统:

$$\dot{y} = f(y, t) \tag{1.1}$$

其中,$\dot{y}$ 表示 y 的微分。进一步假定第(1.1)式中的函数向量 f 是充分平滑的,则可以通过求解第(1.1)式得到经济系统中内生变量的动态路径,如第(1.2)式所示:

$$y(t) = \varphi[t; y(0)] \tag{1.2}$$

其中,$y(t)$ 表示向量 y 在 t 时刻的取值,φ 是内生变量路径函数的向量,$y(0)$ 是向量 y 在初始时刻的取值,是内生变量动态路径的初始出发点。令 $\dot{y}=0$,通过解方程组可以求出由微分方程组(1.1)式所表示的经济系统的均衡状态。当经济系统达到均衡状态 y^e 时,有第(1.3)式成立:

$$y^e = \varphi(t; y^e) \tag{1.3}$$

第(1.3)式表示当经济系统达到均衡状态 y^e 之后,经济系统将停留在 y^e 点。

可以用我们经常碰到的最简单的一类微分方程组来说明微分方程组的求解过程和稳定性判断的相关问题,更为复杂的微分方程组的计算难度会比较大,但是其分析思路与我们所讨论的简单的微分方程组具有一致性。我们碰到的微分方程组通常包括两个未知函数、两个微分方程、常系数和常数项四个基本特征,具体如第(1.4)式所示。

$$\begin{cases} \dot{x} = a_{11}x + a_{12}y + b_1 \\ \dot{y} = a_{21}x + a_{22}y + b_2 \end{cases} \tag{1.4}$$

一、内生变量的动态路径

同求解单个微分方程的步骤一样,需要先分别求出其齐次形式的通解和完备形式的一个特解,再加以合并从而得到完备形式的通解,最后根据初始条件求出完备形式通解中的未知系数,从而得到既满足第(1.4)式所描述的动态行为,又满足初始条件的定解。

完备形式的特解的求解思路与单个方程的求解思路是一致的，一般使用待定系数法。例如，对于第(1.4)式，可以尝试 $x = \mu_1$ 和 $y = \mu_2$，其中 μ_1 和 μ_2 均为不变常数，将它们代入第(1.4)式，从而可以求得第(1.4)式的一组特解：

$$x = \frac{-b_1 a_{22} + b_2 a_{12}}{a_{11} a_{22} - a_{21} a_{12}} \, , \, y = \frac{-a_{11} b_2 + a_{21} b_1}{a_{11} a_{22} - a_{21} a_{12}} \text{。}$$

两种不同的思路可以用来求解齐次形式的通解。

(一)第一种思路

第一种思路是把微分方程组转化为高阶微分方程，然后按照求解单个微分方程的方法求解。第(1.4)式的齐次形式是：

$$\begin{cases} \dot{x} = a_{11}x + a_{12}y \\ \dot{y} = a_{21}x + a_{22}y \end{cases} \tag{1.5}$$

把第(1.5)式中第一个方程中的 y 分离出来(也可以把第二个方程中的 x 分离出来)，有：

$$y = \frac{1}{a_{12}}\dot{x} - \frac{a_{11}}{a_{12}}x \tag{1.6}$$

进一步对时间求导数，可得：

$$\dot{y} = \frac{1}{a_{12}}\ddot{x} - \frac{a_{11}}{a_{12}}\dot{x} \tag{1.7}$$

把第(1.6)式和第(1.7)式代入第(1.5)式中的第二个方程，可得关于函数 x 的二阶微分方程：

$$\ddot{x} - (a_{11} + a_{22})\dot{x} - (a_{12}a_{21} - a_{22}a_{11})x = 0 \tag{1.8}$$

通过令 $x = ce^{\lambda t}$ 并代入第(1.8)式化简，可得到第(1.8)式的特征方程：

$$\lambda^2 - (a_{11} + a_{22})\lambda - (a_{12}a_{21} - a_{22}a_{11}) = 0 \tag{1.9}$$

进一步，可以解出特征根 λ，根据 λ 具体取值的不同，可以得到函数 x 不同形式的解。把函数 x 的不同形式的解再代入第(1.6)式，就可

以求出函数 y 的不同形式的解。此时,有两方面需要注意:

第一,不仅类似于(1.5)式的微分方程组可以转化为高阶微分方程,反过来,单个的高阶微分方程也可以转化为类似于(1.5)式的微分方程组。例如:令 $\dot{x}=y$,就可以把二阶微分方程 $\ddot{x}+a\dot{x}+b=0$ 转化为微分方程组:

$$\begin{cases} \dot{x}=y \\ \dot{y}=-ay-b \end{cases}$$

第二,第一种思路求解微分方程组虽然很直观,但是当未知函数和方程数量增加的时候,用第一种思路来求解的计算过程将变得非常复杂。为此,我们将引入第二种思路——矩阵的方法。

(二)第二种思路

运用矩阵,第(1.5)式可以表示为:

$$\dot{x}=Ax \tag{1.10}$$

因为在单个微分方程求解时,我们令 $x=ce^{\lambda t}$ 并代入微分方程,这提示我们在微分方程组中尝试如下解:

$$x=ce^{\lambda t} \tag{1.11}$$

其中,c 为非零向量。把第(1.11)式代入第(1.10)式,可得:

$$ce^{\lambda t}\lambda=Ace^{\lambda t} \tag{1.12}$$

化简,可得:

$$Ac-\lambda c=0 \text{ 或} (A-\lambda I)c=0 \tag{1.13}$$

因为 c 为非零向量,所以要第(1.13)式成立,就必须满足如下条件:

$$A-\lambda I=0 \tag{1.14}$$

而第(1.14)式正好是矩阵 A 的特征多项式(特征方程),于是根据第(1.14)式和第(1.13)式可以求出矩阵 A 的特征根 λ 和特征根所对应的特征向量 c。进一步,根据不同的特征根 λ 和特征根所对应的特征向量 c,我们可以写出不同情况下的第(1.5)式的解:

第一，当 $\lambda_1 \in \mathbf{R}$ ，$\lambda_2 \in \mathbf{R}$ ，且 $\lambda_1 \neq \lambda_2$ 时，齐次方程组的通解为：$\boldsymbol{x} = k_1 \, \boldsymbol{c}_{\lambda_1} e^{\lambda_1 t} + k_2 \, \boldsymbol{c}_{\lambda_2} e^{\lambda_2 t}$ ，其中 k_1 和 k_2 是待定参数。

第二，当 $\lambda_1 \in \mathbf{R}$ ，$\lambda_2 \in \mathbf{R}$ ，且 $\lambda_1 = \lambda_2$ 时，此时：

如果存在两个独立的向量，且 $\boldsymbol{c}_1 \neq \boldsymbol{c}_2$ ，齐次方程组的通解为：$\boldsymbol{x} = k_1 \, \boldsymbol{c}_1 e^{\lambda t} + k_2 \, \boldsymbol{c}_2 e^{\lambda t}$ 。

如果系统只有一个特征向量，齐次方程组的通解为：$\boldsymbol{x} = k_1 \boldsymbol{c} e^{\lambda t} + k_2 (\boldsymbol{c} t e^{\lambda t} + \boldsymbol{c}^* e^{\lambda t})$ 。其中，$\boldsymbol{c}^*$ 可以通过把 $(\boldsymbol{c} t e^{\lambda t} + \boldsymbol{c}^* e^{\lambda t})$ 代入微分方程组求得。

第三，$\lambda_1 = \alpha + \beta i \in \bar{\mathbf{R}}$ ，$\lambda_2 = \alpha - \beta i \in \bar{\mathbf{R}}$ 时：

齐次方程组的通解为：$\boldsymbol{x} = k_1 e^{\alpha t} (\boldsymbol{b}_1 \cos\beta t + \boldsymbol{b}_2 \sin\beta t) + k_2 e^{\alpha t} (\boldsymbol{b}_2 \cos\beta t + \boldsymbol{b}_1 \sin \beta t)$ 。其中，$\boldsymbol{b}_1$ 为特征向量的实部，$\boldsymbol{b}_2$ 为特征向量虚部的相反数。

二、动态路径的几何意义

两个未知函数的微分方程组的解具有如下一般形式：

$$\begin{cases} x = f(t) \\ y = g(t) \end{cases} \tag{1.15}$$

可以分别用两幅图来描述第(1.15)式所表达的 x 和 y 的轨迹，但是我们无法通过这种方式找到 x 和 y 协同变化的轨迹。如果把时间 t 作为一个空间维度，那么我们可以在三维空间" $x - y - t$ "中画出一条曲线，曲线方程如下：

$$\begin{cases} x = f(t) \\ y = g(t) \\ t = t \end{cases} \tag{1.16}$$

第(1.16)式所代表的空间曲线会在" $x - y$ "平面上有一个投影，这个投影被称为轨线，反映了 x 和 y 的协同变化轨迹，而平面" $x - y$ "被称为相平面。轨线方程可以通过消去第(1.15)式中的 t 得到。通过改变初始条件（相平面上的初始点），我们可以得到无数条不同的轨线。

三、均衡状态的基本类型

要探讨由微分方程组所确定的动态系统的稳定性问题,必须首先明确均衡点(也被称为奇点、关键点或不动点)的概念。均衡点是相平面上的点,当动态系统处于该点时,x 和 y 将保持不变。均衡点可以通过求解如下方程组求得:

$$\begin{cases} a_{11}x + a_{12}y + b_1 = 0 \\ a_{21}x + a_{22}y + b_2 = 0 \end{cases} \tag{1.17}$$

根据轨线形状的不同,均衡点分类如下:

(一)结点均衡

结点是相平面上所有轨线都通过的均衡点,轨线的方向可以是趋向均衡点,也可以是背离均衡点,具体如图 1.1 所示。

如图 1.1 所示,为了直观地描绘出均衡的类型,我们假定经济系统只包括两个内变量。同时,为了更加清晰地比较不同类型的均衡,我们假定原点是经济系统中的一个均衡点。

根据轨线形状的不同,结点均衡又可以具体分为两种类型:

第一种情形是直线轨线,如图 1.1(a)和图 1.1(b)所示,在均衡点附近,两个内生变量的移动路径是一条直线。图 1.1(a)和图 1.1(b)的区别在于内生变量的移动方向,图 1.1(a)中内生变量在均衡点附近的移动方向是趋向均衡点,而图 1.1(b)中内生变量在均衡点附近的移动方向是远离均衡点。

在图 1.1(a)所描绘的结点均衡中,不论经济系统的初始状态在哪个特定的位置,一旦经济系统受到外生冲击而导致两个内生变量的取值跳跃到均衡点附近,两个内生变量就会自发地向均衡点移动。如果没有新的外生冲击作用于两个内生变量,则两个内生变量将最终达到均衡点,经济系统就会实现均衡;如果在两个内生变量自发向均衡点移动的过程中,又出现了新的外生冲击,则两个内生变量的自发移动过程

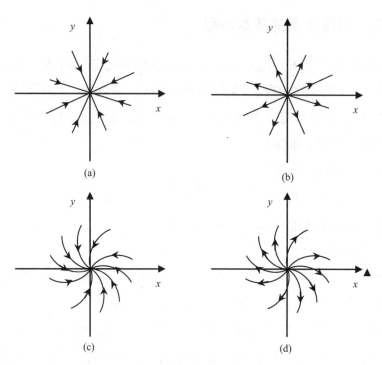

图 1.1 结点均衡

将会被打断,根据新的外生冲击的作用方向的不同,此时可能会出现两种结果:第一,两个内生变量向均衡点移动的进程被加快,经济系统更加接近于均衡状态,这种结果中还有一种更为特殊的情况,那就是两个内生变量在外生冲击的推动下直接跳跃到均衡点,经济系统在该均衡点实现了完全的均衡;第二,两个内生变量向均衡点移动的进程被打断,经济系统更加远离原点所代表的均衡状态,这种结果中也有一种更为特殊的情况,那就是两个内生变量在外生冲击的推动下直接跳跃到另一个均衡点附近,如果另一个均衡点也具有图 1.1(a) 所示均衡点的基本特征,即轨线方向是趋向均衡点的,在这种情况下,如果没有适当的外生冲击的作用,经济系统将无法实现图 1.1(a) 中所示的原点均衡。

在图 1.1(b) 所描绘的结点均衡中,不论经济系统的初始状态在哪个特定的位置,一旦经济系统受到外生冲击而导致两个内生变量的取值跳跃到均衡点附近,两个内生变量就会自发地背向均衡点移动。如果没有新的外生冲击作用于两个内生变量,则两个内生变量始终都无法自发地达到均衡点,经济系统无法自发地实现均衡。如果在两个内生变量自发地背向均衡点移动的过程中,又出现了新的外生冲击,则两个内生变量的自发远离均衡点的过程将会被打断。根据新的外生冲击的作用方向的不同,此时也会出现两种结果:第一,两个内生变量远离均衡点移动的进程被加快,经济系统更加远离原点所表示的均衡状态,这种结果中也有一种更为特殊的情况,那就是两个内生变量在外生冲击的推动下直接跳跃到新的均衡点附近,此时,在没有新的适当的外生冲击的作用下,经济系统将无法在图1.1(b)中原点所表示的均衡点实现均衡;第二,两个内生变量远离均衡点的进程被打断,经济系统更加接近于原点所代表的均衡状态,这种结果中也有一种更为特殊的情况,那就是两个内生变量在外生冲击的推动下直接跳跃到原点所表示的均衡点,经济系统也就在原点实现了均衡,此时,如果没有新的外生冲击出现,经济系统将永久停留于原点并保持均衡状态,相反,如果出现任意不均衡的外生冲击,经济系统都将永久脱离该均衡点,直到有新的适当的外生冲击的干预。

第二种情形是曲线轨线,如图1.1(c)和图1.1(d)所示,在均衡点附近,两个内生变量的移动路径是一条曲线。虽然在图1.1(c)和图1.1(d)中所描绘的曲线具有特定的形状和弧度,但是在实际的经济系统中,曲线轨线可以是任意形状和任意弧度,只要它满足结点均衡的基本特征。同图1.1(a)和图1.1(b)的区别一样,图1.1(c)和图1.1(d)的区别也只是在于内生变量的移动方向,图1.1(c)中内生变量在均衡点附近的移动方向是趋向均衡点,而图1.1(d)中内生变量在均衡点附近的移动方向是远离均衡点。

同图1.1(a)中所描绘的情况基本类似,在图1.1(c)所描绘的结点均衡中,不论经济系统的初始状态在哪个特定的位置,一旦经济系统受到外生冲击而导致两个内生变量的取值跳跃到均衡点附近,两个内生变量就会自发地沿着特定曲线向均衡点移动。如果没有新的外生冲击作用于两个内生变量,则两个内生变量将最终达到均衡点,经济系统就会实现均衡。如果在两个内生变量自发向均衡点移动的过程中,又出现了新的外生冲击,则两个内生变量的自发移动过程将会被打断,根据新的外生冲击的作用方向的不同,此时可能会出现两种结果:第一,两个内生变量向均衡点移动的进程被加快,经济系统更加接近于均衡状态,此时两个内生变量的移动轨迹既可能是沿着原来的曲线轨线,也可能是跳跃到新的曲线轨线,这种结果中还有一种更为特殊的情况,那就是两个内生变量在外生冲击的推动下直接跳跃到均衡点,经济系统在该均衡点实现了完全的均衡;第二,两个内生变量向均衡点移动的进程被打断,经济系统更加远离原点所代表的均衡状态,此时两个内生变量的移动轨迹既可能是沿着原来的曲线轨线,也可能是跳跃到新的曲线轨线,这种结果中也有一种更为特殊的情况,那就是两个内生变量在外生冲击的推动下直接跳跃到另一个均衡点附近,如果另一个均衡点也具有图1.1(c)所示均衡点的基本特征,即轨线方向是趋向均衡点的,在这种情况下,如果没有适当的外生冲击的作用,经济系统将无法实现图1.1(c)中所示的原点均衡。

同图1.1(b)中所描绘的情况基本类似,在图1.1(d)所描绘的结点均衡中,不论经济系统的初始状态在哪个特定的位置,一旦经济系统受到外生冲击而导致两个内生变量的取值跳跃到均衡点附近,两个内生变量就会自发地沿着特定的曲线轨线背向均衡点移动。如果没有新的外生冲击作用于两个内生变量,则两个内生变量始终都无法自发地沿着特定曲线轨迹达到均衡点,经济系统无法自发地实现均衡。如果在两个内生变量沿着特定曲线自发地背向均衡点移动的过程中,又出现了新的外生冲击,则两个内生变量沿着特定曲线自发远离均衡点的过程将会被打断。根据新的外生冲击的作用方向的不同,此时也会出现两种结果:第一,两个内生变量远离均衡点移动的进程被加快,经济系统更加远离原点所表示的均衡状态,这种结果中也有一种更为特殊的情况,那就是两个内生变量在外生冲击的推动下直接跳跃到新的均衡点附近,此时,在没有新的适当的外生冲击的作用下,经济系统将无法在图1.1(d)中原点所表示的均衡点实现均衡;第二,两个内生变量远离均衡点的进程被打断,经济系统更加接近于原点所代表的均衡状态,不过如果没有新的适当的外生冲击,即使已经更加接近于原点所表示的均衡点,两个内生变量还是会自发地沿着特定曲线轨迹向着远离均衡点的方向移动,经济系统还是无法在原点实现均衡,这种结果中也有一种更为特殊的情况,那就是两个内生变量在外生冲击的推动下直接跳跃到原点所表示的均衡点,经济系统也就在原点实现了均衡,此时,如果没有新的外生冲击出现,经济系统将永久停留于原点并保持均衡状态,相反,如果出现任意不均衡的外生冲击,经济系统都将永久脱离该均衡点,直到受到适当的新外生冲击的积极推动。

(二)鞍点均衡

鞍点均衡是指以鞍点为均衡点的一种均衡状态。在只有两个内生变量的经济系统中,鞍点是只有两条(两个未知函数的系统中)轨线会通过的均衡点,这两条轨线又被称为鞍点路径或鞍臂,是其他所有轨线的渐近线。在这两条通过均衡点的轨线中,只有一条轨线始终指向均衡点,这就是我们常说的稳定的鞍点路径或稳定的鞍臂。为了简化说明,在图1.2中,鞍点路径被假定正好与坐标轴重合。

如图1.2(a)所示,原点是一个均衡点,如果经济系统中的两个内生变量 x 和 y 正好位于原点,那么我们所考察的这个简化经济系统就实现了一个均衡状态。现实的情况是,经济系统常常偏离于均衡点,根据两个内生变量 x 和 y 在坐标系中偏离均衡点的具体位置的不同,可以分为六种情况加以讨论:

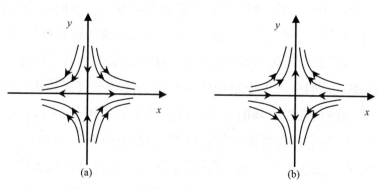

图 1.2 鞍点均衡

第一,当两个内生变量 x 和 y 位于第一象限时,内生变量 x 将逐渐增大,而内生变量 y 将逐渐减少。两个内生变量 x 和 y 的协同移动轨迹将逐渐远离 y 轴所表示的鞍点路径,而逐渐接近于 x 轴所代表的鞍点路径。然而,无论两个内生变量 x 和 y 移动多长时间,它们的协同轨迹也无法达到 x 轴,而只会无限接近于 x 轴。在这种情况下,如果没有适当的外生冲击来改变内生变量的运动轨迹,两个内生变量 x 和 y 始终都无法达到原点所代表的均衡点,经济系统将无法实现原点所代表的均衡状态。

第二,当两个内生变量 x 和 y 位于第二象限时,两个内生变量 x 和 y 都将逐渐变小。同第一象限的情况一致,两个内生变量 x 和 y 的协同移动轨迹将逐渐远离 y 轴所表示的鞍点路径,而逐渐接近于 x 轴所代表的鞍点路径。然而,无论两个内生变量 x 和 y 移动多长时间,它们的协同轨迹也无法达到 x 轴,而只会无限接近于 x 轴,内生变量 x 将无限变小,内生变量 y 将无限接近 0 值。在这种情况下,如果没有适当的外生冲击来改变内生变量的运动轨迹,两个内生变量 x 和 y 始终都无法达到原点所代表的均衡点,经济系统将无法实现原点所代表的均衡状态。

第三,当两个内生变量 x 和 y 位于第三象限时,内生变量 x 将逐渐变小,而内生变量 y 将逐渐变大。两个内生变量 x 和 y 的协同移动轨迹将逐渐远离 y 轴所表示的鞍点路径,而逐渐接近于 x 轴所代表的鞍点路径。然而,无论两个内生变量 x 和 y 移动多长时间,它们的协同轨迹也无法达到 x 轴,而只会无限接近于 x 轴。随着时间的无限推进,内生变量 x 将无限变小,内生变量 y 将无限接近 0 值。在这种情况下,如果没有适当的外生冲击来改变内生变量的运动轨迹,两个内生变量 x 和 y 始终都无法达到原点所代表的均衡点,经济系统将无法实现原点所代表的均衡状态。

第四,当两个内生变量 x 和 y 位于第四象限时,两个内生变量 x 和 y 都将逐渐变大。同其他三个象限情况一致的是,两个内生变量 x 和 y 的协同移动轨迹将逐渐远离 y 轴所表示的鞍点路径,而逐渐接近于 x 轴所代表的鞍点路径。然而,无论两个内生变量 x 和 y 移动多长时间,它们的协同轨迹也无法达到 x 轴,而只会无限接近于 x 轴,此时,内生变量 x 将无限变大,内生变量 y 将无限接近 0 值。在这种情况下,如果没有适当的外生冲击来改变内生变量的运动轨迹,两个内生变量 x 和 y 始终都无法达到原点所代表的均衡点,经济系统始终无法实现原点所代表的均衡状态。

第五,当两个内生变量 x 和 y 位于 x 轴所代表的鞍点路径上时,如果两个内生变量 x 和 y 不是正好位于原点,那么它们将沿着 x 轴所代表的鞍点路径无限远离原点所代表的均衡状态。此时,如果两个内生变量 x 和 y 的初始出发点位于原点右侧,那么随着时间的推移,内生变量 x 将无限变大,而内生变量 y 将始终取 0 值;如果两个内生变量 x 和 y 的初始出发点位于原点左侧,那么随着时间的推移,内生变量 x 将无限变小,而内生变量 y 依然会始终保持在 0 值。总的来说,无论两个内生变量 x 和 y 的初始状态是在 x 轴所代表鞍点路径的哪一侧,如果没有适当的外生冲击来改变内生变量的运动轨迹,两个内生变量 x 和 y 也不能达到原点所代表的均衡点,经济系统将无法实现原点所代表的均衡状态。

第六,当两个内生变量 x 和 y 位于 y 轴所代表的鞍点路径上时,如果两个内生变量 x 和 y 不是正好位于原点,那么它们将沿着 y 轴所代表的鞍点路径自发地接近离原点所代表的均衡状态。此时,如果两个内生变量 x 和 y 的初始出发点位于原点上侧,那么随着时间的推移,内生变量 x 将始终保持在 0 值,而内生变量 y 逐渐接近并最终保持在 0 值;如果两个内生变量 x 和 y 的初始出发点位于原点下侧,那么随着时间的推移,内生变量 x 将始终保持在 0 值,而内生变量 y 将沿着鞍点路径逐渐接近并最终保持在 0 值。总的来说,无论两个内生变量 x 和 y 的初始状态是在 y 轴所代表鞍点路径的哪一侧,在没有任何新的外生冲击改变内生变量运动轨迹的情况下,两个内生变量 x 和 y 将自发地移动到原点所代表的均衡点,经济系统将自动实现原点所代表的均衡状态。

图 1.2(b)所反映的情况与图 1.2(a)基本一致,原点依然是一个均衡点,如果经济系统中的两个内生变量 x 和 y 的初始状态正好位于原点,那么经济系统就自动实现了一个均衡状态。同样,根据两个内生变量 x 和 y 在坐标系中偏离均衡点的具体位置的不同,可以分为六种情况加以具体讨论:

第一,当两个内生变量 x 和 y 位于第一象限时,内生变量 x 将逐渐变小,而内生变量 y 将逐渐变大。两个内生变量 x 和 y 的协同移动轨迹将逐渐远离 x 轴所表示的鞍点路径,而逐渐接近于 y 轴所代表的鞍点路径。然而,无论两个内生变量 x 和 y 移动多长时间,它们的协同轨迹也无法达到 y 轴,而只会无限接近于 y 轴。在这种情况下,如果没有适当的外生冲击来改变内生变量的运动轨迹,两个内生变量 x 和 y 始终都无法达到原点所代表的均衡点,经济系统将无法实现原点所代表的均衡状态。

第二,当两个内生变量 x 和 y 位于第二象限时,两个内生变量 x 和

y 都将逐渐变大。同第一象限的情况一致,两个内生变量 x 和 y 的协同移动轨迹将逐渐远离 x 轴所表示的鞍点路径,而逐渐接近于 y 轴所代表的鞍点路径。然而,无论两个内生变量 x 和 y 移动多长时间,它们的协同轨迹也无法达到 y 轴,而只会无限接近于 y 轴,内生变量 x 将无限接近 0 值,而内生变量 y 将无限变大。在这种情况下,如果没有适当的外生冲击来改变内生变量的运动轨迹,两个内生变量 x 和 y 始终都无法达到原点所代表的均衡点,经济系统将无法实现原点所代表的均衡状态。

第三,当两个内生变量 x 和 y 位于第三象限时,内生变量 x 将逐渐变大,而内生变量 y 将逐渐变小。两个内生变量 x 和 y 的协同移动轨迹将逐渐远离 x 轴所表示的鞍点路径,而逐渐接近于 y 轴所代表的鞍点路径。然而,无论两个内生变量 x 和 y 移动多长时间,它们的协同轨迹也无法达到 y 轴,而只会无限接近于 y 轴。随着时间的无限推进,内生变量 x 将无限接近 0 值,内生变量 y 将无限变小。在这种情况下,如果没有适当的外生冲击来改变内生变量的运动轨迹,两个内生变量 x 和 y 始终都无法达到原点所代表的均衡点,经济系统将无法实现原点所代表的均衡状态。

第四,当两个内生变量 x 和 y 位于第四象限时,两个内生变量 x 和 y 都将逐渐变小。同其他三个象限情况一致的是,两个内生变量 x 和 y 的协同移动轨迹将逐渐远离 x 轴所表示的鞍点路径,而逐渐接近于 y 轴所代表的鞍点路径。然而,无论两个内生变量 x 和 y 移动多长时间,它们的协同轨迹也无法达到 y 轴,而只会无限接近于 y 轴,此时,内生变量 x 将无限接近 0 值,内生变量 y 将无限变小。在这种情况下,如果没有适当的外生冲击来改变内生变量的运动轨迹,两个内生变量 x 和 y 始终都无法达到原点所代表的均衡点,经济系统始终无法实现原点所代表的均衡状态。

第五,当两个内生变量 x 和 y 位于 y 轴所代表的鞍点路径上时,如

果两个内生变量 x 和 y 不是正好位于原点,那么它们将沿着 y 轴所代表的鞍点路径无限远离原点所代表的均衡状态。此时,如果两个内生变量 x 和 y 的初始出发点位于原点上侧,那么随着时间的推移,内生变量 x 将始终保持在 0 值,而内生变量 y 将无限变大;如果两个内生变量 x 和 y 的初始出发点位于原点下侧,那么随着时间的推移,内生变量 x 将始终保持在 0 值,而内生变量 y 将无限变小。总的来说,无论两个内生变量 x 和 y 的初始状态是在 y 轴所代表鞍点路径的哪一侧,如果没有适当的外生冲击来改变内生变量的运动轨迹,两个内生变量 x 和 y 也不能达到原点所代表的均衡点,经济系统将无法实现原点所代表的均衡状态。

第六,当两个内生变量 x 和 y 位于 x 轴所代表的鞍点路径上时,如果两个内生变量 x 和 y 不是正好位于原点,那么它们将沿着 x 轴所代表的鞍点路径自发地接近离原点所代表的均衡状态。此时,如果两个内生变量 x 和 y 的初始出发点位于原点右侧,那么随着时间的推移,内生变量 x 将逐渐接近并最终保持在 0 值,而内生变量 y 将始终保持在 0 值;如果两个内生变量 x 和 y 的初始出发点位于原点左侧,那么随着时间的推移,内生变量 x 将沿着鞍点路径逐渐接近并最终保持在 0 值,而内生变量 y 将始终保持在 0 值。总的来说,无论两个内生变量 x 和 y 的初始状态是在 y 轴所代表鞍点路径的哪一侧,在没有任何新的外生冲击改变内生变量运动轨迹的情况下,两个内生变量 x 和 y 都将自发地移动到原点所代表的均衡点,经济系统都将自动实现原点所代表的均衡状态。

需要说明的是,在本部分内容中,为了便于更加形象地说明问题,假定经济系统只包括两个内生变量,这是对现实的高度抽象。如果把更多的内生变量包括进来,理论上就会存在更多的鞍点路径,内生变量的动态路径也会更加复杂,遗憾的是我们无法在可视的空间维度中展示出来。

(三)焦点均衡

焦点是轨线以螺旋的方式趋向或背离的均衡点。螺旋形的轨线可以视为结点均衡中曲线轨线的一种极端情况,然而,螺旋形的轨线又具有普通曲形轨线所不具备的重要特征,因此有必要设置一个专门的类别来加以讨论。

如图 1.3(a)所示,在原点所代表的均衡点附近,经济系统的两个内生变量 x 和 y 的协同运动轨迹呈现出螺旋形状。在原点所代表的均衡点附近,存在无数条螺旋轨迹,这些螺旋轨迹最终会在均衡点处汇合。如果两个内生变量 x 和 y 在外生冲击的推动下跳跃到均衡焦点的附近,它们就会自发地沿着特定螺旋轨线向着均衡焦点处移动并最终保持在均衡点。一旦两个内生变量 x 和 y 到达原点所代表的均衡点,经济系统也就实现了均衡状态。

同理,在图 1.3(b)中,在原点所代表的均衡点附近,经济系统的两个内生变量 x 和 y 的协同运动轨迹也呈现出螺旋形状。在原点所代表的均衡点附近,存在无数条螺旋轨迹,这些螺旋轨迹最初都是从均衡点出发,随着时间的推移而不断发散。

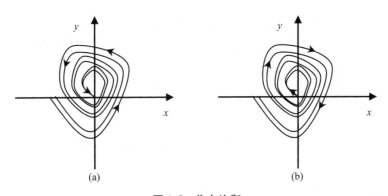

图 1.3 焦点均衡

在图 1.3(b)中,如果两个内生变量 x 和 y 在外生冲击的推动下跳跃到均衡焦点的附近,它们将会自发地沿着特定螺旋轨线向着远离均衡焦点的方向移动,随着时间的推移,两个内生变量 x 和 y 距离均衡点将越来越远,在没有其他外生冲击的作用下,两个内生变量 x 和 y 将永久远离该均衡点,经济系统也将无法在该均衡点实现均衡。一旦两个内生变量 x 和 y 到达原点所代表的均衡点,经济系统也就实现了均衡状态。

在图 1.3(b)中,如果两个两个内生变量 x 和 y 在外生冲击的推动下正好跳跃到均衡点的位置,那么在没有新外生冲击对两个内生变量 x 和 y 造成非均衡影响的情况下,两个内生变量 x 和 y 将始终保持在均衡点,经济系统也将始终保持均衡状态。显然,这种均衡状态是脆弱的,因为作用于两个内生变量 x 和 y 的任意非均衡外生冲击都将促使两个内生变量 x 和 y 永久偏离均衡,而这样的外生冲击在实际经济系统中是普遍存在的。

基于图 1.3 两个内生变量 x 和 y 的协同运行轨迹,可以在时间维度上描绘出两个内生变量 x 和 y 的动态变化过程,具体如图 1.4 所示。

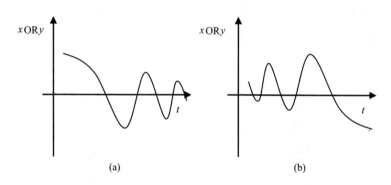

图 1.4　焦点均衡过程中内生变量变化趋势的示意图

注:"OR"表示"或者"的意思,也就是说纵轴可表示 x,也可以表示 y。

图 1.4(a)对应的是图 1.3(a)。在图 1.4(a)中,我们可以明确发现以下两个特征:

第一,随着时间的推移,无论是内生变量 x 还是内生变量 y 都会逐渐变小。这是因为在图 1.3(a)中,两个内生变量 x 和 y 的螺旋运动轨迹是逐渐缩小的,这意味着二者距离均衡点越来越近,这表现在图1.4(a)中,就是两个内生变量x和y的值越来越小。

第二,两个内生变量x和y逐渐变小的过程呈现出明显的波动特征。这是因为在图1.3(a)中,两个内生变量x和y的运动轨迹是螺旋形的,这就决定了两个内生变量的取值将交替出现在均衡点的四周,从而导致两个内生变量x和y在时间维度上的运动路径呈现出明显的波动特征。

图1.4(b)对应的是图1.3(b)。显然,图1.4(b)所刻画的焦点均衡过程中内生变量的变化趋势正好与图1.3(a)相反。同样,在图1.4(a)中,我们可以发现以下两个特征:

第一,随着时间的推移,无论是内生变量x还是内生变量y都会逐渐变大。这是因为在图1.3(b)中,两个内生变量x和y的螺旋运动轨迹是逐渐扩大的,这意味着二者距离均衡点越来越远,这表现在图1.4(b)中,就是两个内生变量x和y的取值越来越大。

第二,两个内生变量x和y逐渐变大的过程呈现出明显的波动特征。这是因为在图1.3(b)中,两个内生变量x和y的运动轨迹是螺旋形的,这就决定了两个内生变量的取值将交替出现在均衡点的四周,从而导致两个内生变量x和y在时间维度上的运动路径呈现出明显的波动特征。两个内生变量x和y在时间维度上的波动过程将会无限进行下去,直到两个内生变量x和y在沿螺旋线运动的过程中自发转移到另一个均衡点附近的轨线,或者是两个内生变量x和y受到了新外生冲击的干预。

(四)中心点均衡

中心点是指所有轨线均围绕它做圆周运动的均衡点。

相对于其他三类均衡,中心点均衡有几个非常重要的特点:

第一,中心点均衡中没有直接通向均衡点的轨线。在本部分所考察的双内生变量经济系统中,结点均衡存在无数条直接连通均衡点的

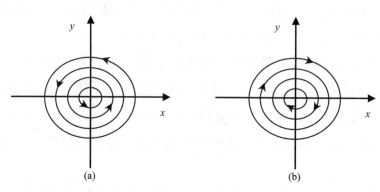

图 1.5　中心点均衡

轨线,鞍点均衡中存在两条件直接连通均衡点的轨线,焦点均衡中也存在无数条直接连通到均衡点的轨线,而正如我们在图 1.5 中所看到的那样,中心点均衡中没有一条轨线可以直接连通到原点所代表的均衡点。

第二,中心点均衡中的轨线都是封闭的。通过前文的讨论,我可以清晰地发现,结点均衡、鞍点均衡和焦点均衡中的轨线都是开放的,在同一个经济系统中,不同均衡的轨线之间可能是直接连通的,也就是说,经济系统中的内生变量沿着一条轨线移动,就可能从一个均衡点到达另一个均衡点。而正如我们在图 1.5 中所看到的那样,中心点均衡中的所有轨线都是自我封闭的。需要注意的是,中心点均衡中的封闭轨线并不一定都是圆形,也可能会存在其他形状的封闭轨线,轨线的具体形状主要受到经济系统中外生变量变化的影响。

中心点均衡又可以分为两种具体情况,分别如图 1.5(a)和图 1.5(b)所示。显然,图 1.5(a)和图 1.5(b)的主要区别在于轨线的方向不同。图 1.5(a)中的轨线方向是逆时针的,而在图 1.5(b)中,轨线方向是顺时针的。轨线方向的不同并不会对中心点均衡的相关结论产生重要影响,因此,接下来的讨论将以图 1.5(a)的情况为主。

如图 1.5(a)所示,如果在外生冲击的作用下,两个内生变量 x 和 y

跳跃到原点所代表的均衡点附近,那么两个内生变量 x 和 y 就将沿着一条封闭轨线绕均衡点做周期运动,整个经济系统也将因此呈现出明显的周期特征。此时,如果没有适当的新外生冲击对内生变量施加影响,两个内生变量 x 和 y 将始终无法到达原点所代表的均衡点;如果存在适当的新外生冲击推动两个内生变量 x 和 y 直接跳跃到均衡点,那么内生变量将自发地停留在均衡点,直到受到新外生冲击的不均衡影响。

基于图 1.5(a)中两个内生变量 x 和 y 的协同运行轨迹,可以在时间维度上描绘出两个内生变量 x 和 y 的动态变化过程,具体如图 1.6 所示。

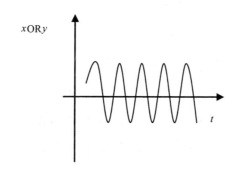

图 1.6 中心点均衡过程中内生变量变化趋势的示意图

注:"OR"表示"或者"的意思,也就是说纵轴可表示 x,也可以表示 y。

在图 1.6 中,我们可以进一步发现以下两个特征:

第一,两内生变量 x 和 y 对均衡点的偏离程度不会随着时间推移而改变。这是因为在图 1.5(a)中,两个内生变量 x 和 y 始终沿着一条封闭轨线绕均衡点移动,这意味着二者与均衡点的总体距离将保持在一个特定水平,这表现在图 1.6 中,就是两个内生变量 x 和 y 的取值始终保持在一个特定的范围内。

第二,两个内生变量 x 和 y 的运动过程呈现出明显的周期特征。这是因为在图 1.5(a)中,两个内生变量 x 和 y 的运动轨迹是封闭环形的,这就决定了两个内生变量的取值将交替出现在均衡点的四周,而且同一个取值将随着时间的推移无限次地反复出现,从而导致两个内生变量 x 和 y 在时间维度上的运动路径呈现出明显的周期特征。两个内生变量 x 和 y 在时间维度上的周期过程将会无限进行下去,直到经济系统中的外生参数发生改变,或者是两个内生变量 x 和 y 受到了新外生冲击的不对称干预。

第三节　均衡区域

一、均衡状态的稳定条件

稳定性主要关注的问题是初始于相平面上某一点的轨线是否能够最终达到并保持在动态系统的均衡点。

在分析动态系统稳定性问题时,注意到以下这一点也是十分必要的:通过对均衡点的离差,线性非齐次方程组可以转化为一个线性齐次方程组。因为,矩阵形式的线性齐次方程可以写成:

$$\dot{x} = Ax + b \tag{1.18}$$

则在均衡点有:

$$0 = A x^* + b \tag{1.19}$$

第(1.18)式减去第(1.19)式,可得:

$$\dot{x} = A(x - x^*) \tag{1.20}$$

第(1.20)式表明:判断线性非齐次方程组的稳定性可以转化为判断线性齐次方程组的稳定性。此时,均衡点为原点。

通过求解,我们发现微分方程组的解与其系数矩阵的特征根和特征向量有关,因此,可以通过分析微分方程组系数矩阵的特征根和特征向量来判断系统的稳定性。下面分情况进行讨论:

（一）第一种情况

第一种情况是当 $\lambda_1 \in \mathbf{R}$，$\lambda_2 \in \mathbf{R}$，且 $\lambda_1 \neq \lambda_2$ 时

此时，齐次方程组的通解为：$x = k_1 \boldsymbol{c}_{\lambda_1} e^{\lambda_1 t} + k_2 \boldsymbol{c}_{\lambda_2} e^{\lambda_2 t}$。

在这种情况下，又可能出现以下四种具体情形：

情形一，$\lambda_1 > 0$ 且 $\lambda_2 > 0$ 时，$x \to \infty$，系统不稳定；

情形二，$\lambda_1 < 0$ 且 $\lambda_2 < 0$ 时，$x \to 0$，系统稳定；

情形三，$\lambda_1 < 0$ 且 $\lambda_2 > 0$ 时，均衡点（原点）为鞍点，当初始点位于稳定鞍臂上时，系统稳定，否则系统不稳定。

因为当初始点 $\boldsymbol{x}_0$ 位于向量 $\boldsymbol{c}_{\lambda_1}$ 所在的直线上时，必然有 $k_2 = 0$，此时，x 的移动路径为 $\boldsymbol{x} = k_1 \boldsymbol{c}_{\lambda_1} e^{\lambda_1 t}$，又因为 $\lambda_1 < 0$，从而，最终会有 $\boldsymbol{x} \to \boldsymbol{0}$，因此，$\lambda_1$ 所对应的鞍臂是稳定鞍臂。

进一步，可以求出稳定的鞍臂方程。首先，分别写出 x 和 y 的时间路径，如第（1.21）式和第（1.22）式所示：

$$x = k_1 \boldsymbol{c}_{\lambda_1}(1) e^{\lambda_1 t} \tag{1.21}$$

$$y = k_1 \boldsymbol{c}_{\lambda_1}(2) e^{\lambda_1 t} \tag{1.22}$$

其中，$\boldsymbol{c}_{\lambda_1}(1)$ 和 $\boldsymbol{c}_{\lambda_1}(2)$ 分别表示特征向量 $\boldsymbol{c}_{\lambda_1}$ 的第一个元素和第二个元素。用第（1.21）式去除第（1.22）式，可以消去时间变量 t，于是，λ_1 所对应的稳定鞍臂方程是：

$$y = \frac{k_1 \boldsymbol{c}_{\lambda_1}(2) e^{\lambda_1 t}}{k_1 \boldsymbol{c}_{\lambda_1}(1) e^{\lambda_1 t}} x = \frac{\boldsymbol{c}_{\lambda_1}(2)}{\boldsymbol{c}_{\lambda_1}(1)} x \tag{1.23}$$

情形四，$\lambda_1 > 0$ 且 $\lambda_2 < 0$ 时，均衡点（原点）为鞍点，当初始点位于稳定鞍臂上时，系统稳定，否则系统不稳定。此时，λ_2 所对应的鞍臂是稳定鞍臂。同理可得，λ_2 所对应稳定鞍臂方程：

$$y = \frac{k_2 \boldsymbol{c}_{\lambda_2}(2) e^{\lambda_2 t}}{k_2 \boldsymbol{c}_{\lambda_2}(1) e^{\lambda_2 t}} x = \frac{\boldsymbol{c}_{\lambda_2}(2)}{\boldsymbol{c}_{\lambda_2}(1)} x \tag{1.24}$$

（二）第二种情况

第二种情况是当 $\lambda_1 \in \mathbf{R}$，$\lambda_2 \in \mathbf{R}$，且 $\lambda_1 = \lambda_2$ 时。此时，包括两种

具体情形：

情形一，如果存在两个独立的向量，且 $c_1 \neq c_2$，齐次方程组的通解为：$x = k_1 c_1 e^{\lambda t} + k_2 c_2 e^{\lambda t}$。

当 $\lambda_1 = \lambda_2 > 0$ 时，$x \to \infty$，系统不稳定；

当 $\lambda_1 = \lambda_2 < 0$ 时，$x \to 0$，系统稳定。

情形二，如果只有一个特征向量，那么齐次方程组的通解就是：$x = k_1 c e^{\lambda t} + k_2 (c t e^{\lambda t} + c^* e^{\lambda t})$。其中，$c^*$ 可以通过把 $(c t e^{\lambda t} + c^* e^{\lambda t})$ 代入微分方程组求得。

当 $\lambda_1 = \lambda_2 > 0$ 时，$x \to \infty$，系统不稳定；

当 $\lambda_1 = \lambda_2 < 0$ 时，$x \to 0$，系统稳定。

（三）第三种情况

第三种情况是当 $\lambda_1 = \alpha + \beta i \in \bar{R}$，$\lambda_2 = \alpha - \beta i \in \bar{R}$ 时：

齐次方程组的通解为：

$x = k_1 e^{\alpha t}(b_1 \cos\beta t + b_2 \sin\beta t) + k_2 e^{\alpha t}(b_2 \cos\beta t + b_1 \sin\beta t)$。

其中，b_1 为特征向量的实部，b_2 为特征向量虚部的相反数。

此时，可能会出现三种具体情形：

情形一，当 $\alpha > 0$ 时，螺旋发散，不稳定；

情形二，当 $\alpha < 0$ 时，螺旋收敛，稳定；

情形三，当 $\alpha = 0$ 时，环形轨线，稳定但系统不能收敛到均衡点。

综上所述，结论如下：当形如第（1.4）式的微分方程组的系数矩阵 A 的特征根的实部小于 0 时，微分方程组所代表的动态系统是稳定的，并且系统最终将收敛到均衡点。

二、稳定均衡与均衡区域

现实的经济系统是十分复杂的，经济系统中可能会同时存在着很多个不同类型的均衡点。经济系统也并不总是正好停留在均衡点，相对而言,经济系统在偏离均衡点的位置运行是一种更加普遍的状态。

(一)均衡区域的界定

政策组合的基本理论告诉我们,当经济系统偏离均衡状态时,就需要通过积极主动的政策工具加以调节,促使经济系统重新恢复均衡。然而,实际的情况是,即使经济系统偏离了均衡点,政府也不一定需要采取积极的政策干预,这是因为均衡区域的存在。

一般来说,均衡区域可以被定义为均衡点附近的不需要政策干预就能够自动保持经济系统近似均衡的稳定区域。具体而言,这个定义包含以下四层意思:

1.均衡区域是一个范围

在本节第二部分关于均衡状态的讨论中,均衡都是指特定的均衡点,一旦经济系统中的内生变量到达特定的均衡点,经济系统也就实现了特定的均衡状态,这种均衡状态可以被称为完全均衡。然而,正如我们在前面的讨论中所指出的,现实的经济系统通常是很复杂的,经济系统偏离完全均衡状态的现象非常普遍。根据经济系统内生变量偏离均衡点的程度不同,经济系统可能会表现出不同的失衡状态,其中,当经济系统中内生变量的取值偏离均衡点的程度在一个相对较小的范围内时,经济系统可能会表现微弱失衡,或者说是近似均衡。从这个意义上来说,内生变量取值对均衡点的小范围偏离就可能成为一个均衡区域。

2.均衡区域在均衡点附近

经济系统中可能会同时存在多个均衡点,但是总的来说,经济系统中的非均衡区域要远远大于均衡区域。如果在非均衡区域选择一个很小的范围,那么无论这个区域有多小,经济系统也不可能在这样的区域内实现近似均衡,因此,均衡区域必然是在均衡点附近。如果限定一个均衡点附近只有一个均衡区域,那么均衡点必然是这个区域的内点。需要注意的是,均衡点可以视为均衡区域的一种特殊情况。

3.均衡区域中的点可能确保经济系统达到近似均衡

通过上面两层意思的讨论,我们可以明确的是:均衡区域是均衡点附近的微小区域。然而,应该用什么样的标准来确定这个微小区域的大小呢? 其中一个很重要的标准就是看所选区域的边界点是否能够确保经济系统达到近似均衡。如果所选区域的边界点能够确保经济系统达到近似均衡状态,那么边界点以内的区域就有可能成为均衡区域;如果所选区域的边界点不能够确保经济系统达到近似均衡状态,那么表明我们所选的候选区域范围过大。

4.均衡区域是一个稳定区域

上述三层意思是均衡区域成立的必要条件,然而,一个区域仅仅满足上述三层意思并不足以确保该区域就是均衡区域。除了上述三个条件之外,均衡区域的成立还必须满足一个最重要的条件:均衡区域是一个稳定区域。如果所选区域不是一个稳定区域,那么即使经济系统中的内生变量最初可以在该区域内促使经济系统实现近似均衡,但是如果没有政策干预等外务作用,经济系统是不可能自发地保持近似均衡。

(二)均衡区域的分类

基于上述对均衡区域内涵的界定和讨论,结合本节第二部分对均衡点的分类讨论,我们可以得到与不同类型均衡点相对应的均衡区域:

1.结点均衡的均衡区域

根据本书关于均衡区域以及结点均衡的定义,结点均衡中的均衡区域可以用图 1.7 来表示。

如图 1.7(a)和图 1.7(c)所示,因为图中原点所代表的均衡点是一个稳定均衡,所以可以在均衡点附近找到一个均衡区域,只要这个区域的边界点能够确保经济系统实现近似均衡。一旦经济系统中的内生变量在外生冲击的作用下或者在自发运动的引导下到达图 1.7(a)和图 1.7(c)中阴影部分所示的均衡区域,经济系统就可以达到近似均衡状态,而不需要政府采取任何政策干预手段。如果经济系统的内生变量位于该均衡区域之外,那么经济系统的失衡程度是不可以被忽略的,在这种情况下,往往需要政府采取主动的政策手段加以干预,以推动经济系统中的内生变量尽快进入这个稳定的均衡区域。

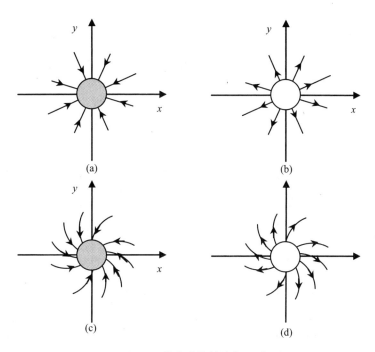

图 1.7　结点均衡的均衡区域

与图 1.7(a)和图 1.7(c)相对应的是,在图 1.7(b)和图 1.7(d)中,我们也可以找到一个区域,只要经济系统的内生变量位于这个区域的边界点以内(包括边界点)就能够确保经济系统实现近似均衡。也就是说,一旦经济系统中的内生变量在外生冲击的作用下到达图 1.7(b)和图 1.7(d)中白色圆圈所示的均衡区域,经济系统就可以达到近似均衡状态。同样,如果经济系统的内生变量位于该区域之外,那么经济系统的失衡程度将是非常显著的,在这种情况下,政府采取主动的政策手段加以干预就十分必要。然而,与图 1.7(a)和图 1.7(c)不同的是,即使经济系统中内生变量的初始位置正好在图中白色圆圈所示的范围内,如果没有积极主动的政策干预,经济系统的内生变量将无法自发地维持在这个区域。因此,图1.7(b)和图1.7(d)中的白色圆圈并不是一个有效的均衡区域,图1.7(b)和图1.7(d)中的均衡区域退化为一个均衡点。

2.鞍点均衡的均衡区域

根据本书关于均衡区域以及鞍点均衡的界定,焦点均衡中的均衡区域可以用图1.8来表示。

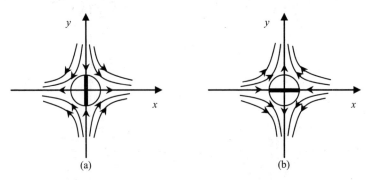

图1.8　鞍点均衡的均衡区域

如图1.8(a)所示,原点所代表的均衡点是一个鞍点均衡,在整个相平面中,只有y轴所对应的鞍点路径指向并连接到均衡点。因此,可以在均衡点附近的y轴上找到一个均衡区域,如图1.8(a)中y轴上加粗的部分所示,这个区域的边界点能够确保经济系统实现近似均衡。一旦经济系统中的内生变量在外生冲击的作用下或者在自发运动的引导下到达图1.8(a)中加粗线段所示的均衡区域,经济系统就可以达到近似均衡状态,而不需要政府采取任何政策干预手段。如果经济系统的内生变量位于该均衡区域之外,那么经济系统的失衡程度是不可以被忽略的,在这种情况下,通常需要政府采取主动的政策手段加以干预,以推动经济系统中的内生变量尽快进入这个稳定的均衡区域。与结点均衡中的均衡区域不同的是,鞍点均衡的均衡区域退化成了y轴上的一条线段。

需要注意的是,图 1.8(a)中圆圈所包含的区域内,不仅仅只有 y 轴上加粗的线段可以实现经济系统的近似均衡,圆圈上和圆圈内所有的点都可以实现经济系统的近似均衡。然而,圆圈内除了 y 轴上加粗的线段之外,其他区域都不能称为均衡区域,因为,需要政府主动的政策干预,经济系统中内生变量才可能维持在这些区域。

又如图 1.8(b)所示,原点所代表的均衡点依然是一个鞍点均衡,在整个相平面中,只有 x 轴所对应的鞍点路径指向并连接到均衡点。因此,可以在均衡点附近的 x 轴上找到一个均衡区域,如图 1.8(b)中 x 轴上加粗的部分所示,这个区域的边界点能够确保经济系统实现近似均衡。一旦经济系统中的内生变量在外生冲击的作用下或者在自发运动的引导下到达图 1.8(b)中加粗线段所示的均衡区域,经济系统就可以达到近似均衡状态,而不需要政府采取任何政策干预手段。如果经济系统的内生变量位于该均衡区域之外,那么经济系统的失衡程度是不可以被忽略的,在这种情况下,通常需要政府采取主动的政策手段加以干预,以推动经济系统中的内生变量尽快进入这个稳定的均衡区域。与图 1.8(a)相同的是,鞍点均衡的均衡区域也退化成了 x 轴上的一条线段。

需要注意的是,图 1.8(b)中圆圈所包含的区域内,不仅仅只有 x 轴上加粗的线段可以实现经济系统的近似均衡,圆圈上和圆圈内所有的点都可以实现经济系统的近似均衡。然而,圆圈内除了 x 轴上加粗的线段之外,其他区域都不能称为均衡区域,因为,如果没有政府主动的政策干预,经济系统中内生变量无法自发地维持在这些区域。

3. 焦点均衡的均衡区域

根据本书关于均衡区域以及焦点均衡的界定,焦点均衡中的均衡区域可以用图 1.9 来表示。

同结点均衡的均衡区域一样,焦点均衡的均衡区域通常也是一个包含均衡点的封闭区间,如图 1.9(a)所示。然而,焦点均衡的均衡区

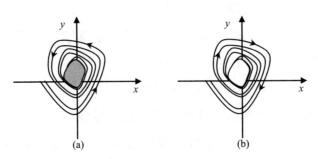

图 1.9　焦点均衡的均衡区域

域并不一定是一个以均衡点为中心的规则圆形,更多时候是一个不规则的封闭区域,这一点与结点均衡的均衡区间存在很大差异。同结点均衡区域和鞍点均衡区域的确定一样,焦点均衡区域的确定也需要满足不需要政策干预就能够自动保持经济系统近似均衡的要求,也就是说,焦点均衡区域边界距离均衡点最远的距离必须刚好满足确保经济系统实现近似均衡。除此之外,焦点均衡区域的边界还必须与焦点均衡中的螺旋轨线具有同样的形状,只有这样,才能确保经济系统内生变量自发地保持在区域内,而不需要政府政策的积极干预。

在图 1.9(a)中,如果经济系统中的两个内生变量 x 和 y 在外生冲击的作用下或者在自发运动的引导下到达图 1.9(a)中阴影部分所示的均衡区域,经济系统就可以达到近似均衡状态,并且不需要政府采取任何政策干预手段就可以自动地保持在这个区域。

相对应的是,在图 1.9(b)中,原点同样是一个焦点均衡,在原点附近也能找到一片与图 1.9(a)中同样形状和大小的区域,如图 1.9(b)中的白色封闭区域。在图 1.9(b)的白色封闭区域中,任意一点都能确保经济系统实现近似均衡状态,然而,如果没适当的外部冲击,这个区域中除了均衡点之外的任意一点都无法自动保持,经济系统中的内生变量必然会沿着螺旋形的轨线自动向外运动,经济系统的近似均衡状态也将无法保持。因此,图 1.9(b)中的白色封闭区域并不是一个均衡区域。

4.中心点均衡的均衡区域

根据本书关于均衡区域以及中心点均衡的界定,中心点均衡中的均衡区域可以用图1.10来表示。

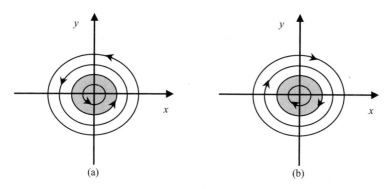

图 1.10　中心点均衡的均衡区域

同结点均衡和焦点均衡的均衡区域一样,中心点均衡的均衡区域通常也是一个包含均衡点的封闭区间,如图 1.10 中的阴影部分所示。然而,中心点均衡的均衡区域也不一定是一个以均衡点为中心的规则圆形,更多时候是一个不规则的封闭区域,这一点与焦点均衡的均衡区域基本一致。同结点均衡区域、鞍点均衡区域和焦点均衡区域的确定过程一样,中心点均衡区域的确定也需要满足不需要政策干预就能够自动保持经济系统近似均衡的要求,也就是说,中心点均衡区域边界距离均衡点最远的距离必须刚好满足确保经济系统实现近似均衡。除此之外,中心点均衡区域的边界还必须与中心点均衡中的封闭轨线具有同样的形状,只有这样,才能确保经济系统内生变量自发地保持在区域内,而不需要政府政策的额外干预。

除此之外,中心点均衡区域的确定也不会受到封闭轨线方向的影响,这一点与结点均衡区域、鞍点均衡区域和焦点均衡区域都不相同。在图 1.10(a)和图 1.10(b)中,虽然二者封闭轨线的运动方向相反,但是二者的均衡区域是完全一致的,如图中的阴影部分所示。如果经济系统中的两个内生变量 x 和 y 在外生冲击的作用下进入到图 1.10(a) 和图 1.10(b)中阴影部分所示的均衡区域,经济系统就可以达到近似均衡状态,并且不需要政府采取任何政策干预手段就可以自动地保持在这个区域。

另外,经济系统中内生变量在中心点均衡区域内的运动轨迹一旦确定,内生变量就不会再自发地向均衡点移动,或是向其他轨线运动,而只会沿着现有的轨线进行周期性运动,直到有新的外生冲击打断这一过程。这也是中心点均衡区域区别于其他三类均衡区域的非常重要的特征。

第四节　目标均衡区域

一、目标均衡区域的界定

前文的分析表明,当经济系统中的内生变量刚好位于均衡点时,经济系统处于一种完全均衡状态,但是在现实的经济体系中,经济系统随时都面临着各种不同类型的外生冲击,经济系统不可能持续保持在均衡点,从这个意义上说,完全均衡状态是一个完美且脆弱的均衡状态。相对应的是,当经济系统中的内生变量位于均衡区域时,经济系统处于一种近似均衡状态,即使经济系统会不断受到各种类型的外生冲击,但是经济系统依然可以自发地持续保持在均衡区域,从个这意义上说,近似均衡状态是一种不完美但是稳定的均衡状态。总的来说,相对于完全均衡状态而言,近似均衡状态是一种更容易把握和达到的均衡,因此,对于经济系统管理者而言,追求经济系统的近似均衡才是政策干预的基本目标,也就是说,相对于均衡点,经济系统管理者更关注的是均衡区域。

正如前面的分析所指出的,一个经济系统中可能会同时存在多个均衡区域。从客观角度来说,只要经济系统的内生变量位于均衡区域,经济系统就可以视为处于均衡状态。然而,对于经济系统的管理者而言,均衡状态的确定又一个主观过程,也就是说,经济系统管理者在确定均衡状态的过程中融入了主观的价值判断。融入了经济系统管理者主观价值判断的均衡区域可以被界定为目标均衡区域。[①] 目标均衡区域的界定非常重要,因为这两个概念的明确界定是判断经济系统失衡与否的基础,进而也是经济系统管理者决定是否采取政策干预经济的基础。具体而言,目标均衡区域包含以下几层含义:

第一,一个经济系统中可能会同时存在多个均衡区域,经济系统的内生变量位于任意一个均衡区域都能确保经济系统保持持续近似均衡状态。

第二,对于经济系统管理者而言,这些同时存在均衡区域并不是完全等价的,其中,经济系统管理希望通过政策干预实现而达到的均衡区域就是其目标均衡区域。

第三,随着经济系统的发展,目标均衡区域也会不断变化,这意味着,经济系统管理者会适时调整自己的目标均衡区域。

第四,目标均衡区域是确定是经济系统管理者制定和实施适当的经济干预政策的基础。

二、目标均衡区域的选择

目标均衡区域的选择过程是经济系统管理者最优化的决策过程。同普通消费者的消费决策过程类似,经济系统管理者选择目标均衡区域的过程需要包括三个基本要素:

---

① 经济系统中的每个个体也会依据自身的价值观确定出自身的目标均衡区域,但是真正影响经济系统均衡走向的是经济系统管理者所确定的目标均衡区域。

(一)经济系统管理者的效用函数

经济系统管理者在确定目标均衡区域的时候依赖于自身的效用函数。通常而言,经济系统管理者的决策效用主要来自以下三个方面:(1)经济系统成员的经济利益,用 A 来表示;(2)经济系统管理者的经济利益,用 B 来表示;(3)经济系统管理者的政治利益,用 C 来表示。具体而言,经济系统管理者的效用函数可以表示为以下形式:

$$U = U_1[A(x^e, y^e)] + U_2[B(x^e, y^e)] + U_3[C(x^e, y^e)] \qquad (1.25)$$

其中,x^e 和 y^e 分别表示均衡点处两个内生变量 x 和 y 的取值水平。因为两个内生变量在均衡点处的取值 x^e 和 y^e 是函数 A、函数 B 和函数 C 共同的内生变量,所以,第(1.25)式可以进一步简写为第(1.26)式:

$$U = U(x^e, y^e) \qquad (1.26)$$

第(1.26)式抽象地刻画了经济系统管理者进行目标均衡区域选择时所取得的效用水平,效用函数的具体形式决定于不同的外生经济环境。不同于普通消费者的效用函数,政府的效用函数没有凸性等定性特征。

(二)选择的成本约束

假定经济系统当前所处的状态是 x^0 和 y^0,政府可以通过主动的政策干预把经济系统状态调整到任意均衡区域,用均衡点 (x^e, y^e) 来表示对应的均衡区域。假定政策干预的过程需要支付成本,成本的大小与内生变量调整的距离成正相关的关系。基于以上假定,可以把政府实施政策干预的成本表示为如下形式:

$$P_1(x^e - x^0) + P_2(y^e - y^0) = \Omega \qquad (1.27)$$

其中,P_1 表示政府调整内生变量 x 的单位成本,P_2 表示政府调整内生变量 y 的单位成本,Ω 表示政府实施宏观调控政策时需要支付的总成本。

(三)可选择均衡区域集合

普通消费者的可选择消费集通常是连续的实数集合,与此不同的

是,政府面对的可选择均衡区域集合通常是离散的实数集合。可选择均衡区域集合就是经济系统所有均衡区域的集合

联立第(1.26)式和第(1.27)式,可以求出政府效用最大化目标下的"目标区域",如果该"目标区域"正好是可选择均衡区域集合中的元素,那么该"目标区域"就是政府效用最大化目标下的"目标均衡区域"。

第二章　开放经济中的内外失衡

第一节　内外失衡的基本内涵

一、开放经济系统的内生变量

按照经济系统开放与否,可以把经济系统分为封闭经济系统和开放经济系统。从概念上来看,封闭经济系统没有对外经济活动,是一个独立于国际经济环境的经济系统;开放经济系统是积极参与国际贸易和国际金融等国际经济事务,是国际经济系统的有机组成部分。本书要研究的是开放经济系统,这就决定了我们所考察的经济系统不仅包括反映国内经济现实的内生变量,也包括反映对外经济关系的内生变量。

正如前文关于经济系统内生变量的分析所指出的,经济系统的内生变量既包括微观层面的内生变量,也包括宏观层面的内生变量,而政府进行政策调控的基本指向是宏观层面的内生变量,因此,本书对经济系统均衡状态的考察是以考察宏观层面的内生变量为基础的。同样,对于一个开放经济系统,政府制定和实施宏观经济政策主要是为了改善宏观层面内生变量的取值水平。根据开放经济系统中宏观层面的内生变量是对内还是对外,开放经济系统中宏观层面的内生变量又可以分为对内内生变量和对外内生变量。

（一）对内内生变量

具体而言,开放经济系统中宏观层面对内的内生变量主要有以下三个:

1.经济增长变量

经济增长变量是经济系统最重要的对内内生变量。经济增长为经济系统的运行和发展提供物质基础。如果经济增长目标不能得到充分实现,经济系统正常运行和发展的物质基础就无法得到保证,因此,维持经济均衡增长是经济系统管理者最重要的政策目标之一。一般而言,衡量经济增长水平的具体指标有如下四个:

（1）期内生产总值总量

经济系统的总体规模通常可以用期内生产总值总量来衡量。期内生产总值总量是指一个统计周期之内特定经济系统经济增加值的总量。经济系统的期内生产总值总量受到经济系统生产能力的影响,具体包括经济系统的技术水平、劳动力供给水平和资本积累水平等因素。

（2）人均期内生产总值

人均期内生产总值是从平均角度反映经济系统经济增长水平的指标。人均期内生产总值是用期内生产总值总量除以经济系统的人口规模得到的。相对于经济系统的期内生产总值而言,人均期内生产总值能够更加准确地反映经济系统在特定时期的发展水平。

（3）期内的经济增长率

经济系统的期内经济增长率主要反映的是经济系统经济总量的增长趋势。相对于前两个指标而言,期内经济增长率指标更易于进行纵向比较。

（4）期内生产总值结构

期内生产总值结构也是反映经济系统增长水平的有机组成部分。经济系统的期内生产总值结构主要反映经济系统中各个组成部分在经济增长中所起的作用。

2. 社会就业变量

经济增长的根本目的是要满足经济系统内人们日益增长的物质文化需要，而人们获取经济增长成果的基本手段是通过提供劳动。因此，经济系统的就业水平关系到经济系统的微观主体能否获得必要的经济增长成果来满足个体生存和发展的需要。如果经济系统的微观主体无法获得适当的就业机会，受到影响的将不仅仅是微观主体本身，整个经济系统的稳定性和均衡性都会受到影响。因此，对于经济系统的管理者而言，改善经济系统中就业水平变量的取值是宏观政策干预的重要目标。一般而言，衡量经济增长水平的主要指标是失业率。失业率计算的是有劳动能力和劳动意愿的微观个体不能够获得充分就业机会的比率。

3. 价格水平变量

对于一个以市场为主要资源配置手段的经济系统而言，价格水平是市场自发配置资源的调节器。相对稳定的价格水平有利于经济系统实现健康快速增长，而大幅波动的价格水平将打乱经济系统健康增长的节奏，给经济体系造成巨大的负面影响。因此，对于制定和实施宏观经济政策的经济系统管理者而言，价格水平变量也是十分重要的内生变量。一般而言，衡量经济系统价格水平的具体指标主要是各种价格指数。其中，消费者价格指数（CPI）是最重要的价格指数之一。

（二）对外内生变量

除了上述三个对内的经济变量之外，开放经济系统还包括两个重要的对外内生变量：

1. 国际收支变量

国际收支是指一个经济系统与其他经济系统之间进行各种交易而引起的货币收支和资源转移。国际收支包括经常项目和金融项目两个方面。国际收支平衡是指在一定的时间周期内，一个经济系统对外支付数量与从其他经济系统得到的支付数量应该保持基本相等。如果一个经济系统对外净支付数量长期巨额为正,则容易造成该经济系统内的需求不足,从而影响经济系统的经济发展水平;如果一个经济系统对外净支付数量长期巨额为负,则容易造成该经济系统过度依赖于外部需求,从而使该经济系统容易受到国际经济变化的冲击。因此,对于制定和实施宏观经济政策的经济系统管理者而言,国际收支变量也是十分重要的内生变量。反映经济系统国际收支水平的主要是国际收支平衡表。

2. 汇率水平变量

相对稳定的汇率水平有利于一个经济系统与其他经济系统发展正常的经济活动,汇率频繁大幅度波动将对国际经济活动尤其是国际贸易产生巨大冲击。因此,对于制定和实施宏观经济政策的经济系统管理者而言,汇率水平将是需要关注的一个重要经济变量。

二、内外失衡的基本内涵

正如前文讨论所指出的,在一个开放经济系统中,一般有五个主要的内生宏观变量,这些变量的取值水平反映了整个宏观经济体系的运行水平。根据第一章的分析,包含五个内生变量的开放经济系统也可以用一组非线性方程系统来表示,通过求解这个方程系统就可以得到开放经济系统的一个或多个均衡点。在确定了开放经济系统的均衡点之后,就可以进一步通过分析这些均衡点附近内生变量的运动轨迹,得到开放经济系统的一个或多个均衡区域。最后,政府根据效用最大化原则,可以从这些均衡区域选择一个需要通过政策干预来实现的目标均衡区域。本书第一章讨论了包含两个内生变量的经济系统,在二维空间中分析了经济系统的目标均衡区域,同理,包含五个内生变量的开放经济系统的目标均衡区域可以放到一个五维空间中讨论。因为五维空间并不是一个可以被可视化的空间,我们无法用图形的方式来加以刻画,但是可以确定的是:包含五个内生变量的开放经济系统的目标均衡区域一定是五维空间中特定均衡点的一个"邻近区域"。

基于对开放经济系统内生变量和目标均衡区域的讨论,我们可以对开放经济系统的内外失衡进行如下界定:

开放经济中的内外失衡是指开放经济系统管理者所关注的对内和对外两方面的内生变量偏离目标均衡区域的现象。

对应于第一章关于经济均衡的界定,本书对于开放经济系统内外失衡的界定也包含四个显著特征:

(一)开放经济系统的内生变量没有同时实现均衡

在第一章关于均衡的讨论中,本书界定的均衡必须满足一般均衡的特征,即一般均衡是指经济体系中所有组成部分共同实现均衡。因为经济体系的各个组成部分是有机联系的,任何局部失衡都可能会对经济体系的总体造成严重负面影响,所以只要经济体系没有实现一般均衡,政府主动的政策干预就是必要的,任何局部均衡都不能成为政府放弃政策干预的理由。同时,政府的政策干预也必须以实现一般均衡为根本目标。对于开放经济而言,内外均衡就是一般均衡。开放经济系统包含内部和外部两类内生变量,内部和外部两类内生变量又分别包含多种具体的内生变量,只有每个具体的内生变量都实现均衡,开放经济系统才能实现内外均衡;反之,任意一个或多个内生变量偏离目标均衡区域,就意味着开放经济系统内外失衡。

(二)开放经济系统的内生变量偏离均衡区域

第一章关于区间均衡的界定指出,经济系统的均衡是一种区间均衡,也就是说,只要经济体系的各个组成部分都位于其对应的合理区间之内,就可以认为经济体系实现了一般均衡,政府就不需要采取任何政策干预措施。相对应的是,如果开放经济体系的某个或某些内生变量不在其对应的均衡区间之内,开放经济系统就处于内外失衡的状态。

(三)开放经济系统的内生变量不能自发均衡

第一章关于自发均衡的讨论指出,自发均衡是指经济体系的各个组成部分可以自发地保持在其对应的合理区间之内,而不需要任何外力(包括政策)的干预。如果经济体系的各个组成部分不能自发地保持在其对应的合理区间之内,这样的"均衡"就是不稳定的。显然,在这种情况下,经济体系各个组成部分要保持在其对应的合理区间之内,就必须依靠政府适当的政策干预,而这又显然违背了本书判定经济均衡与否的基本准则,因此,这种"均衡"并不是真正的均衡,而是失衡。在开放经济系统中,如果开放经济系统的任意内生变量无法自发地保持在"均衡"区域,那么这不是真正的均衡,而是内外失衡的一种表现。

(四)开放经济系统的内生变量偏离目标均衡区域

正如前文讨论所指出的,现实中经济体系更多的是垄断竞争等非完全竞争的经济体系,这就意味着现实的经济体系并不总是一个线性化的系统,而更多地具有非线性特征。经济体系的非线性特征意味着经济体系中均衡的唯一性不再成立,经济体系可能具有多重均衡。在多重均衡的背景下,作为经济体系管理者的政府必然会确定一个目标均衡区域。如果经济体系当前的均衡并不是目标均衡,那么政府就有必要采取适当的政策干预,以推动经济体系达到目标均衡。对于开放经济系统而言,即使开放经济系统所有内生变量都位于一个特定的均衡区域之内,只要这个特定的均衡区域并不是经济系统管理者所确定的目标均衡区域,那么此时的开放经济系统依然处于一种内外失衡的状态。

第二节　内外失衡的基本原因

一、外生冲击

外生冲击是导致开放经济系统内外失衡的最主要因素之一。开放经济系统无时无刻不再经受着来自内部和外部的各种随机冲击,这些随机冲击将会给内生变量制造矢量推力,推动内生变量向着特定的方向移动。如果外生冲击的力度足够大,则开放经济系统的内生变量极有可能偏离原本所处的目标均衡区域,从而导致开放经济系统内外失衡。一般而言,开放经济系统所面临的外生冲击可以分为非人为因素和人为因素两类。具体而言:

(一)非人为因素

非人为因素导致的外生冲击主要是指因自然条件改变而导致的随机冲击。例如,气候恶化导致农业歉收,从而对整个开放经济体系形成冲击,导致开放经济体系内外失衡。

(二)人为因素

人为因素导致的外生冲击主要是指因人们的某些行为而导致的随机冲击。例如,不当的金融投机行为,如果不考虑存在"蝴蝶效应"的可能性,小规模的不当投机可能并不会对整个经济系统造成显著影响,然而,大规模的不当投机则极有可能推动开放经济系统内生变量偏离目标均衡区域,从而导致开放经济系统内外失衡。关于人为因素最突出的实例是美国金融大鳄索罗斯(Soros)屡次发动的金融投机行为,给相关国家和地区经济系统造成了巨大冲击。

二、不当干预

不当干预主要是指政府对经济的干预失误,具体包括干预不足、干预过度和政策组合失误等几种主要情况。其中,导致开放经济失衡的不当干预主要包括干预过度和政策组合失误两种情况。

干预过度主要是指政府在不应该干预的时候实施了主动干预或者是政府干预经济的力度过大,两种情况都可能会促使开放经济系统中内生变量偏离目标均衡区域,从而导致或恶化开放经济内外失衡。例如,在20世纪末的日本泡沫经济中,为了缓解日元升值对经济造成的影响,日本政府实行以降息和增加货币供应为主要特征的货币政策,搭配以减少国债和减少税收为主要特征的财政政策,但是由于日本政府的货币扩张过度,结果不仅没有起到刺激实体经济发展的政策效果,反而进一步刺激了泡沫经济的膨胀,最终给日本整个宏观经济造成了难以估量的损失。

适当的政策干预已经成为化解经济危机、确保经济实现平稳健康发展的必要手段。同时,我们也应该清醒地认识到,政策干预并不总能实现预期的政策效果,有时候甚至会与我们所预期的政策效果相反,导致这种现象的主要原因就是政策组合的失误。例如,面对20世纪70年代的"滞胀"现象,西方发达国家纷纷采取以反通货膨胀为主要目标的政策组合模式,事实证明,不仅没有起到很好的反通货膨胀效果,而且还导致经济更加萧条。20世纪90年代的东南亚金融危机产生的一个重要原因就是亚洲一些国家不恰当的金融政策组合形式,为了吸引外资,这些国家在实行固定汇率政策的同时,又大力推行金融自由化政策,使国际游资有了可乘之机。

三、目标均衡区域改变

根据本书对于开放经济内外失衡的界定,开放经济中的内外失衡是指开放经济系统管理者所关注的对内和对外两方面的内生变量偏离目标均衡区域的现象。由此可知,如果目标均衡区域发生改变,那么也会导致开放经济系统出现内外失衡,因为开放经济系统原本所处的均衡区域不再是目标均衡区域。

通过第一章关于目标均衡区域的界定,可以明确目标均衡区域的选择过程是经济系统管理者最优化的决策过程,而目标均衡区域的选择结果受到经济系统管理者的效用函数、宏观政策调控成本和可选均衡区域集合的影响。因此,如果政府决策的效用函数、宏观政策调控成本和可选均衡区域集合发生改变,那么开放经济系统的目标均衡区域也必然会发生相应的变化,从而导致开放经济系统出现新的内外失衡。具体而言,有三方面的主要因素可能会导致开放经济系统的目标均衡

区域发生改变,从而导致开放经济系统内外失衡:

(一)政府效用函数变化

政府效用函数反映了政府对于不同均衡区域的主观比较,是政府确定目标均衡区域的基本依据。在其他条件不变的情况下,如果政府效用函数发生变化,那么不同均衡区域带来的效用水平可能会发生变化,甚至会改变不同均衡区域的效用水平排序,从而改变政府对目标均衡区域的选择。例如,假定对于某国政府而言,6%左右的经济增长水平是一个目标均衡水平,然而,在面临新的政府大选之时,现有政府为了赢得连任机会,则可能会把目标均衡水平调整到8%左右,并且会采取相应政策组合来确保这个新的目标均衡得到实现。

(二)宏观调控成本变化

宏观调控成本是政府确定目标均衡区域时所面临的约束条件,政府选择的目标均衡区域必须满足约束条件,才能确保政府确定的目标均衡区域是一个通过政策调控可以达到的目标均衡区域,这样的目标均衡区域才有意义。宏观调控成本的变化主要表现为两方面:

1.政策调控的单位成本发生改变

政策调控的单位成本发生改变意味着政府确定目标均衡区域时约束条件的斜率发生变化。约束条件斜率发生变化会直接影响到备选目标均衡区域的范围,进而间接影响到政府对目标均衡区域的选择。

2.政府可以承受的总调控成本发生改变

政府可以承受的总调控成本发生改变意味着政府确定目标均衡区域时的约束条件发生平移。显然,约束条件的平移也会直接影响到备选目标均衡区域的范围,从而间接影响到政府对目标均衡区域的选择。

(三)均衡区域集合变化

均衡区域集合是政府确定目标均衡区域时的可选集合,政府选择的目标均衡区域必然来自于均衡区域集合,如果均衡区域集合发生改变,那么目标均衡区域就可能会发生变化,从而导致开放经济系统出现内外失衡。对于一个特定的开放经济系统而言,在特定的外生经济环境下,开放经济系统的均衡区域是客观存在的一个集合,不会随着政府效用函数或政府宏观调控成本的变化而变化。但是,如果随着时间推移,开放经济系统内生变量所依赖的外生经济环境发生改变,那么开放经济系统的均衡区域集合也必然会发生变化,这种变化可能不仅仅是均衡区域的数量变化,还包括均衡区域的位置变化,无论是均衡区域集合的哪种变化,都必然会影响到政府对于目标均衡区域的选择,从而导致开放经济系统出现新的内外失衡。

四、预期因素

理性预期理论(穆斯,1961)假定经济系统中的行为主体能够获得并有效运用市场信息,从而能够对经济变量的未来表现进行理性预期(Rational Expectation),平均而言,经济主体的预期不会出现系统性的偏差。基于理论预期理论,卢卡斯(Lucas,1976)认为宏观经济政策的变化会影响到理性的微观经济主体的决策行为,从而引起宏观经济政策不能获得预期效果(Lucas Critique)。在卢卡斯等人的推动下,理性预期已经成为西方主流宏观经济学的基石,无论是新古典宏观经济学派(New Classical Macroeconomics)还是新凯恩斯主义经济学派(New Keynesian Economics),都充分强调微观主体理性预期对宏观经济的重要性。

微观主体的理性预期对开放经济系统而言是一把双刃剑,微观主体对开放经济体系恰当的未来预期可能会促使经济系统更加稳固地保持在目标均衡区域之内,反之,微观主体对开放经济系统不恰当的未来预期则可能导致经济系统偏离目标均衡区域,从而导致开放经济系统出现内外失衡。例如,当前人民币持续升值的一个重要原因是受到了人民币升值预期的影响,强烈的人民币升值预期导致国内外投资者形成对人民币资产的巨额需求,对人民币资产需求的剧增又给人民币币值造成强大的升值推力,推动人民币持续升值并逐渐偏离人民币汇率目标均衡区域,从而恶化我国宏观经济内外失衡现状。

第三节　内外失衡的内在联系

开放经济系统中对内内生变量失衡与对外内生变量失衡并不是相互独立的,作为一个统一经济系统的有机组成部分,二者之间存在着十分重要的内在联系。理清内外失衡的内在联系,对于制定和实施相应的干预政策十分必要。

一、开放经济系统的基本结构

要理清开放经济系统中内外失衡的内在联系,首先需要从整体上把握开放宏观经济体系的短期运行框架。在封闭经济条件下,世界上每个国家的宏观经济体系都是一个相对独立的经济系统,但是在开放经济条件下,世界各国宏观经济体系之间存在着千丝万缕的联系,通过抽象分析,我们可以找到其短期的运行机理,并形成一个可视的开放经济系统短期运行框架,这是我们分析内外失衡内在联系的基础。

根据本币是否同时承担国际货币职能,世界各国的宏观经济系统可以分为国际货币发行国和非国际货币发行国两类。显然,相对于国际货币发行国宏观经济系统,非国际货币发行国宏观经济系统是一个更加普遍的群体,接下来就以非国际货币发行国的宏观经济系统为例来讨论宏观经济体系的短期运行框架。如图 2.1 所示,其中,箭头表示短期影响,实线表示实物关系,虚线表示金融关系,阴影部分表示国际货币发行国。显然,图 2.1 所示的非国际货币发行国宏观经济短期运行框架是一个高度抽象的经济体系,但是它涵盖了开放经济条件下非国际货币发行国宏观经济的各个主要方面。下面我们将对图 2.1 所描述的非国际货币发行国宏观经济短期运行框架进行深入解析。

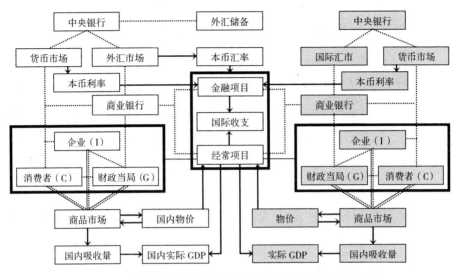

图 2.1 代表性非国际货币发行国宏观经济短期运行框架

（一）世界宏观经济中的两个国家

除了代表非国际货币发行国的本国之外，为了反映开放经济条件下的宏观经济运行特征，我们引入了一个"外国"，这个"外国"可以指代任意的国际货币发行国，因为这些国家的货币有可能成为本国的外汇（储备）来源。当然，我们也可以把"外国"用来指代其他任意的非国际货币发行国，此时，只需要删除图 2.1 中的"国际汇市"这个节点，因为通常情况下，非国际货币发行国的中央银行不能对国际外汇市场形成太大的影响。考虑到与非国际货币发行国宏观经济关系比较紧密的国家主要都是国际货币的发行国，因此在图 2.1 中，我们主要引入国际货币发行国来进行分析。因为引入"外国"主要是为本国宏观经济运行营造开放条件下的国际背景，所以对于其宏观经济体系的描述相对于国内宏观经济体系的描述要简略一些。

（二）本国宏观经济中的两个政策当局

本国中央银行和本国财政当局是制定和执行本国宏观经济政策的两个决策部门。其中，本国中央银行主要制定和执行国家的货币政策，本国财政当局主要制定和执行国家的财政政策。在图 2.1 中,我们对宏观政策当局的节点设定为阴影以使图示更加明晰。

(三)本国宏观经济中的四个目标

一般而言,宏观经济包括三个内部目标和两外部目标。具体而言,三个内部目标包括"经济增长""充分就业"和"物价稳定",两个外部目标包括"国际收支平衡"和"汇率的相对稳定",如果宏观经济的内外目标都得到了实现,就意味着宏观经济实现了内外均衡。考虑到充分就业常常是伴随着经济增长而出现的,所以在图 2.1 中,我们把本国宏观经济的五个目标变量简化为四个目标变量:本国实际 GDP,本国物价水平,本国国际收支和本币汇率。我们把这四目标变量的节点在图 2.1 中都进行了区别显示。

(四)本国宏观经济中的五个市场

与本国宏观经济运行有关的市场一共有五个:国内货币市场,国内外汇市场,国内商品市场,跨国商品市场(经常项目)和跨国资本市场(金融项目)。需要说明的是,这里的商品市场是广义的商品市场,不仅包括有形的商品,也包括无形的商品。

另外有两点需要注意:

第一,图 2.1 中的"经常项目"只是表示两国之间的经常项目,所以它并不等于本国的总的经常项目数额,因此,图 2.1 中的"本国实际GDP"也不等于消费(消费者)、投资(企业)、政府支出(本国财政当局)和经常项目之和。但是,本国与任意外国的经常项目必然会影响到本国和该任意外国的实际 GDP,而这种影响关系正是我们进一步分析所需要的。

第二,图 2.1 中也简要描述了"外国"的宏观经济短期运行体系,其具体结构与本国宏观经济体系基本一致,因此不再具体说明。

上述本国和外国宏观经济体系中的主要节点,通过一系列具有不同含义的直线或曲线有机地联系起来就形成了本国宏观经济短期运行的基本框架。

二、开放经济系统的运行机理

开放经济系统的运行机理主要包括两个方面：

（一）五个市场的运行机理

1. 国内货币市场

在国内货币市场,中央银行通过法定存款准备金率、再贴现率、买卖中央银行票据等政策手段对国内商业银行(包括金融机构)施加影响。受到影响之后,国内的商业银行等金融机构会进一步调整对消费者、企业和政府财政当局的信贷水平和信贷利率,从而间接地影响货币供给。除此之外,中央银行还通过在国内货币市场买卖消费者和企业所最初持有的由财政当局发行的国家公债来直接影响国内货币供给。

2. 国内外汇市场

在国内外汇市场,中央银行和国内商业银行等金融机构以竞价的方式买卖外汇,从而决定了本币的汇率水平。在这个过程中,中央银行通过在国内外汇市场买入外汇就形成了本国的外汇储备。

3. 国内商品市场

在国内商品市场,消费者通过消费行为(C)、企业通过投资行为(I)、本国财政部通过政府购买行为(G)向国内商品市场投入货币并取得商品的过程,形成了对本国实际 GDP 的国内吸收,并进一步决定了本国的物价水平。

4. 跨国商品市场

在跨国商品市场,消费者、企业和本国财政部等经济主体通过对外贸易(包括商品和服务)形成了本国的部分经常项目(如果把本国同世界各国的经常项目加总,就形成了本国总的经常项目),该经常项目形成了对本国实际 GDP 的部分国外吸收,也是本国际收支的一个组成部分。同时,在经常项目的形成过程中,也伴随着外汇的流动,当本国的经常项目为正时,本国的经济主体获得外汇收入,无论国外的经济主体是通过现金支付的方式还是通过商业银行转账的方式,这一过程最终会表现为本国经济主体在国内商业银行的外汇存款增加。

5.跨国资本市场

在跨国资本市场,国内外经济主体和商业银行等金融机构出于投资目的(形成长期资本)或者投机目的(形成短期资本或热钱)推动金融资本进行跨国流动,形成本国国际收支的另一个重要组成部分——金融项目。如果本国的金融项目为正,表明有国际资本流入国内,同时意味着伴随着国际资本流动的外汇会最终流入国内商业银行等金融机构,这是本国国内商业银行外汇头寸的另一个重要来源。

(二)两个政策当局的运行机理

1.中央银行的运行机理

中央银行的运行机理与国内货币市场和国内外汇市场这两个市场有关,在上文中,我们已经较详细地阐述了国内货币市场和国内外汇市场的运行机理和中央银行在这两个市场中所起的作用。

2.财政当局的运行机理

财政当局的运行机理主要包括两个方面:财政收入和财政支出。财政收入有三个主要来源:来自消费者、企业和国内商业银行等金融机构的税收收入;来自商业银行等金融机构的信贷(为了简化分析,不考虑来自外国的信贷);来自面向消费者、企业和国内商业银行(为了简化分析,不考虑面向外国的国债发行)的国债发行。财政支出也有三个主要方向:面向商品市场的政府购买;面向消费者、企业和国内商业银行等金融机构的政策性补贴;偿还国债本息。

三、内生变量的基本联系

开放经济系统内外失衡表现为开放经济系统内生变量偏离目标均衡区域,也就是说,开放经济系统内生变量之间的基本联系就反映了开放经济系统内外失衡之间的基本联系。开放经济系统是一个复杂系统,每个内生变量都是开放经济系统的有机组成部分。接下来,本书将分别考察开放经济系统的每个内生变量与其他内生变量之间的主要联系:

(一)经济增长与物价水平

凯恩斯的短期国民收入决定理论表明:短期产出决定于短期需求。一般而言,国内产出的短期需求包括国内吸收和经常项目两个组成部分。根据国民收入恒等式,国内产出等于国内吸收和经常项目两个组成部分之和,其中国内吸收量又包括消费(C)、投资(I)和政府购买(G)三个部分,具体如图2.1所示。

如图2.1所示,国内物价水平通过两条路径影响国内产出水平:

第一,国内价格水平由国内商品市场上的商品供给与需求决定,反过来,国内价格水平的高低也会影响到国内商品市场上商品的供给与需求,进而间接地影响到国内实际产出水平。

第二,在其他条件不变的情况下,国内价格水平也会影响到经常项目余额,进而间接影响到国内实际产出水平。一般来说,国内价格水平降低将有利于商品出口,从而增加对国内产出的外部需求;国内价格水平上升将不利于商品出口,从而减少外部对国内产出的需求。

(二)经济增长与汇率水平

如图2.1所示,本币的币值水平会直接影响到本国的经常项目水平,而本国的经常项目水平作为对国内产出的外部需求,会直接影响到国内产出水平。因此,本币汇率水平的波动会间接导致国内产出水平的波动。一般而言,本币币值上升值将导致出口减少和进口增加,从而恶化经常项目水平,进而导致国内产出减少;同理,本币币值下降将导致出口增加和进口减少,从而改善本国经常项目水平,进而导致国内产出增加。

(三)经济增长与国际收支

如图 2.1 所示,国际收支包括经常项目和金融项目两个组成部分。经常项目代表了对国内产出的外部需求,是国内产出需求的重要组成部分,因此,经常项目水平的变化对于国内产出水平的变化具有直接影响,经常项目水平恶化,国内产出就会减少,经常项目水平改善,国内产出就会增加。除此之外,经常项目水平的变化对于国内产出水平的变化还具有间接影响,因为经常项目水平的波动会导致国内市场中流动性水平的被动变化,流动性水平的被动变化又会进一步影响国内的价格水平,进而导致国内产出水平出现波动。

不同于经常项目对国内产出的直接影响,金融项目对国内产出的影响主要是间接性的,一方面,以直接投资为代表的金融项目可能会影响国内产出能力,进而在一定程度上影响到国内供给;另一方面,各种形式的金融项目波动将显著影响到国内市场的流动性水平,流动性水平的被动变化又会进一步影响国内的价格水平,进而导致国内产出水平出现波动。

(四)价格水平与汇率水平

如图 2.1 所示,价格水平与汇率水平通过国际收支板块联系在一起。具体而言,价格水平与汇率水平之间的关系可以用购买力平价(PPP)来刻画,购买力平价又具体包括绝对购买力平价和相对购买力平价两种。令 r 为直接标价法表示的汇率水平,p_h 为国内价格水平,p_f 为国外价格水平,则价格水平和汇率水平之间有如下关系:

$$r = \frac{p_h}{p_f} \tag{2.1}$$

$$\frac{r_t}{r_0} = \frac{p_{ht}/p_{h0}}{p_{ft}/p_{f0}} \tag{2.2}$$

其中,第(2.1)式为绝对购买力平价条件,而第(2.2)式为相对购买力平价条件。进一步对第(2.2)式取对数,可得:

$$\ln(\frac{r_t}{r_0}) = \ln(\frac{p_{ht}}{p_{h0}}) - \ln(\frac{p_{ft}}{p_{f0}}) \tag{2.3}$$

又因为有第(2.4)式成立:

$$\ln(\frac{y}{z}) = \ln(1 + \frac{y-z}{z}) \simeq \frac{y-z}{z} \tag{2.4}$$

因此,第(2.3)式可以进一步改写为:

$$\frac{r_t - r_0}{r_0} = \frac{p_{ht} - p_{h0}}{p_{h0}} - \frac{p_{ft} - p_{f0}}{p_{f0}} \tag{2.5}$$

当 r_t 为预期汇率, r_0 为即期汇率时,可得:

$$\frac{\tilde{r} - r}{r} = \frac{\tilde{p}_h - p_h}{p_h} - \frac{\tilde{p}_f - p_f}{p_f} \tag{2.6}$$

第(2.6)式是包括了预期因素的相对购买力平价条件,是价格水平与汇率水平之间的另一种非常重要的联系。

(五)价格水平与国际收支

如图 2.1 所示,国内价格水平会通过两条渠道影响国际收支水平。第一条渠道是:国内价格水平的波动会导致经常项目水平波动,进而影响到国际收支水平。第二条渠道是:国内价格水平的波动会通过购买力平价条件对汇率水平形成影响,进而影响到国际收支水平。

反过来,国际收支水平的变化也可能会影响国内价格水平。具体而言,国际收支中的经常项目波动可能会改变国内商品市场的短期供给水平,在国内需求不变的情况下,国内短期供给的变化必然会影响国内市场的价格水平。

(六)汇率水平与国际收支

如图 2.1 所示,汇率水平对国际收支的影响主要表现在两个方面:一方面,汇率水平的波动将导致本国进口与出口水平的显著变化,从而导致本国经常项目水平发生明显波动,进而影响国际收支水平;另一方面,汇率水平的波动将导致国际资本流动水平发生显著变化,从而导致金融项目的大幅波动,进而影响本国的国际收支水平。

反过来,国际收支的变化也可能会影响汇率水平。因为国际收支的波动将导致外汇供给与需求的大幅波动,而外汇供给与需求的波动必将导致汇率水平的波动。一般而言,国际收支顺差意味着外汇供给水平增加,在外汇需求不变的情况下,外汇供给的增加必将推动本币升值;同理,国际收支逆差意味着外汇供给水平减少,在外汇需求不变的情况下,外汇供给的减少必将推动本币贬值。

第四节　内外失衡的日本案例

一、日本泡沫经济的基本内涵

回顾日本经济的发展历史,20世纪末的泡沫经济危机无疑是日本经济内外失衡的最突出表现。日本泡沫经济主要是指20世纪80年代日本国内资产价格普遍持续快速上涨,以致日本国内资产价格水平远远高于实际资产价值,进而导致整个日本经济出现严重的泡沫化现象。

(一)日本泡沫经济的主要背景

20世纪末日本泡沫经济的背景主要包括国内背景和国际背景两个方面:

第一,高度的金融自由化是20世纪80年代日本泡沫经济形成之前的主要国内背景。第二次世界大战以后,结合自身的资源条件和技术背景,日本政府大力推行"出口导向"的经济发展战略,推动日本经济高速增长。随着经济实力的增强,从20世纪70年代开始,日本逐步推行金融自由化,开放了日本的金融市场。

第二,日本泡沫经济形成的国际背景则主要是美国对日本长期巨额的国际贸易逆差,以及在此基础上美国要求日元升值的强大压力。

1985 年 9 月"广场协议"之后,在美国、日本、德国、英国和法国联合干预外汇市场的情况下,日元对美元不仅事实上在短期内实现了大幅度升值,而且形成了日元继续大幅升值的强烈预期。在政府干预和升值预期等力量的共同作用下,日元对美元保持了持续大幅升值态势。

(二)日本泡沫经济的主要表现

具体而言,20 世纪末日本以泡沫经济为突出特征的内外失衡主要体现在以下三方面:

1. 日元急剧升值

1985 年 9 月"广场协议"之后,在五大国联合干预外汇市场的情况下,日元急剧升值,接下来的三年日元分别升值 29. 35%、14. 17% 和 11.4%,1985 年日元对美元汇率的年平均值是 238. 54,而到 1988 年日元对美元汇率的年平均值已经变成了 128. 15,1994 年之前,日元基本上能保持 8% 的年均升值速度。①

2. 资产价格暴涨

据统计,"广场协议"签订以后的 4 年里,日经股票平均价格以年均 28. 82% 的水平递增,日本东京都的住宅用地市场价格以年均 31. 48% 的水平递增②,而同一时期,日本的名义 GDP 的年均增长率只有 5% 左右。日本的泡沫经济逐渐形成并扩大,面对资产价格的持续高速增长,资本的投机收益越来越高,大量国际游资在高收益的吸引之下不断流入日本股市和房市。随着热钱流入的增加,又进一步加强了日元的升值趋势。

3. 经常项目恶化

日元急剧升值的同时,日本出口增长速度放缓,而进口增长速度增加。1987—1994 年货物和服务出口的年均增长率已经下降到 4.64%

---

① 根据世界银行官方网站提供的数据计算得到。
② [日]日本经济企划厅:《经济白皮书》,大藏省印刷局 1994 年版,第 556—557 页。

左右,而货物和服务进口的年均增长率已经上升到 7.31% 左右①,这进一步导致两个结果:一方面导致日本经济的总体需求相对不足,日本经济增长乏力;另一方面,日本国内企业尤其是出口导向型企业受到严重打击,出现产品积压、利润下降,进一步的后果就是生产性投资减少,投资者不再把主要资金投向生产领域,从而导致大量生产性资金进入投机领域。

二、日本泡沫经济产生的原因

通过本章第二节的分析可以发现,开放经济系统内外失衡产生的基本原因主要包括外生冲击、政策失误、目标均衡区域改变和预期因素四个方面。回顾 20 世纪末日本泡沫经济的产生过程,可以发现上述四方面的因素在不同程度上都有所体现:

(一)外生冲击

20 世纪末日本泡沫经济产生的主要外生冲击无疑是 1985 年的"广场协议"。"广场协议"之前,虽然面临着内外失衡的巨大隐患,但是日本宏观经济在表面看来依然十分强劲并相对均衡。"广场协议"实质上是以美国为首的世界经济强国联合对日本施加压力,试图通过迫使日元升值来改善世界经济强国尤其是美国的巨额贸易赤字。之后,日元汇率的失衡又进一步传导到日本国内资产市场,引发日本国内资产价格水平严重失衡,这一点将在后文讨论"日本泡沫经济的内在联系"时进行深入的分析。

(二)政策失误

20 世纪 80 年代日本经济发展迅速,日元国际化进程也取得了巨大进展,为了进一步加快日元国际化进程,日本政府在没有充分考量国内宏观经济现状的情况下,过早地实施了金融自由化政策,为后来的泡

---

① 根据世界银行官方网站提供的数据计算得到。

沫经济埋下隐患。金融自由化政策对日本泡沫经济的影响过程比较简单,其主要的影响路径可以用图 2.2 和图 2.3 中的虚线来表示。显然,金融自由化对日本泡沫经济的影响过程可以从总体和局部两个角度来看。

1. 总体视角

总体而言,20 世纪 80 年代日本金融的高度自由化水平主要是通过影响三个变量来间接影响日本泡沫经济的,如图 2.2 所示:(1)高度的金融自由化水平导致热钱流入更加容易,从而可以放大因日元升值带来的热钱流入水平,使得流动性过剩的矛盾更加严重,进而放大资本投机的水平,最终诱发日本泡沫经济;(2)高度的金融自由化水平导致生产资本外流更为顺畅,从而可以更大程度地减少日本国内的生产性投资,使得流动性过剩的矛盾更加严重,进而放大资本投机的水平,最终诱发日本泡沫经济;(3)高度的金融自由化水平直接导致资本投机更加容易,进而放大资本投机的水平,最终诱发日本泡沫经济。

2. 局部视角

局部来看,金融自由化通过影响热钱流入和资本投机这两个变量来放大日元升值的影响程度,从而放大了日本泡沫经济的程度。综上所述,我们可以发现金融自由化政策影响日本泡沫经济的两个特点:(1)金融自由化对日本泡沫经济的影响是一个单向开放的过程;(2)金融自由化本身并不会刺激日本泡沫经济的膨胀,其主要是通过润滑整个金融系统来间接地放大资本投机水平,进而诱发日本泡沫经济。

(三)目标均衡区域改变

第二次世界大战以后,在美国的大力扶持下,日本政府积极推动"出口导向"的经济增长战略,在很短的时间内就走出了战败的阴影,并迅速成长为仅次于美国的世界第二大经济强国。与此同时,日本政府开始调整其发展目标,尤其强调日元成为国际货币的重要性,日元国际化于是成为日本政府一个重要的发展目标。为了配合日元国际化进程,日本政府相应地实施了金融自由化政策。

(四)预期因素

预期因素也是 20 世纪末日本泡沫经济的重要因素。日本泡沫经济中的预期因素主要表现在两个方面:

1. 日元汇率升值预期

"广场协议"之前,在日元国际化的背景下,日元表现出稳步升值的态势,并逐步给国内外投资者形成了升值预期。"广场协议"之后,国内投资者受到政府行为的鼓励,日元升值预期得到进一步强化,并给日元的进一步升值造成了巨大的压力,最终强烈的日元升值预期转化为日元汇率升值的现实。

2. 资产价格上涨预期

正如前面讨论所指出的,"广场协议"签订以后的 4 年里,日经股票平均价格和日本东京都的住宅用地市场价格以年均 30% 左右的水平递增,这大大强化了广大投机者对资产市场未来收益的预期,从而吸引了更多的投机资金进入日本资产市场,并推动资产市场价格进一步失衡。这是一个预期自我实现的循环过程:资产价格持续高速增长→资产价格上涨预期增强→投机资金大量涌入→资产价格持续高速增长。

三、日本泡沫经济的内在联系

20 世纪末日本泡沫经济产生至今,日本泡沫经济中日元汇率与日本资产价格之间的内在联系一直是学术界关注的重点。目前,世界各国学者尤其是中日两国的学者关于日元汇率与日本资产价格内在联系的研究已经形成了大量的学术成果,但是研究结论却始终未能达成一致,尤其是日元升值在日本资产价格泡沫形成和扩大过程中所起的作用始终存在争论。根据日元升值在日本资产价格泡沫形成和扩大过程中所起作用的不同观点,已有的相关研究可以分为两类,一类研究强调日元升值对于日本资产价格泡沫产生和扩大所起的主要作用,另一类研究则对日元升值对于日本资产价格泡沫的形成和扩大是否有影响持保留态度。

认可日元升值对日本泡沫经济形成和扩大具有重要影响的研究主要包括:

罗纳德·麦金龙和大野健一(Ronald Mckinnon 和 Ohno,1997)提出"日元升值综合征"的概念,他们的观点是:自 1985 年"广场协议"以来,由于美国的高压政策,国际社会对日元升值形成了强烈的和牢固的预期,由此而来的日元升值导致日本出现泡沫经济。罗纳德·麦金龙和大野健一(Ronald Mckinnon 和 Ohno,2001)认为日元升值是导致日本通货紧缩、流动性陷阱和泡沫经济的主要原因。周见(2001)通过对日本泡沫经济时期大量的经济数据进行分析,研究认为日元升值导致的流动性大量过剩是日本泡沫经济形成的一个重要条件。王允贵(2004)指出日本央行为克服日元升值的负效应而实施的扩张性货币政策,以及日元升值造成人们对经济前景的盲目乐观,是日本泡沫经济形成和扩大的重要因素。袁钢明(2007)认为日元升值后的反萧条政策力度过大是日本泡沫经济发生的可能原因之一。李亚芬(2008)强调一国汇率的大幅度变动对该经济无疑会产生直接和间接的影响,她通过考察日元升值对经济的波及渠道,发现日元升值对日本经济的负面影响是:长时间的产业空洞化,实施低利率政策进一步导致泡沫的出现。

从日元升值之外的角度来寻找日本泡沫经济形成和扩大的原因的研究相对而言成果更为丰硕,代表性研究主要包括:

周林薇(1993)认为日本推进金融自由化政策,较低的市场利率,企业偏重金融投机的行为,以及法人相互持股的企业结构,导致虚拟资本脱离实际经济,造成了 20 世纪 80 年代末虚拟资本过度膨胀的"泡沫经济"现象。陈江生(1996)研究认为日本泡沫经济的原因主要有两方面:第一,大量过剩资本的存在和冲击;第二,宏观经济政策失当。三木谷良一（1998）认为日本泡沫经济的产生是因为具备了以下几个条件：第一，初期宏观经济处于一种非常好的状态；第二，人们对未来的经济状况有极其乐观的预期；第三，大量的资金供给做支持；第四，起导火索作用的某种契机。李晓西等（2000）认为货币政策失误与金融监管不力是产生泡沫经济的体制性因素。李俊久、田中景（2008）认为日本泡沫经济的产生有着深层次的制度根源，这种制度性根源主要体现在发展型强政府与贸易立国战略。冯维江、何帆（2008）从政治经济的角度分析了日本泡沫经济产生的原因，将之归结为经济体系改革错序导致的企业系统与金融系统的不匹配，以及行政部门之间的利益和权力博弈带来的错误。李众敏（2008）认为长期高速增长带来的财富积累和乐观情绪、宽松的货币政策、日本土地规划和税制因素是形成日本泡沫经济的主要原因。瞿晓华（2008）从外交博弈的角度分析了日本泡沫经济产生的原因，他认为日元升值本身并不必然导致泡沫经济的出现，在日美两国围绕汇率、利率及财政支出的外交博弈中，日本的认识偏差、战略失误以及对美国的一味妥协才是问题的根本所在。王义中、金雪军（2009）认为在经济持续高速增长和经济转轨过程中，日本实行的以降低利率和放松银根为特征的"扩张性盯住"政策是导致日本经济下滑的主要原因。

日元升值与日本泡沫经济之间到底具有怎样的内在联系？为了回答这个问题，本书接下来将首先构建一个符合当时日本金融高度自由化特征的加入汇率变量的理性泡沫模型，用以分析日元升值对日本泡沫经济的定性影响。在此基础上，进一步研究日元升值对日本泡沫经济的影响路径。

（一）加入汇率变量的理性泡沫模型

布兰查德和沃森（Blanchard 和 Watson，1982）基于理性预期理论（穆斯，1961），构建了一个理性泡沫模型。其后，从理论和实证的角度产生了大量关于理性泡沫的相关研究，例如梯若尔（Tirole，1985）、汉密尔顿(Hamilton,1986)、迪芭和格罗斯曼(Diba 和 Grossman,1988)、福田(Fukuta,1996)、科斯塔斯和赛拉蒂斯(Koustas 和 Serletis,2005)、莱赫科宁(Lehkonen,2010)等等。接下来我们将以布兰查德和沃森的模型为基础建立一个符合20世纪80年代日本金融高度自由化特征的包括汇率变量的理性泡沫模型,以分析日元升值对日本泡沫经济的定性影响。

回顾日本泡沫经济及历史上其他泡沫经济现象,我们可以发现泡沫经济的一个关键特征是资产价格急剧上涨,以至于严重背离正常水平。因此,本书构建的加入汇率变量的理性泡沫模型,也将以资产泡沫为中心进行考察。

令 r_t 表示第 t 期风险资产的收益率,则 r_t 可以用如下等式来表示:

$$r_t = \frac{p_{t+1} - p_t}{p_t} + \frac{d_t}{p_t} \tag{2.7}$$

其中,$\frac{p_{t+1} - p_t}{p_t}$ 表示因资产价格变化形成的收益率,当其取负值时表示损失率,$\frac{d_t}{p_t}$ 表示资产的基本收益率,如股票的股息收益率。假定风险资产投资者具有理性预期,则以 t 期之前的所有信息集 ψ_t 为条件,对第(2.7)式取条件期望,可得风险资产的理性预期收益率:

$$E[r_t \mid \psi_t] = \frac{E[p_{t+1} \mid \psi_t] - p_t}{p_t} + \frac{d_t}{p_t} \tag{2.8}$$

进一步假定风险资产的理性预期收益率是一个不随时间变化的常数,并且风险资产的投资者具有风险中性的特征,则投资者会在风险资产和无风险资产两种投资决策之间进行选择以实现投资收益的最大化,决策的结果会导致风险资产的理性预期收益率与无风险资产的收益率相等。通常用利率 r 来表示无风险资产的收益率,则该假定意味着 $E[r_t \mid \psi_t] = r$。由此可得:

$$p_t = \frac{1}{1+r}E[p_{t+1} \mid \psi_t] + \frac{d_t}{1+r} \tag{2.9}$$

根据迭代期望定律 $E\{E[y\mid\psi^1]\mid\psi^2\}=E[y\mid\psi^2]$（其中 $\psi^1\supseteq\psi^2$），对第(2.9)式取 $t+1$ 期在信息集 ψ_t 条件下的条件期望，再重新代入第(2.9)式，以此类推，反复迭代进行求解，可得：

$$p_t=\frac{1}{(1+r)^{T+1}}E[p_{t+T+1}\mid\psi_t]+\sum_{i=0}^{T}\frac{1}{(1+r)^i}E[\frac{d_{t+i}}{1+r}\mid\psi_t]\quad(2.10)$$

因为 $\frac{1}{1+r}<1$，所以有 $\lim_{T\to\infty}\frac{1}{(1+r)^{T+1}}E[p_{t+T+1}\mid\psi_t]=0$，此时可得带有理性预期的一阶差分方程第(2.9)式的特解：

$$p_t^*=\sum_{i=0}^{\infty}\frac{1}{(1+r)^i}E[\frac{d_{t+i}}{1+r}\mid\psi_t]\quad(2.11)$$

进一步令第(2.9)式的一般解为 $p_t=p_t^*+\tilde{p}_t$，其中 $\tilde{p}_t$ 为其他任意解。对第 $t+1$ 期的一般解以信息集 ψ_t 为条件取条件期望，可得：

$$E[p_{t+1}\mid\psi_t]=E[p_{t+1}^*\mid\psi_t]+E[\tilde{p}_{t+1}\mid\psi_t]\quad(2.12)$$

把一般解 $p_t=p_t^*+\tilde{p}_t$ 和第(2.12)式代入(2.9)式，可得：

$$\tilde{p}_t=\frac{1}{1+r}E[\tilde{p}_{t+1}\mid\psi_t]\quad(2.13)$$

该任意解可以用一个包含鞅的随机过程来表示。设随机过程 M 为任意鞅，满足对于任意时刻 t，有 $E[\mid M_t\mid]<\infty$ 且 $E[M_{t+1}\mid\psi_t]=M_t$。令 $\tilde{p}_t=(1+r)^tM_t$，利用鞅的性质 $E[M_{t+1}\mid\psi_t]=M_t$，可得：

$$\tilde{p}_t=(1+r)^tM_t=(1+r)^tE[M_{t+1}\mid\psi_t]=\frac{1}{(1+r)}E[(1+r)^{t+1}M_{t+1}\mid$$

$$\psi_t]=\frac{1}{(1+r)}E[\tilde{p}_{t+1}\mid\psi_t]\quad(2.14)$$

第(2.14)式表明，可以用包含任意鞅 M 的随机过程 $\tilde{p}_t=(1+r)^tM_t$ 来替代第(2.13)式。于是，第(2.9)式的一般解可表示为：

$$p_t=\sum_{i=0}^{\infty}\frac{1}{(1+r)^i}E[\frac{d_{t+i}}{1+r}\mid\psi_t]+(1+r)^tM_t\quad(2.15)$$

其中，$Bubble = (1 + r)^t M_t$ 为该风险资产的泡沫成分，因为我们所研究的带泡沫的风险资产价格通常要高于其不含泡沫时的基本价格，因此，当资产价格存在泡沫时，这里的鞅就会满足条件 $M_t > 0$，而 $M_t \leq 0$ 时资产价格是不存在泡沫的。由于鞅 M_t 是任意的，所以对应于具体的不同形式的鞅，资产泡沫 $Bubble$ 也会具有不同的具体形式，但那不是我们的研究重点。

下面我们继续分析日元升值对日本泡沫经济的定性影响。首先回顾一下 20 世纪 80 年代日本泡沫经济形成之前的主要经济特征：一方面，经济泡沫已经出现，即 $M_t > 0$；另一方面，从 70 年代开始，日本政府开始逐步推行金融自由化，到 80 年代日本泡沫经济形成之前，金融自由化已经发展到相当高的水平。在高度金融自由化的背景下，我们进一步假定资本可以完全流动。于是，根据抵补的利率平价条件，有：

$$1 + r_h = \frac{\overline{e_{t+1}}}{e_t}(1 + r_f) \tag{2.16}$$

其中，r_h 和 r_f 分别为国内外利率，e_t 为用直接标价法表示的第 t 期汇率，$\overline{e_{t+1}}$ 是第 $t+1$ 期的远期汇率。因为，$r = r_h$，所以可得包含汇率变量的资产泡沫方程：

$$Bubble = \left(\frac{\overline{e_{t+1}}}{e_t}\right)^t (1 + r_f)^t M_t \tag{2.17}$$

$Bubble$ 对 e_t 求一阶和二阶偏导数，可得：

$$\frac{\partial Bubble}{\partial e_t} = -t(e_t)^{-t-1}(\overline{e_{t+1}})^t (1 + r_f)^t M_t < 0 \tag{2.18}$$

$$\frac{\partial^2 Bubble}{\partial e_t^2} = t(t+1)(e_t)^{-t-2}(\overline{e_{t+1}})^t (1 + r_f)^t M_t > 0 \tag{2.19}$$

显然，如果资产泡沫存在，即 $M_t > 0$ 时，汇率 e_t 变小的时候，即本币升值时，会扩大资产泡沫，而且扩大的幅度会随着汇率 e_t 不断变小而边际递增;同理,当汇率 e_t 变大的时候,即本币贬值时,会缩小资产泡沫,但是资产泡沫的缩小幅度会随着汇率 e_t 的不断增大而边际递减。这一结论不仅适用于日本泡沫经济,也适用于金融自由化程度较高、资本流动较为自由的其他存在经济泡沫的经济体。

(二)日元升值对日本泡沫经济的闭合影响路径

根据第二部分的理论模型,我们可以得出这样一个结论:当经济泡沫出现以后,高度金融自由化背景下的日元升值对日本泡沫经济的扩大有着边际递增的正向影响。接下来,我们将进一步分析日元升值和金融自由化对 20 世纪后期日本泡沫经济的影响路径。

日元升值对日本泡沫经济的影响是一个复杂的过程,其主要的影响路径可以用图 2.2 中的实线来表示。图 2.2 所显示的日元升值对日本泡沫经济的影响路径实际上又可以分解为总体和局部两条主要的闭合路径。下面我们将具体分析每一条闭合路径。

1. 总体闭合路径

如图 2.2 所示,日元升值以后,会首先从以下三个方面影响日本的宏观经济:

第一,日元升值以后,国际资本大量涌入,国内流动性剧增。1985 年 9 月"广场协议"之后,在五大国联合干预外汇市场的情况下,日元急剧升值。这对于国际游资而言,是一个绝好的投机机会,只要把资金换成日元输到日本,即便没有投资收益,通过套汇也能获利丰厚,于是在高度金融自由化的背景下,大量热钱涌入日本,极大地增加了日本国内的流动性。

第二,日元升值以后,出口增长速度放缓,进口增长速度增加。1987—1994 年货物和服务出口的年均增长率已经下降到 4.64% 左右,而货物和服务进口的年均增长率已经上升到 7.31% 左右[①],这会进一步导致两个结果:一方面导致日本经济的总体需求相对不足,为了缓解

---

① 根据世界银行官方网站提供的数据计算得到。

日本经济总体需求相对不足带给日本经济的打击,日本政府开始推行扩张性的货币政策,1986—1989 年 4 年间,货币和准货币(M₂)以年均
9.67%的速度增长①,1986 年年初日本的贴现率是 4.5%,然而这一年日本央行连续 4 次降低贴现率,到 1987 年 2 月贴现率已经降到 2.5%,这又进一步导致了日本国内的流动性过剩;另一方面,国内企业尤其是出口导向型企业受到严重打击,出现产品积压、利润下降,进一步的后果就是生产性投资减少,投资者不再把主要资金投向生产领域。

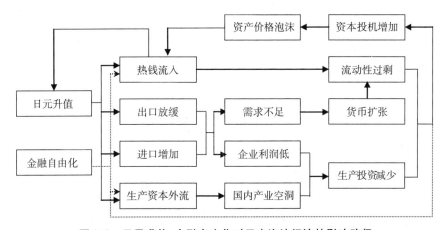

图 2.2　日元升值、金融自由化对日本泡沫经济的影响路径

第三,日元升值以后,相对于日本国内而言,对外直接投资变得有利可图。因为日元升值以后,在国外生产所需要的资本、原材料和劳动力都会变得更加便宜,从而会降低生产成本。在这样的背景下,相当一部分日本的生产性资本流向国外,形成对外直接投资,1987—1992 年日本的年均对外直接投资达 335.49 亿美元,泡沫破灭后,1993 年对外直接投资重新回到 138.34 亿美元②,相应的是国内大部分产业得不到足够的资金,旧的产业不断走下坡路,而新的产业增长点也无法得到培

---

① 根据世界银行官方网站提供的数据计算得到。
② 根据联合国贸易和发展会议 1999 年发布的世界投资报告的相关数据计算得到。

育,造成了日本国内的产业空洞,国内的生产性投资对投资者而言就更加缺少吸引力,投向生产领域的资金也就越来越少。

综合上述三种情况,我们发现日元升值后,一方面导致日本国内出现严重的流动性过剩,另一方面导致生产性投资收益低下,生产性投资减少。这两种效应形成一股合力:把过剩的流动性推向投机资本市场。而当时日本全力推行的金融自由化政策也起到了火上浇油的作用。据统计,在"广场协议"签订以后的 4 年里,日经股票平均价格以年均28.82%的水平递增,日本东京都的住宅用地市场价格以年均31.48%的水平递增①,而同一时期,日本名义 GDP 的年均增长率只有 5%左右。日本的泡沫经济逐渐形成并扩大,面对资产价格的持续高速增长,资本的投机收益越来越高,大量国际游资在高收益的吸引之下不断流入日本股市和房市。随着热钱流入的增加,又进一步加强了日元的升值趋势。至此,日元升值影响日本泡沫经济的总体闭合路径形成。

2.局部闭合路径

日元升值影响日本泡沫经济的局部闭合路径与前面所分析的总体闭合路径有较多不同,局部闭合路径只是图 2.2 所显示的总体闭合路径的一个部分,为了更加清楚地显示局部闭合路径的具体走向,我们从图 2.2 的总体闭合路径中单独把局部闭合路径取出。图 2.3 中的实线所显示的就是局部闭合路径的具体走向。

图 2.2 所描述的总体闭合路径中,日元升值首先会对经济系统中一系列变量产生影响,这些受到影响的变量再进一步影响资产价格泡沫的膨胀,而局部闭合路径则只反映了日元升值对热钱流入的影响。如图 2.3 所示,日元升值以后,大量的国际资本流入日本市场,这会大大增加日本国内的流动性过剩问题,其他条件不变的情况下,流向资本投机市场的国际资本也必然会大大增加。于是,日本的泡沫经济逐渐

① [日]日本经济企划廳:《经济白皮书》,大藏省印刷局 1994 年版,第 556—557 页。

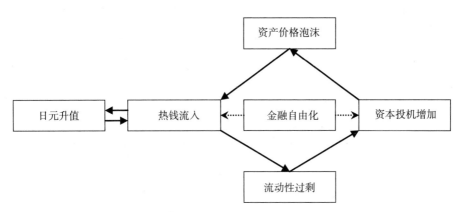

图 2.3　日元升值、金融自由化影响日本泡沫经济的局部路径

形成并扩大,面对资产价格的持续高速增长,资本的投机收益越来越高,大量国际游资在高收益的吸引之下不断流入日本股市和房市。随着热钱流入的增加,又进一步加强了日元的升值趋势。至此,日元升值影响日本泡沫经济的局部闭合路径形成。

值得一提的是,"热钱流入""流动性过剩""资本投机增加"和"资产价格泡沫"这四个环节组合在一起也能形成一个小的具有自我反馈功能的闭合路径,但是在没有日元升值的支撑下,仅依靠资产价格上涨这个单一动机是无法保证该闭合路径的可持续性的,然而在有日元升值这一条件的支撑下,这个小的闭合路径就有了持续下去的源源不断的动力,也能在一定程度上刺激经济泡沫的持续膨胀。

虽然与总体闭合路径相比,局部闭合路径所关注的侧重点有所不同,但是局部闭合路径的闭合方式却与总体闭合路径是相一致的:日本的泡沫经济逐渐形成并扩大,面对资本价格的持续高速增长,资本的投机收益越来越高,大量国际游资在高收益的吸引之下不断流入日本股市和房市。随着热钱流入的增加,又进一步加强了日元的升值。

综上所述,日元升值通过总体和局部两条闭合路径刺激日本泡沫经济的膨胀,不仅两条路径的影响是相互加强的,而且因为单一路径都是闭合的,所以单一路径自身也具有自我加强的能力。同时,高度的金融自由化水平进一步润滑并放大了日元升值对日本泡沫经济的影响程度。这些总体的和局部的力量合并在一起,必然会刺激日本的经济泡沫不断加速膨胀。

(三)主要启示

通过前面的分析,关于日元升值与日本泡沫经济之间的联系,我们可以得出以下两个主要结论:(1)高度金融自由化背景下的日元升值对日本泡沫经济的持续扩大有着边际递增的正向影响;(2)20世纪80年代的日元升值主要通过总体和局部两条闭合路径刺激日本经济泡沫的不断膨胀。

当前,我国的经济已经出现泡沫,这是不争的事实,并且人民币依然面临着较大的升值压力。这是否意味着中国经济将走上日本泡沫经济的老路呢?首先,我们应该乐观地看到,虽然当前中国经济与20世纪80年代的日本泡沫经济之初虽有诸多相似之处,但是也有一个最重要的区别,那就是金融自由化程度,相对于日本泡沫经济时期的金融自由化程度而言,中国目前的金融自由化水平还相对较低,资本管制水平还相对较高。即使是这样,我们也不能掉以轻心,相对较低的金融自由化水平和相对较高的资本管制水平并不能成为泡沫经济的防火墙。其次,要防止我国的经济泡沫最终演变成泡沫经济,我们还必须采取一些积极主动的措施,防患于未然。具体应该怎样做呢?本书对日本泡沫经济的分析,带给我们很好的启示:

第一,随着一国经济实力的不断增长,其货币必然会面临升值的压力。面对升值压力,一国货币当局既不能用堵的方式来阻止货币升值,也不能用剧变的方式来实现一步到位的货币升值,货币升值应该是渐进的。政府应该减少对汇率的直接干预,建立合理的汇率生成机制是更好的选择。

第二,当市场机制还不是十分成熟有效的时候,不能轻易放开对资本项目的合理管制。金融自由化必须有序推进,金融自由化的程度应该与市场机制的完善程度相吻合。

第三,当一个金融自由化程度较高的经济体存在经济泡沫的时候,本币币值的快速上升,会刺激经济泡沫以加速度的方式膨胀。但是反过来,我们不能仅仅期望通过汇率贬值来达到抑制经济泡沫的目的,因为汇率贬值对于经济泡沫的负向影响力是边际递减的。

第四,当实体经济面临需求不足,而金融经济又陷入流动性陷阱的时候,不能仅仅期望通过降息和增加货币供应等宽松的货币政策来刺激经济。这时,进行产业结构升级调整应该是一个很好的办法,可以通过寻找和培育新的产业增长点,引导资金流向高科技产业等新的经济增长点,从而实现产业结构的优化升级。

第五,适当的经济泡沫是正常的,但是当经济泡沫比较严重的时候,国家必须制定严格的反泡沫措施,并且加以严格执行,以阻断经济泡沫的自我强化机制。因此有必要研究和建立经济泡沫的预警系统及抑制泡沫的执行体系。

第六,当泡沫经济已经形成时,不宜采取激烈的措施直接刺破泡沫,而应以缓和的手段逐步稀释泡沫,使经济平稳地回到健康发展的轨道。

第三章　开放经济中的政策组合

第一节　政策组合的基本内涵

凯恩斯(John Maynard Keynes,1936)出版了《就业、利息和货币通论》一书,标志着宏观经济学的建立。在该书中,凯恩斯主张通过宏观经济政策来调节总需求,以实现经济平稳增长。作为对凯恩斯政策理论的应用,詹姆斯·米德(James Meade,1951)最早提出了政策组合思想,他在对开放经济条件下的内外双均衡问题作系统研究时发现:在开放经济条件下,单一宏观经济政策的实施,可能会导致内部平衡目标和外部平衡目标的冲突,即无法通过单一的宏观经济政策同时实现内部均衡目标和外部均衡目标,这种现象被称为"米德冲突"(Meade Conflict)。在此基础上,他提出了通过政策组合来实现内外均衡目标的思想。简·丁伯根(Jan Tinbergen,1955)从对策角度提出了 N 个宏观经济目标要有 N 种宏观经济调控工具的"丁伯根法则"(Tinbergen's Rule)。关于内外均衡的政策组合问题,他认为,如果内部均衡和外部均衡两个独立的目标要同时达到的话,政策当局一般至少需要两个或两个以上独立的政策工具,只有特定的政策工具针对特定的经济目标,才可能相对避免或减少单一工具下两个目标的冲突。斯旺(Swan,1955)用直角坐标图生动形象地说明了开放经济内外矛盾与和谐的各种组合模式及政策组合,被称为"斯旺图型"(Swan Diagram)。

通过对政策组合理论演进的历史回顾,以及本书对于开放经济内

外失衡的界定,笔者认为开放经济中的政策组合可以进行如下界定:

开放经济中的政策组合是指政府用于应对开放经济系统中内生变量偏离目标均衡区域的不同政策工具的集合,政策组合的实施将推动开放经济系统中内生变量达到目标均衡区域,从而促使开放经济系统实现内外均衡。

具体而言,上述关于开放经济中政策组合的界定包括以下四层含义:

第一,开放经济中政策组合的实施主体是政府。本书在第一章的讨论中指出,经济系统的目标均衡区域是政府最优化决策的结果,而一个区域是否是目标均衡区域的基本判定准则是看其是否需要政策干预。对于开放经济系统而言,如果需要政府采取积极主动的政策措施进行干预,表明开放经济系统所在区域并不是目标均衡区域;反之,如果不需要政府采取积极主动的政策措施对开放经济系统进行干预,则表明开放经济系统当前所在的区域是目标均衡区域。由此可见,开放经济系统中目标均衡区域的决策主体是政策,这必然要求开放经济中政策组合的实施主体也是政府。

第二,开放经济中政策组合的目标是应对开放经济系统的内外失衡。具体而言,开放经济中政策组合的实施是为了推动开放经济系统中的内生变量达到目标均衡区域。开放经济系统通常包括多个内生变量,根据传统政策组合理论,单一政策工具难以实现多个内生变量共同达到目标均衡区域,因此,需要通过政策组合的方式来应对开放经济系统的内外失衡问题。

第三,开放经济中的政策组合是不同政策工具的集合。一般而言,政策工具集合可以包括三种情况:第一种情况,政策工具集合中包含多个元素,也就是说,政策组合是多种不同政策工具之间的组合,包含多个元素的政策工具集合是最为普遍的政策组合形式;第二种情况,政策工具集合中只包含一个元素,也就是说,政策组合实际上只是一种政策工具,严格来说,包含一个元素的政策工具集合并不是一种真正的组合,但是可以将其视为是政策组合的一种退化形式,政策工具集合中只包含一个元素的情况表明只需要一种政策工具就可以推动开放经济系统达到目标均衡区域;第三种情况,政策工具集合是空集,不包含任何具体的政策工具,严格来说,没有任何政策工具的政策工具集合也不是一种真正的政策组合,但是也可以将其视为是政策组合的一种退化形式,政策工具集合是空集的情况表明目标均衡区域无法通过现有政策工具及其组合的实施来实现。

第四,开放经济中实现特定目标均衡的政策组合可能不止一个。对于开放经济系统中一个特定的目标均衡区域而言,政府可能会同时拥有多种政策组合方案都可以推动开放经济系统中内生变量达到目标均衡区域,最后政府会根据偏好和约束条件选择一个最优的政策组合。

第二节　政策组合的必要性

开放经济系统中政策组合的必要性与开放经济系统中政策工具的基本属性和内生变量的基本属性有关,接下来将分别加以讨论。

一、政策工具的基本属性与政策组合的必要性

政策工具的作用对象是开放经济系统中的内生变量,对于内生变量特定的均衡状态而言,政策工具包含两个基本属性:

(一)方向

开放经济系统中政策工具的方向属性是指政策工具的实施能够推动内生变量向着特定的方向移动。如图 3.1(a)所示,对于只有一个内生变量的开放经济系统而言,可以用水平直线来表示内生变量 x 的取值坐标轴,此时,政策工具对内生变量只有向左和向右两个作用方向,向左表示降低内生变量 x 的取值水平,向右表示提高内生变量 x 的取

值水平。如图 3.1(b)所示,对于包含两个内生变量的开放经济系统而言,可以用平面坐标系来表示两个内生变量 x 和 y 的可能取值范围,假定开放经济系统处于初始点 A 点,显然,在不同的政策工具的作用下,A 点可能向其四周的任意方向移动,而 A 点移动的方向就是其所受政策工具的作用方向。同理,对于包含 N 个内生变量的开放经济系统而言,可以用 N 维空间中的点来表示 N 个内生变量的可能取值范围,此时,初始点 A 在特定政策工具的作用下可以向其周围的任意方向移动,而具体运动方向完全取决于政策工具的作用方向。总体而言,在开放经济系统中,作用于内生变量的任意单一政策工具都具有方向性。正是因为单一政策工具具有特定的方向,所以在开放经济系统中,仅仅依靠单一政策工具的作用,内生变量就不一定会向着目标均衡区域的方向移动,从这个意义上来说,通过政策组合的方式来推动开放经济系统中内生变量向着目标均衡区域移动是必要的。

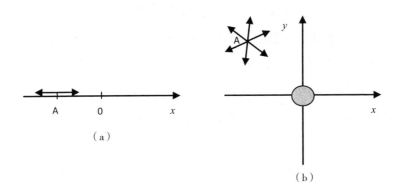

图 3.1 政策工具的基本属性

(二)力度

开放经济系统中政策工具的力度属性是指政策工具的实施能够推动内生变量移动一定的距离。如图 3.1 所示,A 点表示开放经济系统的初始状态,源自 A 点的箭头符号表示在政策工具的作用下,开放经济系统中内生变量的移动方向,而带方向的线段的长短则反映了政策工具对于内生变量的作用力度。在开放经济系统,政策工具往往并不是可以无限分割的连续变量,当执行特定标准单位的一项政策工具时,由于力度过大或过小,政策工具可能并不能达到理想的效果,开放经济系统中的内生变量甚至无法达到目标均衡区域,此时,通过与其他政策工具的组合使用则有可能促使内生变量达到理想的目标均衡区域。从这个角度来看,政策组合对于解决开放经济中内外失衡的问题也是非常必要的。

二、内生变量的基本属性与政策组合的必要性

正如第二章的讨论指出的,开放经济系统中的内生变量既包括微观层面的内生变量,也包括宏观层面的内生变量,而开放经济系统中宏观层面的内生变量主要包括产出水平、价格水平、就业水平、汇率水平和国际收支水平。接下来,本书将对开放经济系统中内生变量之间的基本属性加以探讨。根据不同的视角,开放经济系统中内生变量可能存在多种基本属性,但是对于分析开放经济中政策组合的必要性而言,内生变量之间的兼容性、冲突性与独立性是需要重点关注的三个基本属性。需要首先说明的是,内生变量之间的兼容性、冲突性与独立性都是针对特定的政策工具而言,这是具体讨论的前提。

(一)兼容性

开放经济系统中内生变量之间的兼容性是指对于一项特定的政策工具而言,如果在改善某个内生变量取值水平的时候,也会同时改善其他内生变量的取值水平,那么就可以说对于该项特定的政策工具而言,这些能够同时被改善的内生变量之间存在一定的兼容性。如图 3.2 所示,A 点是开放经济系统所处的初始状态,阴影区域表示目标均衡区域。以改善内生变量 x 为主要目标的政策工具 $\overrightarrow{AC}$ 可以推动 A 点到达 C 点,此时,内生变量 x 得到了很大改善,已经非常接近于目标均衡值,但同时我们可以发现,另一个内生变量 y 的取值也在向目标均衡值域

靠近,虽然变化不大,但是内生变量 y 的确得到了改善,也就是说,对于政策工具 $\overrightarrow{AC}$ 而言,两个内生变量 x 和 y 具有一定程度的兼容性。同理,政策工具 $\overrightarrow{AB}$ 在改善内生变量 y 的取值时,也在一定程度程度上改善了内生变量 x 的取值,也就是说,对于政策工具 $\overrightarrow{AB}$ 来说,两个内生变量 x 和 y 具有一定程度的兼容性。

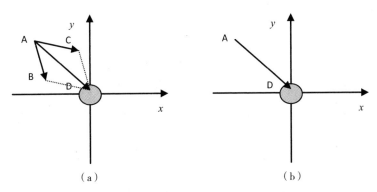

图 3.2　内生变量之间的兼容性

虽然政策工具 $\overrightarrow{AB}$ 和 $\overrightarrow{AC}$ 都能同时改善两个内生变量 x 和 y 的取值水平,但是如图 3.2(a)所示,单独依靠任意一个政策工具都不足以推动两个内生变量 x 和 y 的取值到达目标均衡区域,而两种政策工具的合力正好可以推动两个内生变量 x 和 y 到达目标均衡区域。

需要注意的是,开放经济系统中内生变量之间的兼容性还有一种特殊情况——完全兼容。如图 3.2(b)所示,政策工具 $\overrightarrow{AD}$ 不仅可以同时改善两个内生变量 x 和 y 的取值水平,而且正好能够推动两个内生变量 x 和 y 的取值水平到达目标均衡区域。此时,对于政策工具 $\overrightarrow{AD}$ 而言,两个内生变量 x 和 y 具有完全兼容的特征。

开放经济系统中内生变量之间的兼容性是一个非常重要的属性,因为政府在制定政策组合方案时,可以利用内生变量之间的兼容性来减少部分政策工具或是削减部分政策工具的力度,从而减少政策组合的复杂性和实施成本。

(二)冲突性

开放经济系统中内生变量之间的冲突性是指对于一项特定的政策工具而言,如果在改善某个内生变量取值水平的时候,会同时恶化其他内生变量的取值水平,那么就可以说对于该项特定的政策工具而言,那些被改善的内生变量和那些被恶化的内生变量之间存在一定的冲突性。

如图3.3所示,A点是开放经济系统所处的初始状态,阴影区域表示目标均衡区域。以改善内生变量 y 为主要目标的政策工具 $\overrightarrow{AB}$ 可以推动A点到达B点,此时,内生变量 y 得到了很大改善,已经非常接近于目标均衡值,但同时我们可以发现,另一个内生变量 x 的取值却更加远离了目标均衡值,虽然变化不大,但是内生变量 x 确实恶化了,也就是说,对于政策工具 $\overrightarrow{AB}$ 而言,两个内生变量 x 和 y 具有一定程度的冲突性。由此可见,仅仅依靠政策工具 $\overrightarrow{AB}$ 即使能够推动内生变量达到目标均衡值域,从而实现局部均衡,却无法实现一般均衡。此时,如果要实现整个开放经济系统的一般均衡,就需要再配合实施政策工具 $\overrightarrow{AC}$,如图3.3所示,两种政策工具 $\overrightarrow{AB}$ 和 $\overrightarrow{AC}$ 形成的合力正好可以推动两个内生变量 x 和 y 达到目标均衡区域,从而推动开放经济系统实现一般均衡。

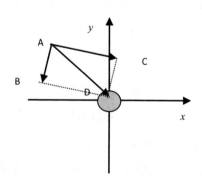

图3.3 内生变量之间的冲突性

开放经济系统中内生变量之间的冲突性也是一个非常重要的属性。开放经济系统中内生变量的冲突性表明：如果开放经济系统中内生变量之间存在冲突性，政府就不可能通过一项政策工具的实施解决所有内生变量的失衡问题，而必须通过政策组合的方式来实现所有内生变量的一般均衡。由此可见，开放经济系统中内生变量之间的冲突性是政策组合之所以必要的一个重要原因。

（三）独立性

开放经济系统中内生变量之间的独立性是指对于一项特定的政策工具而言，如果在改善某个内生变量取值水平的时候，其他内生变量的取值水平不会受到任何影响，那么就可以说对于该项特定的政策工具而言，那些被改善的内生变量和那些不受影响的内生变量之间具有独立性。如图 3.4 所示，A 点是开放经济系统所处的初始状态，阴影区域表示目标均衡区域。以改善内生变量 x 为主要目标的政策工具 $\overrightarrow{AC}$ 可以推动 A 点到达 C 点，此时，内生变量 x 已经非常接近于目标均衡值域，但同时我们可以发现，另一个内生变量 y 的取值却没有任何变化，也就是说，对于政策工具 $\overrightarrow{AC}$ 而言，两个内生变量 x 和 y 是完全独立的。同理，政策工具 $\overrightarrow{AB}$ 在改善内生变量 y 的取值时，对于内生变量 x 的取值也完全没有影响，也就是说，对于政策工具 $\overrightarrow{AB}$ 来说，两个内生变量 x 和 y 也是完全独立的。

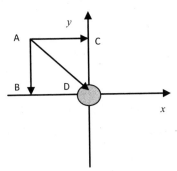

图 3.4 内生变量之间的独立性

开放经济系统中内生变量之间的独立性是一个类似于冲突性的基本属性,因为在面对相互独立的内生变量时,政府也不可能通过一项政策工具的实施来解决所有内生变量的失衡问题,而必须通过政策组合的方式来实现所有内生变量的一般均衡。由此可见,开放经济系统中内生变量之间的独立性也是政策组合之所以必要的一个重要原因。

关于开放经济系统中内生变量的独立性,有两个方面需要注意:

第一,在一个内生变量两两独立的开放经济系统中,如果只是出现一个内生变量的失衡,则可能只需要一项单独的政策工具来解决这种局部失衡问题,并通过解决这种局部失衡问题最终实现一般均衡。

第二,开放经济系统中内生变量的独立性是一种非常罕见的属性。因为开放经济系统是一个有机整体,内生变量之间也存在各种不同的联系,完全独立的情况非常少见,在制定的政策组合的过程中,独立性是一种常常可以被忽略的属性。

第三节　政策组合的传统框架

一、传统框架概述

IS-LM-BP 模型与 DD-AA 模型是用于研究开放经济条件下政策组合的两个基本模型,这两个模型都根源于凯恩斯宏观经济理论。IS-LM 模型又称为"希克斯—汉森模型",是由英国经济学家约翰·希克斯(John Richard Hicks,1937)最初提出,经美国经济学家汉森(Alvin Hansen,1953)的进一步发展而形成。20 世纪 60 年代,马库斯·弗莱明(John Marcus Fleming,1962)和罗伯特·蒙代尔(Robert Alexander Mundell,1963)在 IS-LM 模型中引入了开放经济的内容,拓展了 IS-LM 模型,逐步形成 IS-LM-BP 模型。DD-AA 模型是由诺贝尔经济学奖获得者保罗·克鲁格曼(Paul Robin Krugman)在其与莫瑞斯·奥博斯菲尔德(Maurice Obstfeld)合著的《国际经济学:理论与政策》一书中提出,虽然是一个相对较新的模型,但是在实践中已经得到了广泛的应用。本质上,DD-AA 模型是以 IS-LM-BP 模型为基础的,二者都以凯恩斯主义经济学为理论基础,形式上,这两个模型也颇为相似,应用上,这两个模型存在一定的替代性。

二、IS-LM-BP 框架

(一)IS 曲线

IS 曲线反映的是商品市场的均衡,即总产出＝总需求。本书考察的是一个包含四部门的开放经济,为了简化分析,我们没有把税收变量加入国民收入决定方程,但这不会影响最终的结论。开放经济条件下包含四部门经济的国民收入决定方程如下所示:

$$Y = C(\underset{+}{Y}) + I(\underset{-}{i}) + G + NX(\underset{-}{Y};\underset{+}{Y^*},\underset{+}{e}) \tag{3.1}$$

其中, Y 表示总产出(总收入), $C(Y)$ 表示消费需求,消费需求是总收入 Y 的函数, $I(i)$ 表示投资需求,投资需求是利率 i 的函数, G 表示政府支出, $NX(Y;Y^*,e)$ 表示净出口,净出口是国内总收入 Y 、国外总收入 Y^* 和实际汇率 e 的函数。需要特别说明的是,在本书涉及的函数或方程中,我们在变量的下方加上"+"符号,表示该变量所在函数与该变量呈正向变化的关系,在变量的下方加上"-"符号,表示该变量所在函数与该变量呈负向变化的关系;符号">0"表示其上面对应的项目为正数,符号"<0"表示其上面对应的项目是负数;变量右上角加有"*"符号的表示相应的国外的变量值。

$$e = E\frac{P^*}{P} \tag{3.2}$$

方程(3.2)反映了实际汇率与名义汇率以及国内外价格水平之间的关系。综合方程(3.1)和方程(3.2),可得一个新的国民收入决定方程,如方程(3.3)所示:

$$Y = C(\underset{+}{Y}) + I(\underset{-}{i}) + G + NX(\underset{-}{Y}; \underset{+}{Y^*}, \underset{+}{E}, \underset{+}{P^*}, \underset{-}{P}) \tag{3.3}$$

对第(3.3)式两边求全微分,可得:

$$(1 - \underset{>0}{C_Y} - \underset{<0}{NX_Y})d_Y = \underset{<0}{I_i}d_i + d_G + \underset{>0}{NX_{Y^*}}d_{Y^*} + \underset{>0}{NX_E}d_E + \underset{>0}{NX_{P^*}}d_{P^*} + \underset{<0}{NX_P}d_P \tag{3.4}$$

从(3.4)式可以得出如下几个结论:

$$\frac{d_i}{d_Y} = \frac{(1 - \underset{>0}{C_Y} - \underset{<0}{NX_Y})}{\underset{<0}{I_i}} < 0 \tag{3.5}$$

$$\frac{d_i}{d_G} = -\frac{1}{\underset{<0}{I_i}} > 0 \tag{3.6}$$

$$\frac{d_i}{d_{Y^*}} = -\frac{\underset{>0}{NX_{Y^*}}}{\underset{<0}{I_i}} > 0 \tag{3.7}$$

$$\frac{d_i}{d_E} = -\frac{\underset{>0}{NX_E}}{\underset{<0}{I_i}} > 0 \tag{3.8}$$

$$\frac{d_i}{d_{P^*}} = -\frac{\underset{>0}{NX_{P^*}}}{\underset{<0}{I_i}} > 0 \tag{3.9}$$

$$\frac{d_i}{d_P} = -\frac{\underset{<0}{NX_P}}{\underset{<0}{I_i}} < 0 \tag{3.10}$$

根据第(3.5)式—第(3.10)式,可得开放经济条件下的 IS 曲线:

$$i = IS(\underset{-}{Y}; \underset{+}{G}, \underset{+}{Y^*}, \underset{+}{E}, \underset{+}{P^*}, \underset{-}{P}) \tag{3.11}$$

第(3.11)式表明,在($i - Y$)平面上,利率 i 会随着国民收入 Y 的变化而沿着 IS 曲线移动,Y 变大,i 变小。而 G、Y^*、E、P^* 和 P 的变化则会移动 IS 曲线。变量下面的符号"+"或"−"指明了移动的方向,"+"表示其上面的变量变大,会导致 IS 曲线向上移动,"−"表示其上面的变量变大,会导致 IS 曲线向下移动。

(二)LM 曲线

因为国内货币供求均衡方程为:

$$\frac{M^s}{P} = L(\underset{+}{Y}, \underset{-}{i}) \tag{3.12}$$

LM 曲线代表的是国内货币市场的均衡,所以对第(3.12)式两端求全微分,可得:

$$\frac{1}{P}d_{M^s} - \frac{M^s}{P^2}d_P = \underset{>0}{L_Y}d_Y + \underset{<0}{L_i}d_i \tag{3.13}$$

进一步得到:

$$\frac{d_i}{d_{M^s}} = \frac{1}{\underset{<0}{L_i}P} < 0 \tag{3.14}$$

$$\frac{d_i}{d_P} = -\frac{M^s}{\underset{<0}{L_i}P^2} > 0 \tag{3.15}$$

$$\frac{d_i}{d_Y} = -\frac{\underset{>0}{L_Y}}{\underset{<0}{L_i}} > 0 \tag{3.16}$$

根据第(3.14)式到第(3.16)式,可得 LM 曲线:

$$i = LM(\underset{+}{Y}; \underset{-}{M^s}, \underset{+}{P}) \tag{3.17}$$

第(3.17)式表明,在($i - Y$)平面上,利率 i 会随着国民收入 Y 的变化而沿着 LM 曲线移动,Y 变大,i 变大。而 Y、M^s 和 P 的变化则会移动 LM 曲线。变量下面的符号"+"或"-"指明了移动的方向,"+"表示其上面的变量变大,会导致 LM 曲线向上移动,"-"表示其上面的变量变大,会导致 LM 曲线向下移动。

(三)总需求函数 AD

联立第(3.11)和第(3.17)式,可得总需求函数 AD,因为:

$$IS(\underset{-}{Y}; \underset{+}{G}, \underset{+}{Y^*}, \underset{+}{E}, \underset{+}{P^*}, \underset{-}{P}) = LM(\underset{+}{Y}; \underset{-}{M^s}, \underset{+}{P}) \tag{3.18}$$

所以:

$$(\underset{<0}{IS_Y - LM_Y})d_Y + \underset{>0}{IS_G}d_G + \underset{>0}{IS_{Y^*}}d_{Y^*} + \underset{>0}{IS_E}d_E + \underset{>0}{IS_{P^*}}d_{P^*} =$$
$$\underset{<0}{LM_{M^s}}d_{M^s} + (\underset{>0}{LM_P} - \underset{<0}{IS_P})d_P \tag{3.19}$$

进而：

$$\frac{d_P}{d_Y} = \frac{(IS_Y - LM_Y)}{\underset{>0}{(LM_P} - \underset{<0}{IS_P})} < 0 \tag{3.20}$$

$$\frac{d_P}{d_G} = \frac{\underset{>0}{IS_G}}{\underset{>0}{(LM_P} - \underset{<0}{IS_P})} > 0 \tag{3.21}$$

$$\frac{d_P}{d_{Y^*}} = \frac{\underset{>0}{IS_{Y^*}}}{\underset{>0}{(LM_P} - \underset{<0}{IS_P})} > 0 \tag{3.22}$$

$$\frac{d_P}{d_E} = \frac{\underset{>0}{IS_E}}{\underset{>0}{(LM_P} - \underset{<0}{IS_P})} > 0 \tag{3.23}$$

$$\frac{d_P}{d_{P^*}} = \frac{\underset{>0}{IS_{P^*}}}{\underset{>0}{(LM_P} - \underset{<0}{IS_P})} > 0 \tag{3.24}$$

$$\frac{d_P}{d_{M^s}} = -\frac{\underset{<0}{LM_{M^s}}}{\underset{>0}{(LM_P} - \underset{<0}{IS_P})} > 0 \tag{3.25}$$

由第(3.20)式到第(3.25)式，可得：

$$P = AD(\underset{-}{Y}; \underset{+}{G}, \underset{+}{Y^*}, \underset{+}{E}, \underset{+}{P^*}, \underset{+}{M^s}) \tag{3.26}$$

第(3.26)式表明，在($P-Y$)平面上，价格P会随着国民收入Y的变化而沿着 AD 曲线移动，Y变大，P变小。而M^s、G、Y^*和P^*的变化则会移动 AD 曲线。变量下面的符号"+"或"-"指明了移动的方向，"+"表示其上面的变量变大，会导致 AD 曲线向上移动，"-"表示其上面的变量变大，会导致 AD 曲线向下移动。

(四)BP 曲线

开放经济条件下的 BP 曲线反映的是国际收支平衡。国际收支可以分为经常项目和资本项目两大部分，经常项目的收支情况可以用净出口来衡量，而资本项目的收支情况可以用资本的净流出来衡量，表示为$NF(\underset{+}{i^* - i})$，表明资本的净流出是国内外利率差($i^* - i$)的函数。

因为净出口意味着外汇资金的流入,所以当净出口＝资本净流出时意味着国际收支平衡。

所以有：

$$NX(\underset{-}{Y};\underset{+}{Y^*},\underset{+}{E},\underset{+}{P^*},\underset{-}{P}) = NF(\underset{+}{i^*-i}) \tag{3.27}$$

对方程两边全微分,可得：

$$\underset{<0}{NX_Y}d_Y + \underset{>0}{NX_{Y^*}}d_{Y^*} + \underset{>0}{NX_E}d_E + \underset{>0}{NX_{P^*}}d_{P^*} + \underset{<0}{NX_P}d_P$$

$$= \underset{>0}{NF_{(i^*-i)}}d_{i^*} - \underset{>0}{NF_{(i^*-i)}}d_i \tag{3.28}$$

导数 $NF_{(i^*-i)}$ 反映了一国资本的流动程度。$NF_{(i^*-i)}$ 的大小决定于一国资本管制政策,资本流动管制政策越严格,$NF_{(i^*-i)}$ 越小;资本完全管制时,$NF_{(i^*-i)} \to 0$;完全没有资本流动管制时,$NF_{(i^*-i)} \to \infty$。

于是：

$$\frac{d_i}{d_Y} = \frac{\underset{<0}{NX_Y}}{(-\underset{>0}{NF_{(i^*-i)}})} > 0 \tag{3.29}$$

$$\frac{d_i}{d_{Y^*}} = \frac{\underset{>0}{NX_{Y^*}}}{(-\underset{>0}{NF_{(i^*-i)}})} < 0 \tag{3.30}$$

$$\frac{d_i}{d_E} = \frac{\underset{>0}{NX_E}}{(-\underset{>0}{NF_{(i^*-i)}})} < 0 \tag{3.31}$$

$$\frac{d_i}{d_{P^*}} = \frac{\underset{>0}{NX_{P^*}}}{(-\underset{>0}{NF_{(i^*-i)}})} < 0 \tag{3.32}$$

$$\frac{d_i}{d_P} = \frac{\underset{<0}{NX_P}}{(-\underset{>0}{NF_{(i^*-i)}})} > 0 \tag{3.33}$$

$$\frac{d_i}{d_{i^*}} = -\frac{\underset{>0}{NF_{i^*}}}{(-\underset{>0}{NF_{(i^*-i)}})} > 0 \tag{3.34}$$

由第(3.29)式到第(3.34)式,可得 BP 曲线：

$$i = BP(\underset{+}{Y};\underset{-}{Y^*},\underset{-}{E},\underset{-}{P^*},\underset{+}{P},\underset{+}{i^*}) \tag{3.35}$$

第(3.35)式表明,在$(i-Y)$平面上,利率i会随着国民收入Y的变化而沿着BP曲线移动,Y变大,i变大。而Y^*、E、P^*、P和i^*的变化则会移动BP曲线。变量下面的符号"+"或"−"指明了移动的方向,"+"表示其上面的变量变大,会导致BP曲线向上移动,"−"表示其上面的变量变大,会导致BP曲线向下移动。

(五)IS-LM-BP模型的图形表示

图3.5中IS曲线、LM曲线和BP曲线相交于一点,此时的国民收入水平Y'恰好位于社会充分就业时的收入水平Y_c,这是内外经济同时实现平衡的一种特殊情况,在现实中,这并不是常态,更多时候是徘徊在平衡与非平衡之间。

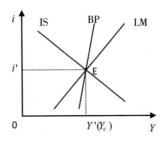

图3.5 IS-LM-BP模型的示意图

由第(3.29)式可知,一般而言BP曲线是一条向右上方倾斜的曲线,但是当资本完全管制时,$NF_{(i^*-i)} \rightarrow 0$,此时BP曲线在$(i-Y)$平面上近似于一条垂线;当完全没有资本流动管制时,$NF_{(i^*-i)} \rightarrow \infty$,此时BP曲线在$(i-Y)$平面上近似于一条水平线。

当BP曲线是一条向右上方倾斜的曲线时,考虑到它与LM曲线斜率大小的不同,LM曲线与BP曲线的相对位置可以有三种情况:BP曲线比LM曲线更陡峭,LM曲线与BP曲线更陡峭,以及LM曲线与BP曲线同样陡峭。由于各国的具体情况不同,上述三种情况在实际应用中都存在一定的适用性。

需要说明的是,图中IS曲线、LM曲线和BP曲线都是线性的。根据前文的分析,我们求出的各条曲线方程都是以抽象函数的形式表示的,因此它们具有一般性,并不仅仅局限为某一种特定形式的函数,它们既可以是线性的也可以是非线性的。这里绘成线性只是为了简化分析,并不影响最终的结论。后面的示意图也大多采用线性的简化形式。

三、DD-AA 框架

(一)DD 曲线

DD 曲线与 IS 曲线的国民收入决定方程是一致的,不同的是 IS 曲线要找的是利率 i 与国民收入 Y 的关系,而 DD 曲线寻找的是汇率 E 与国民收入 Y 的关系。根据第(3.4)式,可得如下几个结论:

$$\frac{d_E}{d_Y} = \frac{(1 - \underset{>0}{C_Y} - \underset{<0}{NX_Y})}{\underset{>0}{NX_E}} > 0 \tag{3.36}$$

$$\frac{d_E}{d_i} = -\frac{\underset{<0}{I_i}}{\underset{>0}{NX_E}} > 0 \tag{3.37}$$

$$\frac{d_E}{d_G} = -\frac{1}{\underset{>0}{NX_E}} < 0 \tag{3.38}$$

$$\frac{d_E}{d_{Y^*}} = -\frac{\underset{>0}{NX_{Y^*}}}{\underset{>0}{NX_E}} < 0 \tag{3.39}$$

$$\frac{d_E}{d_{P^*}} = -\frac{\underset{>0}{NX_{P^*}}}{\underset{>0}{NX_E}} < 0 \tag{3.40}$$

$$\frac{d_E}{d_P} = -\frac{\underset{<0}{NX_P}}{\underset{>0}{NX_E}} > 0 \tag{3.41}$$

根据第(3.36)式到第(3.41)式的结论,可以得出 DD 曲线的抽象函数形式:

$$E = DD(\underset{+}{Y}; \underset{+}{i}, \underset{-}{G}, \underset{-}{Y^*}, \underset{-}{P^*}, \underset{+}{P}) \tag{3.42}$$

第(3.42)式表明,在$(E-Y)$平面上,汇率E会随着国民收入Y的变化而沿着 DD 曲线移动,Y变大,E也变大。而i、G、Y^*、P^*和P的变化则会移动 DD 曲线,变量下面的符号"+"或"-"指明了移动的方向,"+"表示其上面的变量变大,会导致 DD 曲线向上移动,"-"表示其上面的变量变大,会导致 DD 曲线向下移动。

(二)AA 曲线

因为有利率平价条件:

$$\frac{E^f - E}{E} = i - i^* \tag{3.43}$$

利率平价条件反映了开放经济条件下的外部经济平衡要求,而国内货币供求方程反映了国内货币的供给与需求均衡。所以结合第(3.12)式,可以得到:

$$\frac{M^s}{P} = L(\underset{+}{Y}; \underset{-}{E^f}, \underset{+}{E}, \underset{-}{i^*}) \tag{3.44}$$

对第(3.44)式两端求全微分,有:

$$\frac{1}{P}d_{M^s} - \frac{M^s}{P^2}d_P = \underset{>0}{L_Y}d_Y + \underset{<0}{L_{E^f}}d_{E^f} + \underset{>0}{L_E}d_E + \underset{<0}{L_{i^*}}d_{i^*} \tag{3.45}$$

于是有以下结论成立:

$$\frac{d_E}{d_{M^s}} = \frac{1}{\underset{>0}{L_E}P} > 0 \tag{3.46}$$

$$\frac{d_E}{d_P} = -\frac{M^s}{\underset{>0}{L_E}P^2} < 0 \tag{3.47}$$

$$\frac{d_E}{d_Y} = -\frac{\underset{>0}{L_Y}}{\underset{>0}{L_E}} < 0 \tag{3.48}$$

$$\frac{d_E}{d_{E^f}} = -\frac{\underset{<0}{L_{E^f}}}{\underset{>0}{L_E}} > 0 \tag{3.49}$$

$$\frac{d_E}{d_{i^*}} = -\frac{L_{\underset{<0}{i^*}}}{L_{\underset{>0}{E}}} > 0 \tag{3.50}$$

根据第(3.46)式到第(3.50)式可以得到 AA 曲线的抽象函数形式：

$$E = AA(\underset{-}{Y}; \underset{+}{M^s}, \underset{-}{P}, \underset{+}{E^f}, \underset{+}{i^*}) \tag{3.51}$$

第(3.51)式表明，在(E - Y)平面上，汇率 E 会随着国民收入 Y 的变化而沿着 AA 曲线移动， Y 变大， E 变小。而 M^s 、 P 、 E^f 和 i^* 的变化则会移动 AA 曲线。变量下面的符号"+"或"-"指明了移动的方向，"+"表示其上面的变量变大，会导致 AA 曲线向上移动，"-"表示其上面的变量变大，会导致 AA 曲线向下移动。

(三)总需求函数 AD

联立第(3.42)式和第(3.51)式，可得总需求函数 AD，因为：

$$AA(\underset{+}{Y}; \underset{-}{M^s}, \underset{+}{P}, \underset{+}{E^f}, \underset{+}{i^*}) = DD(\underset{+}{Y}; \underset{-}{i}, \underset{+}{G}, \underset{-}{Y^*}, \underset{-}{P^*}, \underset{+}{P}) \tag{3.52}$$

对方程(3.52)求全微分，可得：

$$(\underset{<0}{AA_Y - DD_Y})d_Y + \underset{>0}{AA_{M^s}}d_{M^s} + (\underset{<0}{AA_P - DD_P})d_P + \underset{>0}{AA_{E^f}}d_{E^f} + \underset{>0}{AA_{i^*}}d_{i^*} =$$
$$\underset{>0}{DD_i}d_i + \underset{<0}{DD_G}d_G + \underset{<0}{DD_{Y^*}}d_{Y^*} + \underset{<0}{DD_{P^*}}d_{P^*} \tag{3.53}$$

所以：

$$\frac{d_P}{d_Y} = -\frac{(\underset{<0}{AA_Y} - \underset{>0}{DD_Y})}{(\underset{<0}{AA_P} - \underset{>0}{DD_P})} < 0 \tag{3.54}$$

$$\frac{d_P}{d_{M^s}} = -\frac{\underset{>0}{AA_{M^s}}}{(\underset{<0}{AA_P} - \underset{>0}{DD_P})} > 0 \tag{3.55}$$

$$\frac{d_P}{d_{E^f}} = -\frac{\underset{>0}{AA_{E^f}}}{(\underset{<0}{AA_P} - \underset{>0}{DD_P})} > 0 \tag{3.56}$$

$$\frac{d_P}{d_{i^*}} = -\frac{\underset{>0}{AA_{i^*}}}{(\underset{<0}{AA_P} - \underset{>0}{DD_P})} > 0 \tag{3.57}$$

$$\frac{d_P}{d_i} = \frac{\underset{>0}{DD_i}}{\underset{<0}{(AA_P} - \underset{>0}{DD_P)}} < 0 \tag{3.58}$$

$$\frac{d_P}{d_G} = \frac{\underset{<0}{DD_G}}{\underset{<0}{(AA_P} - \underset{>0}{DD_P)}} > 0 \tag{3.59}$$

$$\frac{d_P}{d_{Y^*}} = \frac{\underset{<0}{DD_{Y^*}}}{\underset{<0}{(AA_P} - \underset{>0}{DD_P)}} > 0 \tag{3.60}$$

$$\frac{d_P}{d_{P^*}} = \frac{\underset{<0}{DD_{P^*}}}{\underset{<0}{(AA_P} - \underset{>0}{DD_P)}} > 0 \tag{3.61}$$

根据第(3.54)式到第(3.61)式,可得总需求函数 AD:

$$P = AD(\underset{-}{Y}; \underset{+}{M^S}, \underset{+}{E^f}, \underset{-}{i^*}, \underset{-}{i}, \underset{+}{G}, \underset{+}{Y^*}, \underset{+}{P^*}) \tag{3.62}$$

第(3.62)式表明,在($P-Y$)平面上,价格 P 会随着国民收入 Y 的变化而沿着 AD 曲线移动,Y 变大,P 变小。而 M^S、E^f、i^*、i、G、Y^* 和 P^* 的变化则会移动 AD 曲线。变量下面的符号"+"或"-"指明了移动的方向,"+"表示其上面的变量变大,会导致 AD 曲线向上移动,"-"表示其上面的变量变大,会导致 AD 曲线向下移动。

(四)DD-AA 模型的图形表示

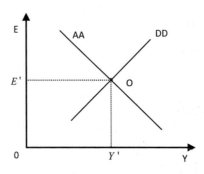

图 3.6 DD-AA 模型的示意图

如图 3.6 所示,商品市场、货币市场和外汇市场都平衡时,DD 曲线与 AA 曲线相交于 O 点,此时的均衡汇率和国民收入分别为 E' 和 Y'。

但是这种均衡并不意味着内部经济的均衡,内部经济均衡是充分就业状态的均衡,因此还需要比较 Y' 与充分就业时的国民收入水平(设为 Y_c),只有 $Y' = Y_c$ 时,内部经济才实现了均衡。

四、IS-LM-BP 模型与 DD-AA 模型的异同

通过上面的分析,可以发现 IS-LM-BP 模型与 DD-AA 模型存在如下异同:

(一)外部经济平衡条件

IS-LM-BP 模型中,外部经济平衡是用国际收支平衡条件来表示的,它包括两个部分:净出口 $NX(\underset{-}{Y}; \underset{+}{Y^*}, \underset{+}{E}, \underset{+}{P^*}, \underset{-}{P})$ 和净资本流出 $NF(\underset{+}{i^* - i})$,只有当净出口=净资本流出时,一国的国际收支才是平衡的,从而外部经济平衡。在($i - Y$)平面上,前文求出的 BP 曲线即为国际收支平衡曲线。

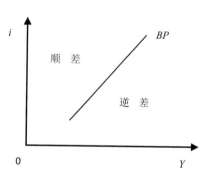

图 3.7 IS-LM-BP 模型中的国际收支平衡条件

根据前文的分析,因资本流动性程度不同,BP 曲线的形状有三种情况:(1) $\dfrac{d_i}{d_Y} = \underset{<0}{NX_Y} / (-\underset{>0}{NF_{(i^*-i)}}) \to 0$ 时,BP 曲线近似一条水平线,此时资本接近完全流动;(2) $\dfrac{d_i}{d_Y} = \underset{<0}{NX_Y} / (-\underset{>0}{NF_{(i^*-i)}}) > 0$ 时,如图 3.7 所示,BP 曲线是一条向右上方倾斜的直线,此时资本处于不完全流动状态;

（3）$\dfrac{d_i}{d_Y} = NX_{Y} / (-NF_{(i^*-i)}) \to \infty$ 时，BP 曲线近似一条垂线，此时资本接
（右上角标注：$NX_{\underset{<0}{Y}}$，$-NF_{\underset{>0}{(i^*-i)}}$）

近完全不流动。对于第（1）种和第（2）种情况，当 $i > BP(\underset{+}{Y}; \underset{-}{Y^*}, \underset{-}{E}, \underset{-}{P^*},$
$\underset{+}{P}, i^*)$ 时，国际收支为顺差，外部经济失衡；当 $i < BP(\underset{+}{Y}; \underset{-}{Y^*}, \underset{-}{E}, \underset{-}{P^*}, \underset{+}{P},$
$i^*)$ 时，国际收支为逆差，外部经济失衡；只有当 $i = BP(\underset{+}{Y}; \underset{-}{Y^*}, \underset{-}{E}, \underset{-}{P^*}, \underset{+}{P},$
$i^*)$ 时，净出口导致的外汇流入（负数时表示经常项目逆差）与净资本
流出（负数时表示净资本流入）相等，此时外部经济处于平衡状态。对
于第（3）种情况，BP 曲线的左边表示国际收支顺差，外部经济失衡；BP
曲线的右边表示国际收支逆差，外部经济失衡；BP 曲线上表示国际收
支平衡。

而 DD‐AA 模型中外部经济平衡条件是通过利率平价条件
$\dfrac{E^f - E}{E} = i - i^*$ 来表示的。在（$i - E$）平面上，利率平价条件可以表示

为 $i = i^* + \dfrac{E^f}{E} - 1$。如图 3.8 所示，曲线上面的点为 $i = i^* + \dfrac{E^f}{E} - 1$，表示
外汇供给 = 外汇需求，外部经济是平衡的；曲线上面的点有 $i >$

$i^* + \dfrac{E^f}{E} - 1$，此时外汇流入增加，表示外汇供给>外汇需求，外部经济失

衡；曲线下面的点有 $i < i^* + \dfrac{E^f}{E} - 1$，此时资金流出增加，表示外汇供
给<外汇需求，外部经济失衡。

由此可见，IS‐LM‐BP 模型中的外部经济平衡则是用国际收支的
平衡条件来表示的，体现了对经常项目与资本项目的细致考察；与此不
同的是，DD‐AA 模型中的外部经济平衡条件是直接用相对更表面的外
汇供求的平衡来表示，具体表现为利率平价条件 $\dfrac{E^f - E}{E} = i - i^*$，而不
考虑外汇供求背后的经常项目与资本项目的具体情况。

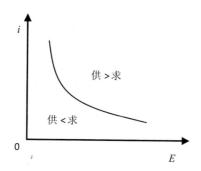

图3.8　利率平价条件与外汇收支平衡

（二）汇率的决定

IS-LM-BP 模型与 DD-AA 模型对外部经济平衡不同的表示方法实际上还反映了二者所暗含的不同的汇率决定理论。

IS-LM-BP 模型中的汇率决定理论是国际收支决定理论（Balance of Payment of Theory of Exchange Rate）。汇率理论的国际收支说是传统的国际借贷说的现代形态,该理论认为汇率是一种价格,同其他任何商品的价格一样,由市场供求的相互作用决定。由于一国外汇的供求取决于国际收支借贷项目的差额变动,因而汇率是由国际收支决定的。如前文所示,在 IS-LM-BP 模型中汇率是由国际收支平衡方程 $NX(Y;$
$Y^*,E,P^*,P) = NF(i^* - i)$ 来决定的。

DD-AA 模型中的汇率决定理论是利率平价理论（Interest Rate Parity Theory）。利率平价理论认为:由于利率差异的存在,造成资本的流动,资金由低利率国家流向高利率国家,为保证利益、规避风险,投资者进行大量远期外汇交易,致使高利率国家的汇率在远期贴水,而低利率国家的汇率在远期升水。最后,利率与远期差价、两国投资收益都相等,利率平价形成。利率平价的基本思路是同一笔资金在不同国家进行套利,即期汇率会发生变化,使在不同国家获得的收益相等。在利率平价条件 $\dfrac{E^f - E}{E} = i - i^*$ 中,即期汇率 E 是由远期汇率 E^f、国内利率 i

和国外利率 i^* 共同决定的。

(三)总需求曲线 AD

在前文的分析中,我们从 IS-LM-BP 模型中求得的总需求曲线是 $P=AD(\underset{-}{Y};\underset{-}{G},\underset{+}{Y^*},\underset{+}{E},\underset{+}{P^*},\underset{+}{M^s})$,从 DD-AA 模型中求得的总需求曲线是 $P=AD(\underset{-}{Y};\underset{+}{M^s},\underset{+}{E^f},\underset{+}{i^*},\underset{-}{i},\underset{+}{G},\underset{+}{Y^*},\underset{+}{P^*})$。从形式上看,这两个总需求曲线基本一致,在 ($P-Y$) 平面上它们都表现为是一条向右下方倾斜的曲线,而且都会随着 G、Y^*、E、P^* 和 M^s 这五个变量的增加而向右移动。不同的是,DD-AA 模型中求得的总需求曲线除了受到 G、Y^*、E、P^* 和 M^s 这五个变量的正向影响之外,还受到 E^f 的正向影响、i^* 的正向影响以及 i 的负向影响。出现这一不同的原因在于,DD-AA 模型中的总需求曲线是以商品市场、货币市场和外汇市场同时均衡为前提条件的,而 IS-LM-BP 模型中的总需求曲线只考虑了商品市场与货币市场两个均衡条件,国际收支平衡条件并没有在其总需求曲线中得到体现。

(四)资本流动性

IS-LM-BP 模型较多地考虑了资本的流动性问题,除了分析资本不完全流动这种一般情况外,还可以分析资本完全流动和资本完全不流动的情况。

资本不完全流动时,比较 BP 曲线与 LM 曲线斜率大小的不同,LM 曲线与 BP 曲线的相对位置可以有三种情况:(1)BP 曲线比 LM 曲线更陡峭;(2)LM 曲线比 BP 曲线更陡峭;(3)LM 曲线与 BP 曲线同样陡峭。上述三种情况在实际应用中都存在一定的适用性。

DD-AA 模型中利率平价条件成立的一个重要前提假定就是资本完全流动,只有这样,国内外利率的变化才会导致汇率的变化,否则,利率的变化不会对汇率造成影响,利率平价条件也就不能成立了。因此,我们可以得出一个结论:IS-LM-BP 模型可以用于分析各种水平资本流动程度的国家,而 DD-AA 模型则主要适用于分析资本流动性水平较高的国家。

综上所述,IS-LM-BP 模型与 DD-AA 模型是用于分析开放经济条件下宏观经济政策的两个基本模型。表面上看,两个模型非常相似,在实际运用中,两个模型也具有很强的替代性。但是我们不能忽视它们之间的区别,否则会影响政策分析的效果。通过上述分析,我们发现这两个模型在四个方面有着重要差异:(1)外部经济平衡条件;(2)汇率的决定;(3)总需求曲线 AD;(4)资本流动性。明确 IS-LM-BP 模型与 DD-AA 模型的差异将有助于我们对宏观经济政策的研究。由于我国目前对资本项目的国际资金流动依然实施了较为严格的管制,即使有大量热钱通过非法途径进出我国,但也不能改变我国资本项目流动性较弱的事实,也就是说我国的资本流动系数 $NF_{(i^*-i)}$ 依然比较低,在这种情况下,相对于 DD-AA 模型而言,IS-LM-BP 模型将会更加适用于分析我国的短期宏观经济。准确地估计我国资本的流动程度,是进一步研究需要解决的问题。

第四节　传统框架的综合评述

一、传统框架的优点

通过回顾政策组合的传统框架,可以发现政策组合的传统框架具有以下两个显著优点:

(一)过程简单易行

政策组合的传统框架广泛采用静态分析和比较静态分析的方法,并通过简便的方程和图形获得关于政策组合的定性结论,操作过程简单易行。

(二)结论易于操作

政策组合的传统框架能够得出非常明确的定性结论,并可以基于定性结论进行必要的定量分析,因而可以非常容易地应用于实际政策组合决策。因此,政策组合的传统框架得到了各国学者和政策决策者的普遍认可,至今依然是进行政策组合分析的基本框架。

二、传统框架的不足

虽然政策组合的传统框架具有非常显著的优点,但是传统框架的不足也不容忽视。政策组合传统框架的不足不仅从理论上影响到政策组合传统框架的权威性,也从实践上限制了政策组合传统框架的应用范围。具体而言,政策组合的传统框架主要包括以下四个方面的不足:

(一)无视理性预期因素

理性预期理论(穆斯,1961)假定经济系统中的行为主体能够获得并有效运用市场信息,从而能够对经济变量的未来表现进行理性预期(Rational Expectation),平均而言,经济主体的预期不会出现系统性的偏差。基于理论预期理论,卢卡斯(Lucas,1976)对政策组合的传统框架进行了批判,认为宏观经济政策的变化会影响到理性的微观经济主体的决策行为,从而引起宏观经济政策不能获得预期效果(Lucas Critique)。卢卡斯批判(Lucas Critique)从根本上揭示了政策组合传统框架的一个弱点,政策组合传统框架因缺乏微观基础而受到质疑。

(二)分析过程过于简单

正如前面的分析所指出的,政策组合的传统框架广泛采用静态分析和比较静态分析的方法,并通过简便的方程和图形获得关于政策组合的定性结论,操作过程简单易行,从这个角度而言,分析过程的简单易行是政策组合传统框架的优点。从另一个角度来看,分析过程的简单易行也是政策组合传统框架的缺点,政策组合传统框架的结论缺少动态分析的基础,因而可能会对政策组合传统框架结论的权威性形成一定的负面影响。

(三)政策工具数量较少

政策组合的传统框架一般只包括财政政策和货币政策两种政策工

具,也就是说,传统框架中的政策组合主要是指财政政策与货币政策之间的组合。根据凯恩斯宏观经济理论,宏观经济体系之所以出现短期失衡,是因为经济系统总需求的波动,因此,政策对宏观经济的政策干预主要是总需求管理。因为财政政策和货币政策可以在短期内影响社会总需求,从而成为政府进行宏观经济管理的主要政策工具。然而,因为开放经济系统通常包括多个主要内生变量,仅仅依靠财政政策和货币政策两种政策工具很难实现内部和外部同时均衡的一般均衡目标,这在一定程度上限制了政策组合传统框架的应用空间。

(四)无法进行福利分析

政策组合中的福利分析主要是分析特定政策组合对社会福利的影响,社会福利通常用社会总效用来表示。类似于个体效用,社会总效用刻画的是社会中所有个体的效用总和。如果政府正好是社会利益的代表者,那么社会效用最大化就应该是政府进行政策组合决策的重要依据。然而,正如个体效用并不能被明确把握一样,社会福利也难以得到明确刻画,因此,在政策组合的传统框架中,并不包括福利分析,这在一定程度上也会影响到政策组合传统框架的准确性。

第四章　内外失衡与政策组合：
一般均衡的理论分析

第一节　一般均衡的基本模型

一、关于世界经济系统的假定

基于奥博斯菲尔德与罗格夫(Obstfeld 和 Rogoff,1995)所开创的新开放经济宏观经济学(New Open Economy Macroeconomics)的基本理论和模型,本书建立了一个理性预期条件下的政策组合框架。同其他宏观经济模型一样,建立模型之前首先需要对宏观经济现状作出合理的抽象和假定。本书进行政策组合分析的世界经济系统具有如下特征：

第一,世界上只有两个国家:本国和外国。现实中的世界有很多个国家,但是相对于我们要进行政策组合分析的本国而言,其他国家都是外国,这些外国都作为本国开放经济的背景而存在并以同样的机制影响着本国经济,因此,可以把除了本国之外的所有国家抽象为一个国家:外国。

第二,世界居民总数标准化为1,其中本国居民数在$[0,n]$之间,外国居民数在$(n,1]$之间。这样假定之所以具有合理性,是因为1总是可以被无限细分,从而世界上每一个居民都能用$[0,1]$之间的一个特定数值来表示。

第三,世界上每个居民既是消费者也是生产者,即消费者和生产者是一体的。这个假定的目的在于可以把生产者收益最优化的产量决策过程融入到消费者效用最大化的消费决策过程之中，既可以大大简化运算，又不会影响到最后的结论。

第四，世界居民具有同样的理性预期能力，并且这种理性预期是完全的。对于具有理性预期能力的代表性居民而言，其对未来的预期不会总是与未来的现实相吻合，但是从总体上来看，这种预期不会发生系统性偏差，在这种情况下，可以进一步假定代表性居民具有完全理性预期。这个假定的好处在于可以允许我们专注于分析宏观经济政策的经济效应，而不必考虑非系统性随机因素的影响。

第五，世界上所有居民的偏好相同，跨期效用函数具有可加性。这个假定对于扩展最优化求解技术的选择空间具有非常重要的意义，此时，不仅可以运用最优控制和动态规划等相对比较复杂的最优化技术，也可以运用相对比较简单的拉格朗日乘数法和无约束最优化方法。同样，这个假定的合理性也是显而易见的，作为具有理性预期能力的经济人，影响其效用的主要变量和影响机制应该会基本相同，同时，代表性居民的总效用也可以用预期未来各期效用现值的加和来表示。

第六，世界经济是非禀赋的，产出内生决定，产出被间接纳入居民的效用函数（通过劳动力供给），生产技术是柯布—道格拉斯函数，并且不考虑资本。相对于禀赋经济而言，非禀赋经济显然更加贴近现实。对于本书的政策模型而言，更加符合现实的非禀赋假定最重要的意义在于可以分析宏观经济政策的产出效应。

第七，世界市场是垄断竞争的：每个消费者—生产者只生产一种产品，而且产品是差异的，产品间具有不完全替代性。相对以往在经济分析中常用的完全竞争假定，垄断竞争是一种更加符合现实的假定。迪克西特和斯蒂格利茨（Dixit 和 Stiglitz，1977）首先把垄断竞争引入到严密的经济数学模型（Dixit-Stiglitz 模型）之中，现在垄断竞争的假定已经被广泛地用于新开放经济宏观经济学的各类宏观经济模型。

二、模型设定

根据上述假定,可以设定本书的基本模型,具体包括代表性居民效用最大化的目标函数和阶段约束条件。其中,代表性居民效用最大化的目标函数[①]为:

$$U_t^j = \sum_{s=t}^{\infty} \beta^{s-t} \left[\frac{(C_s^j)^{1-\eta}}{1-\eta} + \chi \ln \frac{M_s^j}{P_s} - \frac{k\alpha}{1+\mu} (y_s^j)^{\frac{1+\mu}{\alpha}} \right] \tag{4.1}$$

在这个目标函数中,β 表示代表性居民未来效用的贴现系数,$0 < \beta < 1$。代表性居民在特定时期的阶段性效用来自三个方面:

第一,不变相对风险规避系数效用函数(Constant Relative Risk Aversion,CRRA)表示的消费效用。为了让分析更具一般性,本书用不变相对风险规避系数效用函数取代了奥博斯菲尔德与罗格夫(Obstfeld 和 Rogoff,1995)原本使用的对数消费效用函数。其中,C_s^j 表示代表性居民 j 在第 s 期消费的复合商品 C 的数量,被定义为 $C_s^j = \left\{ \int_0^1 [c_s^j(z)]^{\frac{\theta-1}{\theta}} dz \right\}^{\frac{\theta}{\theta-1}}$,$c_s^j(z)$ 为代表性居民 j 在第 s 期消费的第 z 种商品数量,$\theta > 1$,$\eta > 0$。

第二,自然对数形式表示的持有实际货币余额带来的效用。其中,$\chi > 0$,M_s^j 表示代表性居民 j 在第 s 期持有的名义货币余额,P_s 表示本国第 s 期的价格指数,且 $P_s = \left\{ \int_0^1 [p_s(z)]^{1-\theta} dz \right\}^{\frac{1}{1-\theta}}$。[②]

第三,反柯布—道格拉斯生产函数表示的因投入劳动进行生产而

---

① 在本国和外国的模型表达式完全一致的情况下,为了简化书写,本书只写出本国的相应表达式,否则将用带 * 的上标来表示外国的相应表达式。

② 在约束 $\int_0^1 p(z) c(z) dz = \Omega$ 的条件下最大化代表性居民的复合商品函数 $\left\{ \int_0^1 [c(z)]^{\frac{\theta-1}{\theta}} dz \right\}^{\frac{\theta}{\theta-1}}$ 可得。

产生的负效用。第三项 $-\dfrac{k\alpha}{1+\mu}(y_s^j)^{\frac{1+\mu}{\alpha}}$ 的原型是 $-\dfrac{\varphi}{1+\mu}l^{1+\mu}$，是一个边际效用具有不变弹性的效用函数，其中 $\varphi>0,\mu>0$。为了让分析更具一般性，本书用不变相对风险规避系数效用函数取代了奥博斯菲尔德与罗格夫（Obstfeld 和 Rogoff，1995）原本使用的线性劳动损失函数。根据第六个假定，生产技术是不包含资本要素的线性柯布—道格拉斯函数，因此，其对应的反柯布—道格拉斯生产函数可以表示为 $l=A^{-\frac{1}{\alpha}}y^{\frac{1}{\alpha}}$，其中 $0<\alpha<1$，A 表示外生的技术水平。把 $l=A^{-\frac{1}{\alpha}}y^{\frac{1}{\alpha}}$ 代入 $-\dfrac{\varphi}{1+\mu}l^{1+\mu}$，并令 $\dfrac{\varphi}{\alpha}A^{-\frac{1+\mu}{\alpha}}=k$，就可以得到目标效用函数的第三项 $-\dfrac{k\alpha}{1+\mu}(y_s^j)^{\frac{1+\mu}{\alpha}}$。同理，为了让分析更具一般性，不同于奥博斯菲尔德与罗格夫（Obstfeld 和 Rogoff，1995）用特定数值代替了柯布—道格拉斯生产函数的技术参数，本书保留了具有一般性特征的柯布—道格拉斯生产函数的技术参数。

模型设定的第二个重要组成部分是阶段约束条件，如下所示：

$$C_s^j=(1+r_s)B_s^j-B_{s+1}^j+\frac{M_{s-1}^j}{P_s}-\frac{M_s^j}{P_s}+\frac{p_s(j)y_s^j}{P_s}-\tau_s^j \tag{4.2}$$

其中，B_s^j 表示代表性居民 j 在第 s 期所持有的无风险对外真实债券（产生于国际贸易中的经常项目），r_s 表示第 s 期的实际利率，τ_s^j 表示代表性居民 j 在第 s 期向政府缴纳的实际税收总额。显然，政府在第 s 期源于代表性居民 j 的实际支出水平为 $G_s^j=\dfrac{M_s^j}{P_s}-\dfrac{M_{s-1}^j}{P_s}+\tau_s^j$，其中 $\dfrac{M_s^j}{P_s}-\dfrac{M_{s-1}^j}{P_s}$ 为铸币税收入的实际量。因为在垄断竞争的市场体系中，代表性居民产出的需求曲线是向下倾斜的，这意味着 $p_s(j)$ 是关于 y_s^j 的函数，而在代表性居民的最优化决策过程中，作为生产者的代表性居民需要选择最优的产出水平（在市场出清的情况下，该产出水平正好等于整个市场对该产出的需求),这就要求我们必须要从 $p_s(j)$ 中分离出 y_s^j 的效应①。于是,第(4.2)式可以变形为如下形式:

$$C_s^j = (1 + r_s)B_s^j - B_{s+1}^j + \frac{M_{s-1}^j}{P_s} - \frac{M_s^j}{P_s} + (C_s^w + G_s^w)^{\frac{1}{\theta}}(y_s^j)^{\frac{\theta-1}{\theta}} - \tau_s^j$$

(4.3)

其中, C_s^w 表示第 s 期的世界总消费, G_s^w 表示第 s 期世界政府总支出。作为一个整体,第(4.3)式中的 $(C_s^w + G_s^w)^{\frac{1}{\theta}}(y_s^j)^{\frac{\theta-1}{\theta}}$ 表示代表性居民 j 在第 s 期产出的实际收入,其原型是第(4.2)式中的 $p_s(j)y_s^j/P_s$。

三、最优化条件

由第(4.1)式和第(4.3)式所组成的动态最优化问题具有一个十分显著的特征:目标函数具有可加性。在这种情况下,我们可以使用无约束求解法、拉格朗日乘数法或动态规划的方法来求解这个动态最优化问题。经过求解,最终我们可以得到一组完整的最优化条件,如下所示:

$$(1 + r_{t+1})\beta(C_t)^\eta = (C_{t+1})^\eta \text{②}$$ (4.4)

$$\frac{M_t}{P_t} = \chi(C_t)^\eta \frac{1 + i_{t+1}}{i_{t+1}} \text{③}$$ (4.5)

---

① 在约束 $\int_0^1 p(z)c(z)dz = \Omega$ 的条件下最大化代表性居民的复合商品函数 $\{\int_0^1 [c(z)]^{\frac{\theta-1}{\theta}}dz\}^{\frac{\theta}{\theta-1}}$ 可以得到国内外代表性居民个体对代表性居民 j 所生产的产品的需求量。同理可得国内外政府对代表性居民产品的需求量。进一步加权求和,可以得到世界市场对代表性居民 j 所生产的产品的总需求量 $y_s^j = [p_s(j)/P_s]^{-\theta}(C_s^w + G_s^w)$,其中 $C_s^w = nC_s + (1-n)C_s^*$, $G_s^w = nG_s + (1-n)G_s^*$。进一步把 $p_s(j) = (y_s^j)^{-\frac{1}{\theta}}(C_s^w + G_s^w)^{\frac{1}{\theta}}P_s$ 代入 $p_s(j)y_s^j/P_s$ 中可得。

② 在不影响正常理解的情况下,为了简化书写,后文的公式中不再加入上标 j。

③ 在推导此式的过程中用到了费雪方程式: $1 + i_{t+1} = \frac{P_{t+1}}{P_t}(1 + r_{t+1})$。其中, i 为名义利率。

$$(y_t)^{\frac{1+\mu-\alpha}{\alpha}+\frac{1}{\theta}} = \frac{\theta-1}{\theta k} (C_t^w + G_t^w)^{\frac{1}{\theta}} \frac{1}{(C_t)^{\eta}} \qquad (4.6)$$

$$B_t + \sum_{n=0}^{N} \frac{1}{\prod_{i=0}^{n}(1+r_{t+i})} \frac{p_{t+n} y_{t+n}}{P_{t+n}} - \sum_{n=0}^{N} \frac{C_{t+n}}{\prod_{i=0}^{n}(1+r_{t+i})} -$$

$$\sum_{n=0}^{N} \frac{G_{t+n}}{\prod_{i=0}^{n}(1+r_{t+i})} = 0 \text{ ①} \qquad (4.7)$$

由第(4.4)式到第(4.7)式所构成的代表性居民最优化条件实际上是一个差分方程组。其中,第(4.4)式被称为欧拉方程,反映了代表性居民最优化消费的动态决策,第(4.5)式反映了代表性居民最优化的货币需求,第(4.6)式反映了代表性居民最优化的产出水平,第(4.7)式又被称为跨期约束条件,表明代表性居民从第 t 期开始的一生总支出的现值刚好等于其一生总收入的现值。

通过求解这个差分方程组,我们可以得到代表性居民最优化消费、最优化货币持有和最优化产出的动态路径。但是,获得代表性居民最优化决策变量的动态路径并不是我们的最终目的,分析宏观政策对于宏观经济的稳态效应才是本书需要关注的问题,因此,接下来,我们首先需要确定由第(4.4)式到第(4.7)所构成的宏观经济系统是否存在稳定状态。

四、对称稳定状态

(一)对称稳定状态的基本特征

对于宏观经济系统而言,稳定状态就是指各个宏观经济变量不再随时间变化而变化的状态。对称稳定状态主要是针对本书的模型而

---

① 通过迭代第(2)式所体现的代表性居民的阶段约束条件,同时结合横截条件(又被称为非 Ponzi 骗局条件) $\lim_{N\to\infty} \prod_{n=0}^{N} (1+r_{t+n})^{-1} B_{t+N+1} = 0$ 和政府预算约束条件 $G_s^j = \frac{M_s^j}{P_s} - \frac{M_{s-1}^j}{P_s} + \tau_s^j$。

言,根据我们假定的世界经济系统,本国和外国的基本模型是一致,这意味着两个国家的稳定状态也应该是对称的。为了求出由第(4.4)到第(4.7)式所构成的宏观经济系统可解析的对称稳定状态,我们首先需要明确界定我们将要求解的初始对称稳定状态的基本特征,具体如表4.1所示。

表 4.1　初始对称稳定状态的基本特征

初始对称稳定状态的基本特征	特征的解读
$B_t = \bar{B}_0$, $p_t = \bar{p}_0$, $y_t = \bar{y}_0$, $P_t = \bar{P}_0$, $C_t = \bar{C}_0$, $G_t = \bar{G}_0$, $p_t^* = \bar{p}_0^*$, $y_t^* = \bar{y}_0^*$, $P_t^* = \bar{P}_0^*$, $C_t^* = \bar{C}_0^*$, $G_t^* = \bar{G}_0^*$, $r_t = \bar{r}_0 (= \delta)$	初始对称稳定状态的基本要求
$C_t^w = \bar{C}_0^w$	世界总消费也存在一个固定不变的初始稳态,也是初始对称稳定状态的基本要求
$\bar{B}_0 = 0$	假定不存在初始国外资产,可以确保获得初始稳态的解析解
$\bar{p}_0(h) / \bar{P}_0 = \bar{p}_0^*(f) / \bar{P}_0^* = 1$	这个式子包含两个具体假定:单一商品价格等于价格指数;国内外每种商品的价格都相等①。上述假定确保存在稳态的解析解
$\bar{G}_0 = \bar{G}_0^* = 0$	可以简化求对称稳态解析解的计算过程

在表中,我们用带上画线的变量来表示该变量的稳定状态,用下角标"0"来表示该稳定状态是初始稳定状态。从表4.1可知,对称稳定状态的基本特征实际上包括两个方面:对称稳定状态的基本要求和对称稳定状态的附加假定。表4.1中的前面两项刻画了初始对称稳定状态的基本要求,而后面三项则是对称稳定状态的新增假定。之所以需

---

① 因为 $\bar{P}_0 = \varepsilon \bar{P}_0^*$,结合对称稳态假定 $\bar{p}_0(h) / \bar{P}_0 = \bar{p}_0^*(f) / \bar{P}_0^* = 1$,可得 $\dfrac{\bar{p}_0(h)}{\bar{P}_0} = \dfrac{\varepsilon \bar{p}_0^*(f)}{\varepsilon \bar{P}_0^*}$,从而有 $\bar{p}_0(h) = \varepsilon \bar{p}_0^*(f)$。

要增加这些新的假定,是因为仅仅依靠前面两项初始对称稳定状态的基本要求并不足以确保获得初始对称稳定状态的解析解。

(二)对称稳定状态的解析解

为了求出初始对称稳定状态的解析解,需要首先把上述初始稳定状态的基本特征代入我们已经求出的最优化条件,具体如下:

$$(1 + \bar{r}_0)\beta \, (\bar{C}_0)^{\eta} = (\bar{C}_0)^{\eta} \tag{4.8}$$

$$\frac{\bar{M}_0}{\bar{P}_0} = \chi \, (\bar{C}_0)^{\eta} \, \frac{1 + \bar{r}_0}{\bar{r}_0} \, ① \tag{4.9}$$

$$(\bar{y}_0)^{\frac{(1+\mu-\alpha)\theta+\alpha}{\alpha\theta}} = \frac{\theta - 1}{\theta k} \, (\bar{C}_0)^{\frac{1}{\theta}} \, \frac{1}{(\bar{C}_0)^{\eta}} \, ② \tag{4.10}$$

$$\bar{C} = \delta\bar{B} + \frac{\bar{p}(h)\bar{y}}{\bar{P}} - \bar{G} \, , \, \bar{C}^* = -\left(\frac{n}{1-n}\right)\delta\bar{B} + \frac{\bar{p}^*(h)\bar{y}^*}{\bar{P}^*} - \bar{G}^* \, ③ \tag{4.11}$$

第(4.11)式没有加上下角标"0",是因为第(4.11)式所体现的稳态预算约束不仅适用于初始稳定状态,也适用于其他所有的稳定状态。联立上述方程,可以求得初始对称稳定状态的解析解,具体如表4.2所示。

表4.2 初始对称稳定状态的解析解

初始对称稳定状态的解析解	解读
$\bar{r}_0 = \dfrac{1 - \beta}{\beta} = \delta$	对称稳定状态时的实际利率

---

① 把一阶条件 $\dfrac{M_t}{P_t} = x C_t \dfrac{1 + i_{t+1}}{i_{t+1}}$ 中的所有变量均用其相应的对称稳态值来替换,同时要用到费雪方程式 $1 + i_{t+1} = \dfrac{P_{t+1}}{P_t}(1 + r_{t+1})$ 把名义利率转换成实际利率。

② 这里用到了条件 $\bar{C}_0^w = \bar{C}_0$,这个条件成立是因为在对称稳态条件下有 $\bar{C}_0 = \bar{C}_0^*$,把 $\bar{C}_0 = \bar{C}_0^*$ 代入等式 $nC_t + (1-n)C_t^* = C_t^w = \bar{C}_0^w$ 中即可得到 $\bar{C}_0^w = \bar{C}_0 = \bar{C}_0^*$。

③ 这两个约束条件没有加入表示初始状态的下标0是因为其适用于任何稳态点,而不仅仅是初始稳态点。

续表

初始对称稳定状态的解析解	解读
$\bar{C}_0 = \bar{C}_0^* = \bar{y}_0 = \bar{y}_0^* = \bar{C}_0^w$	在对称稳态时,$\bar{C}_0^w$ 既代表代表世界人均消费需求量,又代表世界总消费需求量,因为世界总人口标准化为 1
$\bar{C}_0 = \bar{C}_0^* = \bar{y}_0 = \bar{y}_0^* = \left(\dfrac{\theta-1}{\theta k}\right)^{\frac{\alpha\theta}{(1+\mu-\alpha)\theta+\alpha\eta}}$	对称稳定状态时,消费和产出的具体取值(显然是一个解析解)
$\dfrac{\bar{M}_0}{\bar{P}_0} = \dfrac{\bar{M}_0^*}{\bar{P}_0^*} = \dfrac{\chi(1+\delta)}{\delta}\left(\dfrac{\theta-1}{\theta k}\right)^{\frac{\alpha\eta}{(1+\mu-\alpha)\theta+\alpha\eta}}$	对称稳定状态时的实际货币余额(显然也是一个解析解)

综合表 4.1 和表 4.2,可得到结论:在符合表 4.1 所述的初始对称稳定状态的基本要求和附加假定的条件下,由第(4.4)式到第(4.7)式所描述的宏观经济系统存在一个可以获得解析解的初始稳定状态。接下来,我们将开始分析宏观政策的稳态效应,即宏观政策对稳定状态的作用效果,这是进行政策组合分析的基础。

第二节　宏观政策的均衡效应

一、政策分析的线性化条件

为了获得宏观政策对于由第(4.4)式到第(4.7)式所描述的宏观经济系统的稳态效应,需要首先在对称稳定状态附近对最优化条件进行线性化。本书将主要运用泰勒展开线性化和取对数线性化两种方法来实现对称稳态附近最优化条件的线性化。

(一)对称稳定状态附近的最优化条件

对称稳定状态附近的最优化条件包括第(4.4)式到第(4.6)式,以及第(4.7)式的稳态形式第(4.11)式。其中,第(4.4)式到第(4.6)适用于对称稳态点及其附近所有点,第(4.11)式仅仅适用于对称稳态点。之所以选择第(4.11)式而不是第(4.7)式，是因为宏观政策的稳态效应分析意味着需要对稳态点进行比较静态分析，第(4.11)式正好可以用来分析从一个稳态点到另一个稳态点的变化。为了更加清晰，我们把这四个最优化条件汇总如下：

$$(1 + r_{t+1})\beta\,(C_t)^{\eta} = (C_{t+1})^{\eta} \tag{4.4}$$

$$\frac{M_t}{P_t} = \chi\,(C_t)^{\eta}\,\frac{1 + i_{t+1}}{i_{t+1}} \tag{4.5}$$

$$(y_t)^{\frac{1+\mu-\alpha}{\alpha}+\frac{1}{\theta}} = \frac{\theta - 1}{\theta k}\,(C_t^w + G_t^w)^{\frac{1}{\theta}}\,\frac{1}{(C_t)^{\eta}} \tag{4.6}$$

$$\bar{C} = \delta\bar{B} + \frac{\bar{p}(h)\,\bar{y}}{\bar{P}} - \bar{G}\,,\ \ \bar{C}^* = -\left(\frac{n}{1-n}\right)\delta\bar{B} + \frac{\bar{p}^*(h)\,\bar{y}^*}{\bar{P}^*} - \bar{G}^* \tag{4.11}$$

（二）对称稳定状态附近最优化条件的线性化

泰勒展开一直以来都是进行线性化的经典方法，但是对于本模型的最优化条件而言，利用对数线性化的方法显得更为简单易行。具体的线性化结果如表4.3所示。

在表4.3中，我们用花体字母来表示变量在对称稳态附近的变化率。第(4.12)式是欧拉方程线性化的结果，反映了第($t + 1$)期代表性居民消费在稳态附近的变化率、第 t 期代表性居民消费在稳态附近的变化率和第($t + 1$)期世界实际利率在稳态附近的变化率三者之间的关系。第(4.13)式反映了在稳态附近，名义货币供给变化率、价格变化率、消费变化率和实际利率变化率之间的关系。第(4.14)式反映了稳态附近的产出变化率、代表性居民消费变化率、世界消费变化率和世界政府支出变化率之间的关系。第(4.15)式反映了从一个稳态点到另一个稳态点时，消费变化率、经常项目变化率、产品价格变化率、产出水平变化率、价格指数变化率和政府支出变化率之间的关系。

表4.3 对称稳态附近最优化条件的线性化

最优化条件	线性化之后的方程
$(1 + r_{t+1})\beta(C_t)^\eta = (C_{t+1})^\eta$	$\eta C_{t+1} = \eta C_t + \dfrac{\delta}{1+\delta}\mathcal{R}_{t+1}$ ① $\eta C_{t+1}^* = \eta C_t^* + \dfrac{\delta}{1+\delta}\mathcal{R}_{t+1}$ (4.12)
$\dfrac{M_t}{P_t} = \chi(C_t)^\eta \dfrac{1+i_{t+1}}{i_{t+1}}$	$\mathcal{M}_t - \mathcal{P}_t = \eta C_t - \dfrac{\mathcal{R}_{t+1}}{1+\delta} - \dfrac{\mathcal{P}_{t+1} - \mathcal{P}_t}{\delta}$ $\mathcal{M}_t^* - \mathcal{P}_{t*} = \eta C_t^* - \dfrac{\mathcal{P}_{t+1}}{1+\delta} - \dfrac{\mathcal{P}_{t+1}^* - \mathcal{P}_t^*}{\delta}$ (4.13)
$(y_t)^{\frac{1+\mu-\alpha}{\alpha}+\frac{1}{\theta}} = \dfrac{\theta-1}{\theta k}(C_t^w + G_t^w)^{\frac{1}{\theta}}$ $\dfrac{1}{(C_t)^\eta}$	$\dfrac{(1+\mu-\alpha)\theta+\alpha}{\alpha}\mathcal{Y}_t = -\eta\theta C_t + C_t^w + \mathcal{G}_t^w$ ② $\dfrac{(1+\mu-\alpha)\theta+\alpha}{\alpha}\mathcal{Y}_t^* = -\eta\theta C_t^* + C_t^w + \mathcal{G}_t^w$ (4.14)
$\bar{C} = \delta\bar{B} + \dfrac{\bar{p}(h)\bar{y}}{\bar{P}} - \bar{G}$ $\bar{C}^* = -\left(\dfrac{n}{1-n}\right)\delta\bar{B} + \dfrac{\bar{p}^*(h)\bar{y}^*}{\bar{P}^*} - \bar{G}^*$	$\bar{C} = \delta\bar{B} + \bar{\mathcal{P}}(h) + \bar{\mathcal{y}} - \bar{\mathcal{P}} - \bar{\mathcal{G}}$ ③ $\bar{C}^* = -\left(\dfrac{n}{1-n}\right)\delta\bar{B} + \bar{\mathcal{P}}^*(f) + \bar{\mathcal{y}}^* - \bar{\mathcal{P}}^* - \bar{\mathcal{G}}^*$ (4.15)

① 对数线性化过程分为三步,首先是对原方程取对数,然后方程两边的变量再进一步对时间 t 求导数,最后令导数在稳态点处取值,即 $C_t = \dfrac{d(\ln C_t)}{dt} = \dfrac{d C t}{C t} = \dfrac{C t - \bar{C}_0}{\bar{C}_0}$,其中 $\dfrac{d C t}{C t} = \dfrac{C t - \bar{C}_0}{\bar{C}_0}$ 成立是因为 $\dfrac{d C t}{C t}$ 所描述的微小变化率开始于初始稳态点 $\bar{C}_0$,同理 $C_{t+1} = \dfrac{d(\ln C_{t+1})}{dt} = \dfrac{d C_{t+1}}{C_{t+1}} = \dfrac{C_{t+1} - \bar{C}_0}{\bar{C}_0}$。同样的线性化结果也可以通过泰勒展开的方法得到。

② 这里用到了假定 $\bar{G}_0^w = 0$ 和 $\bar{\mathcal{G}}^w = \dfrac{d G_t^w}{\bar{C}_0^w}$。

③ 这里用到了定义 $\bar{B} = \dfrac{dB}{\bar{C}_0^w}$ 和 $\bar{\mathcal{G}} = \dfrac{dG}{\bar{C}_0^w}$,其中,$\bar{C}_0^w$ 为初始稳定状态点的世界消费水平。需要注意的是,这里的 $\bar{C} = \dfrac{\bar{C} - \bar{C}_0}{\bar{C}_0}$,表示消费量从一个均衡点(初始稳态点)到另一个均衡点的变化率。

（三）政策分析的基本条件与补充条件

表 4.4　政策分析的基本条件与补充条件

基本条件	基本条件的扩展形式
线性化之后的消费需求（稳态附近） $\eta C_{t+1} = \eta C_t + \dfrac{\delta}{1+\delta}\mathcal{R}_{t+1}$ $\eta C_{t+1}^* = \eta C_t^* + \dfrac{\delta}{1+\delta}\mathcal{R}_{t+1}$	$\eta C_{t+1}^{w} = \eta C_t^{w} + \dfrac{\delta}{1+\delta}\mathcal{R}_{t+1}$ ①　　（4.18） $C_{t+1} - C_{t+1}^* = C_t - C_t^*$　　　　（4.19）
线性化之后的货币需求（稳态附近） $\mathcal{M}_t - \mathcal{P}_t = \eta C_t - \dfrac{\mathcal{R}_{t+1}}{1+\delta} - \dfrac{\mathcal{P}_{t+1} - \mathcal{P}_t}{\delta}$ $\mathcal{M}_t^* - \mathcal{P}_t^* = \eta C_t^* - \dfrac{\mathcal{R}_{t+1}}{1+\delta} - \dfrac{\mathcal{P}_{t+1}^* - \mathcal{P}_t^*}{\delta}$	$\mathcal{M}_t^{w} - n\mathcal{P}_t - (1-n)\mathcal{P}_t^* = \eta C_t^{w} - \dfrac{\mathcal{R}_{t+1}}{1+\delta} - n\dfrac{\mathcal{P}_{t+1}-\mathcal{P}_t}{\delta} - (1-n)\dfrac{\mathcal{P}_{t+1}^*-\mathcal{P}_t^*}{\delta}$　（4.20） $\mathcal{M}_t - \mathcal{M}_t^* - \mathcal{E}_t = \eta C_t - \eta C_t^* - \dfrac{\mathcal{E}_{t+1}-\mathcal{E}_t}{\delta}$　（4.21）
线性化之后的产品供给（稳态附近） $\dfrac{(1+\mu-\alpha)\theta+\alpha}{\alpha}\mathcal{Y}_t = -\eta\theta C_t + C_t^{w} + G_t^{w}$ $\dfrac{(1+\mu-\alpha)\theta+\alpha}{\alpha}\mathcal{Y}_t^* = -\eta\theta C_t^* + C_t^{w} + G_t^{w}$	$\dfrac{(1+\mu-\alpha)\theta+\alpha}{\alpha}\mathcal{Y}_t^{w} = (1-\eta\theta)C_t^{w} + G_t^{w}$ ②　（4.22） $(\mathcal{Y}_t - \mathcal{Y}_t^*) = -\dfrac{\alpha\eta\theta}{(1+\mu-\alpha)\theta+\alpha}(C_t - C_t^*)$　（4.23）
线性化之后的稳态约束（稳态点） $\bar{C} = \delta\bar{B} + \bar{\mathcal{P}}(h) + \bar{\mathcal{y}} - \bar{\mathcal{P}} - \bar{\mathcal{G}}$ $\bar{C}^* = -(\dfrac{n}{1-n})\delta\bar{B} + \bar{\mathcal{P}}^*(f) + \bar{\mathcal{y}}^* - \bar{\mathcal{P}}^* - \bar{\mathcal{G}}^*$	$\bar{C} - \bar{C}^* = \dfrac{1}{1-n}\delta\bar{B} + \bar{\mathcal{y}} - \bar{\mathcal{y}}^* - [\bar{\mathcal{E}} + \bar{\mathcal{P}}^*(f) - \bar{\mathcal{P}}(h)] + (\bar{\mathcal{G}}^* - \bar{\mathcal{G}})$　（4.24）

---

①　两个线性化的消费需求方程加权求和可得。

②　把等式 x 和 $y = \dfrac{1}{a_{12}}\dot{x} - \dfrac{a_{11}}{a_{12}}x$ 分别乘权重再相加可得。

补充条件	补充条件的扩展形式
线性化之后的产品需求(稳态附近) $$\mathcal{Y}_t = \theta[\mathcal{P}_t - \mathcal{P}_t(h)] + \mathcal{C}_t^w + \mathcal{G}_t^w \ ①$$ $$(4.16)$$ $$\mathcal{Y}_t^{\ *} = \theta[\mathcal{P}_t^{\ *} - \mathcal{P}_t^{\ *}(f)] + \mathcal{C}_t^w + \mathcal{G}_t^w$$ $$(4.16)$$	$$\mathcal{Y}_t^w = n\mathcal{Y}_t + (1-n)\ \mathcal{Y}_t^{\ *} = \mathcal{C}_t^w + \mathcal{G}_t^w \ ③$$ $$(4.25)$$ $$\mathcal{Y}_t - \mathcal{Y}_t^{\ *} = \theta[\mathcal{E}_t - \mathcal{P}_t(h) + \mathcal{P}_t^{\ *}(f)]$$ $$(4.26)$$
线性化之后的价格指数(稳态附近) $$\mathcal{P}_t = nt(h) + (1-n)[\mathcal{E}_t + t^*(f)] \ ②$$ $$(4.17)$$ $$\mathcal{P}_t^{\ *} = n[\mathcal{P}_t(h) - \mathcal{E}_t] + (1-n)\mathcal{P}_t^{\ *}(f)$$ $$(4.17)$$	

第(4.12)式到第(4.15)式所组成的线性化条件是政策分析的基本条件,因为它们都来源于最初的四个最优化基本条件。除了政策分析的基本条件,我们的分析还需要用到基本条件的扩展形式,线性化产品需求和线性化价格指数的补充条件及其扩展形式。具体如表4.4所示。第(4.18)式到第(4.24)式是基本条件的扩展形式,第(4.16)式到第(4.17)式构成了宏观政策分析的补充条件,第(4.25)式和第(4.26)式是补充条件的扩展形式。基本条件、基本条件的扩

---

① 对代表性居民的产品需求函数 $y_s^j = [p_s(j)/\mathcal{P}_s]^{-\theta}(\mathcal{C}_s^w + \mathcal{G}_s^w)$ 线性化可得。

② 这里是对价格指数的另一种形式 $\mathcal{P}_t = \left\{\int_0^1 [p_t(z)]^{1-\theta}dz\right\}^{\frac{1}{1-\theta}} = \left\{\int_0^n [p_t(z)]^{1-\theta}dz + \int_n^1 [\varepsilon_t p_t^*(z)]^{1-\theta}dz\right\}^{\frac{1}{1-\theta}}$ 进行线性化,其中, ε_t 为汇率。对于价格指数的线性化而言,运用泰勒展开的方法要比用取对数求导的方法简单易行。

③ 把等式 $\mathcal{Y}_t = \theta[\mathcal{P}_t - \mathcal{P}_t(h)] + \mathcal{C}_t^w + \mathcal{G}_t^w$ 和 $\mathcal{Y}_t^{\ *} = \theta[\mathcal{P}_t^{\ *} - \mathcal{P}_t^{\ *}(f)] + \mathcal{C}_t^w + \mathcal{G}_t^w$ 分别乘权重再相加,并结合对数线性化之后的价格指数可得。

展形式、补充条件和补充条件的扩展形式共同组成了政策分析的线性化条件。接下来,本书将分别从长期和短期的角度来分析宏观政策的稳态效应。

二、长期政策的稳态效应

对于市场经济体系而言,长期和短期最主要的区别是商品价格的可调整程度。在长期,价格是完全弹性的,国内外代表性居民都能够调整其产出价格到一个满意水平,而在短期,价格会存在一定程度的粘性,在一个相对较短的时期内,代表性居民将无法即时把他的产出价格调整到一个满意水平。价格粘性现象存在的原因主要是代表性居民在调整产出价格时需要支付相应的调整成本(比如菜单成本)。需要注意的是,价格粘性是针对代表性居民的产出价格而言,而不是针对整个经济体系中的一般价格指数而言。下面首先分析长期条件下宏观政策的稳态效应。

(一)政策分析线性化条件的长期形式

在长期条件下,宏观政策分析的线性化条件会有一些必要的变化,具体如表4.5所示。首先,我们需要注意的是稳态效应反映的是稳态的变化,即从一个稳态到另一个稳态的比较静态过程,本书使用带上横线的花体字母来表示从一个稳态到另一个稳态的变化率,同时去掉时间下标。

表 4.5　长期政策分析线性化条件

长期分析的基本条件	
消费需求条件	$\dfrac{\delta}{1+\delta}\overline{\mathcal{R}} = 0$ 　　　　　　　　　　　　　　(4.27)

长期分析的基本条件		
货币需求条件	$\bar{M} - \bar{P} = \eta \bar{C}$ ①	(4.28)
	$\bar{M}^* - \bar{P}^* = \eta \bar{C}^*$	(4.28)
产品供给条件	$\dfrac{(1 + \mu - \alpha)\theta + \alpha}{\alpha}\bar{y}^w = (1 - \eta\theta)\bar{C}^w + \bar{G}^w$	(4.29)
	$\bar{y} - \bar{y}^* = -\dfrac{\alpha\eta\theta}{(1 + \mu - \alpha)\theta + \alpha}(\bar{C} - \bar{C}^*)$	(4.30)
稳态约束条件	$\bar{C} - \bar{C}^* = \dfrac{1}{1 - n}\delta\bar{B} + \bar{y} - \bar{y}^* - [\bar{\mathcal{E}} + \bar{P}^*(f) - \bar{P}(h)] + (\bar{G}^* - \bar{G})$	
		(4.24)
长期分析的补充条件		
产品需求条件 与价格指数条件	$\bar{y} = \theta[\bar{P} - \bar{P}(h)] + \bar{C}^w + \bar{G}^w$	(4.31)
	$\bar{y}^* = \theta[\bar{P}^* - \bar{P}^*(f)] + \bar{C}^w + \bar{G}^w$	(4.31)
	$\bar{y}^w = n\bar{y} + (1 - n)\bar{y}^* = \bar{C}^w + \bar{G}^w$	(4.32)

第(4.27)式是第(4.18)式在长期条件下的表达式,第(4.28)式是第(4.13)式在长期条件下的表达式,第(4.29)式是第(4.22)式在长期条件下的表达式,第(4.30)式是第(4.23)式在长期条件下的表达式,第(4.31)式是第(4.16)式在长期条件下的表达式,第(4.32)式是第

---

① 这个结果来源于 $\mathcal{M}_t - \mathcal{P}_t = \eta\mathcal{C}_t - \dfrac{\mathcal{P}_{t+1}}{1 + \delta} - \dfrac{\mathcal{P}_{t+1} - \mathcal{P}_t}{\delta}$,为了更加容易理解,此式又可以重新改写成:$\dfrac{M_t - \bar{M}_0}{\bar{M}_0} - \dfrac{P_t - \bar{P}_0}{\bar{P}_0} = \eta\dfrac{C_t - \bar{C}_0}{\bar{C}_0} - \dfrac{1}{1 + \delta}\dfrac{r_{t+1} - \bar{r}_0}{\bar{r}_0} - \dfrac{1}{\delta}(\dfrac{P_{t+1} - \bar{P}_0}{\bar{P}_0} - \dfrac{P_t - \bar{P}_0}{\bar{P}_0})$。如果经济系统在初始稳态点(用带横线和下角标 0 的字母表示)附近达到一个新的稳态点(用带横线和下角标 1 的字母表示),则原式可进一步写成:$\dfrac{\bar{M}_1 - \bar{M}_0}{\bar{M}_0} - \dfrac{\bar{P}_1 - \bar{P}_0}{\bar{P}_0} = \eta\dfrac{\bar{C}_1 - \bar{C}_0}{\bar{C}_0} - \dfrac{1}{1 + \delta}\dfrac{\bar{r}_1 - \bar{r}_0}{\bar{r}_0} - \dfrac{1}{\delta}(\dfrac{\bar{P}_1 - \bar{P}_0}{\bar{P}_0} - \dfrac{\bar{P}_1 - \bar{P}_0}{\bar{P}_0})$。因为在新的稳态点依然有 $\beta(1 + \bar{r}_1) = 1$,而 β 保持不变,因此有 $\bar{r}_1 = \bar{r}_0$。于是原式可以化简为:$\dfrac{\bar{M}_1 - \bar{M}_0}{\bar{M}_0} - \dfrac{\bar{P}_1 - \bar{P}_0}{\bar{P}_0} = \eta\dfrac{\bar{C}_1 - \bar{C}_0}{\bar{C}_0}$(或 $\bar{M} - \bar{P} = \eta\bar{C}$)。

(4.25)式在长期条件下的表达式,第(4.33)式是第(4.26)式在长期条件下的表达式。需要注意的是线性化的稳态约束在长期条件下的表达式依然是第(4.24)式,也就是说,长期条件下的线性稳态约束并没有发生特殊的变化,之所以出现这种情况的原因是,正如我们在前方的分析中所指出的,线性化的稳态约束本身只适用于稳态点,反映的就是从一个稳态点到另一个稳态点的变化率,因此,在用于长期政策分析时,这一条件无须做任何改变。通过观察表4.5,可以发现长期政策分析线性化条件具有如下显著特征：

第一,长期政策分析线性化条件中的每个内生变量均为带上横线的长期形式。这是因在价格充分弹性的长期条件下,每个内生变量都经过充分调整,从初始均衡状态达到新的均衡状态。

第二,居民消费需求条件里并不包括消费需求变量。正如上面的分析所指出的,最优化模型中变量的长期形式(用带上横线的形式来表示)反映的是从一个均衡点到另一个均衡点的变化率,而在均衡点时,居民消费需求量处于一个固定不变的稳定状态,因此,第(4.18)式的长期形式可以写成 $\eta \bar{C}^w = \eta \bar{C}^w + \frac{\delta}{1+\delta}\bar{R}$,经过简化,就可以得到第(4.27)式。同样的结果也可以通过简化第(4.12)式所包括的两个式子的长期形式得到。在这种情况下,即使第(4.27)式只包括世界实际利率变量,而不包括消费需求变量,但是依然可以为最优化消费需求条件。

第三,稳态约束条件的长期形式没有新的变化。在长期条件下,稳态约束条件可以直接使用第(4.24)式,而无须进行任何改变,这是因为线性化的稳态约束本身就只是适用于稳态点,反映了经济系统从初始均衡点到新均衡点的变化率。

（二）长期政策的稳态效应

表 4.6 长期政策的稳态效应

本国宏观经济

$$\bar{C} = \frac{\theta\delta + \theta\delta\mu - \alpha\theta\delta + \alpha\delta}{(1+\mu-\alpha)\theta + \alpha(1+\eta\theta-\eta)}\bar{B} + \frac{(\theta + \mu\theta - \alpha\theta + \alpha)(n-1)}{(1+\mu-\alpha)\theta + \alpha(1+\eta\theta-\eta)}(\bar{G}-\bar{G}^*) + \frac{2\alpha - (1+\mu-\alpha)\theta}{(1+\mu-\alpha)\theta + \alpha\eta\theta}\bar{G}^w \tag{4.34}$$

$$\bar{y} = \frac{-\alpha\eta\theta\delta}{(1+\mu-\alpha)\theta + \alpha(1+\eta\theta-\eta)}\bar{B} + \frac{(1-n)\alpha\eta\theta}{(1+\mu-\alpha)\theta + \alpha(1+\eta\theta-\eta)}(\bar{G}-\bar{G}^*) + \frac{2\alpha + \alpha\eta\theta}{(1+\mu-\alpha)\theta + \alpha\eta\theta}\bar{G}^w \tag{4.35}$$

$$\bar{P} = \bar{M} - \frac{\eta(\theta\delta + \theta\delta\mu - \alpha\theta\delta + \alpha\delta)}{(1+\mu-\alpha)\theta + \alpha(1+\eta\theta-\eta)}\bar{B} - \frac{\eta(\theta + \mu\theta - \alpha\theta + \alpha)(n-1)}{(1+\mu-\alpha)\theta + \alpha(1+\eta\theta-\eta)}(\bar{G}-\bar{G}^*) - \frac{2\alpha\eta - (1+\mu-\alpha)\theta\eta}{(1+\mu-\alpha)\theta + \alpha\eta\theta}\bar{G}^w \tag{4.36}$$

$$\bar{P}(h) = \bar{M} + \frac{-\delta\eta\theta(1+\mu-\alpha)}{(1+\mu-\alpha)\theta + \alpha(1+\eta\theta-\eta)}\bar{B} - \frac{\eta\theta(n-1)(1+\mu-\alpha)}{(1+\mu-\alpha)\theta + \alpha(1+\eta\theta-\eta)}(\bar{G}-\bar{G}^*) + \frac{(1+\mu-\alpha)\eta\theta - 2\alpha\eta}{(1+\mu-\alpha)\theta + \alpha\eta\theta}\bar{G}^w ① \tag{4.37}$$

外国宏观经济

$$\bar{C}^* = \frac{2\alpha - (1+\mu-\alpha)\theta}{(1+\mu-\alpha)\theta + \alpha\eta\theta}\bar{G}^w - \frac{(1+\mu-\alpha)\theta + \alpha}{(1+\mu-\alpha)\theta + \alpha(1+\eta\theta-\eta)}\frac{n\delta}{1-n}\bar{B} + \frac{(1+\mu-\alpha)n\theta + n\alpha}{(1+\mu-\alpha)\theta + \alpha(1+\eta\theta-\eta)}(\bar{G}-\bar{G}^*) \tag{4.38}$$

$$\bar{y}^* = \frac{2\alpha + \alpha\eta\theta}{(1+\mu-\alpha)\theta + \alpha\eta\theta}\bar{G}^w + \frac{n\alpha\eta\theta}{(1+\mu-\alpha)\theta + \alpha(1+\eta\theta-\eta)}\frac{\delta}{1-n}\bar{B} - \frac{n\alpha\eta\theta}{(1+\mu-\alpha)\theta + \alpha(1+\eta\theta-\eta)}(\bar{G}-\bar{G}^*) \tag{4.39}$$

$$\bar{P}^* = \bar{M}^* - \frac{2\alpha\eta - (1+\mu-\alpha)\eta\theta}{(1+\mu-\alpha)\theta + \alpha\eta\theta}\bar{G}^w + \frac{(1+\mu-\alpha)\eta\theta + \alpha\eta}{(1+\mu-\alpha)\theta + \alpha(1+\eta\theta-\eta)}\frac{n\delta}{1-n}\bar{B} - \frac{(1+\mu-\alpha)n\eta\theta + n\alpha\eta}{(1+\mu-\alpha)\theta + \alpha(1+\eta\theta-\eta)}(\bar{G}-\bar{G}^*) \tag{4.40}$$

$$\bar{P}^*(f) = \bar{M}^* + \frac{(1+\mu-\alpha)n\delta\eta\theta}{[(1+\mu-\alpha)\theta + \alpha(1+\eta\theta-\eta)](1-n)}\bar{B} - \frac{(1+\mu-\alpha)n\eta\theta}{(1+\mu-\alpha)\theta + \alpha(1+\eta\theta-\eta)}(\bar{G}-\bar{G}^*) - \frac{2\alpha\eta - (1+\mu-\alpha)\theta\eta}{(1+\mu-\alpha)\theta + \alpha\eta\theta}\bar{G}^w \tag{4.41}$$

① 以对数线性化之后的产品需求公式 $\bar{y} = \theta[\bar{P} - \bar{P}(h)] + \bar{C}^w + \bar{G}^w$ 为基础,结合 $\bar{y}$、$\bar{P}$、$\bar{C}$ 和 $\bar{C}^*$ 的分析结果。$\bar{P}^*(f)$ 的计算方法与此相同。

续表

国际经济关系	
$\bar{\mathcal{R}} = 0$	(4.42)
$\bar{\mathcal{C}}^w = \dfrac{2\alpha - (1 + \mu - \alpha)\theta}{(1 + \mu - \alpha)\theta + \alpha\eta\theta}\bar{\mathcal{G}}^w$ ①	(4.43)
$\bar{\mathcal{y}}^w = \dfrac{2\alpha + \alpha\eta\theta}{(1 + \mu - \alpha)\theta + \alpha\eta\theta}\bar{\mathcal{G}}^w$	(4.44)
$\bar{\mathcal{T}} = \dfrac{\alpha\eta}{(1 + \mu - \alpha)\theta + \alpha(1 + \eta\theta - \eta)}\dfrac{\delta}{1 - n}\bar{\mathcal{B}} -$ $\dfrac{\alpha\eta}{(1 + \mu - \alpha)\theta + \alpha(1 + \eta\theta - \eta)}(\bar{\mathcal{G}} - \bar{\mathcal{G}}^*)$	(4.45)
$\bar{\mathcal{E}} = \bar{\mathcal{M}} - \bar{\mathcal{M}}^* - \dfrac{(1 + \mu - \alpha)\theta + \alpha}{(1 + \mu - \alpha)\theta + \alpha(1 + \eta\theta - \eta)}\dfrac{\delta}{1 - n}\bar{\mathcal{B}} +$ $\dfrac{(1 + \mu - \alpha)\theta + \alpha}{(1 + \mu - \alpha)\theta + \alpha(1 + \eta\theta - \eta)}(\bar{\mathcal{G}} - \bar{\mathcal{G}}^*)$	(4.46)

　　通过联立表 4.5 中的所有长期线性最优化条件，可求出长期政策的稳态效应，具体如表 4.6 所示。通过表 4.6，我们可以获得长期宏观政策与经常项目的定性稳态效应。更为重要的是，我们可以得到如下三个结论：

　　第一，在弹性价格的长期条件下，非预期的永久性货币供应变动只会影响名义变量，而对实际变量无效。正如表 4.6 所显示的，国内外均衡消费水平、均衡产出水平、世界实际利率、世界产出水平、世界消费水平和实际国际贸易条件都没有受到货币政策冲击的影响。

　　第二，在弹性价格的长期条件下，非预期的永久性财政支出变动既会影响名义变量，也会影响实际变量。正如表 4.6 所显示的，除了第 (4.42)式所表示的世界实际利率没有受到财政支出冲击的影响外，其他所有国内外变量以及世界一般经济变量均受到国内外财政支出变化的冲击。

　　不过需要说明的是，非永久性的财政支出变动从长期看不会对实际

---

　　①　通过联立 $\dfrac{(1 + u - \alpha)\theta + \alpha}{\alpha}\bar{\mathcal{y}}^w = (1 - n\theta)\bar{\mathcal{C}}^w + \bar{\mathcal{G}}^w$ 和 $\bar{\mathcal{y}}^w = n\bar{\mathcal{y}} + (1 - n)\bar{\mathcal{y}}^* = \bar{\mathcal{C}}^w + \bar{\mathcal{G}}^w$ 可得。

经济造成影响。根据李嘉图等价原理,政府总收入现值不变的情况下,即使财政支出的时间路径发生改变,也不会影响到消费或其他宏观经济变量的变化路径。以第(4.34)式为例,非永久性的财政支出的增加,意味着首先会出现 $(\bar{g} - \bar{g}^*) > 0$ 的情况,而后又会出现 $(\bar{g} - \bar{g}^*) < 0$(刚好抵消之前财政扩张带来的赤字)的情况,从而会在总体上抵消对稳态消费 $\bar{c}$ 的影响。

第三,世界利率的均衡变化率为0。也就是说,当世界经济系统从初始均衡点调整到新的均衡点,世界利率依然保持不变。这一结论可以很容易地从第(4.27)式所表示的长期条件中得到。实际上,根据本章第一节的分析我们得到在均衡状态下有 $\bar{r} = (1 - \beta)/\beta$,也就是说,在均衡状态下,世界实际利率只与代表性居民的效用贴现率有关,而并不会受到世界各国积极的宏观政策的影响。

三、短期政策的均衡效应

正如前文的分析中所指出的,在短期,商品价格粘性是一个非常重要的特征,也正因为存在商品价格粘性的特征,进一步导致需求成为决定产出的决定性因素。在短期价格粘性的条件下,短期宏观经济政策不仅会对短期宏观经济产生影响,也会对长期宏观经济产生稳态效应。下面首先讨论,政策分析的线性条件在短期价格粘性条件下的具体形式。

(一)短期政策分析的线性化条件

为了确定短期政策的线性化条件,我们需要首先对短期加以界定。短期是一个相对概念,一般而言,只要有一个更长期的时间段存在,那么我们就可以称较短的时间段为短期。在宏观经济学中,我们所指的短期通常是指商品价格来不及调整的时间段,这个时间段可能包括连续的一期或多期。然而,为了避免时间概念上的争议,同时出于简化分析的需要,我们完全可以把经济主体进行最优化决策的时间点之后的所有时间分成短期和长期两个阶段,也就是说,从经济主体最优化决策的时间点开始,一直到商品价格开始调整的整个时间段内都可以被定义一个时期——短期,相应的紧随短期之后的所有时期就可以被合理地定义为另一个时期——长期。在这种情况下,我们可以省略线性化条件中的时间下标,就可以直接用不带上横线的花体字母表示关于初始均衡点的短期变化率,用带上横线的花体字母表示从初始均衡点到新均衡点的长期变化率。

在短期条件下,宏观政策分析的线性化条件会发生一些显著的变化,具体如表4.7所示。通过观察表4.7,可以发现短期政策分析线性化条件具有如下特征:

表 4.7 短期政策分析的线性化条件

短期分析的基本条件		
非预期货币冲击	$\bar{\mathcal{M}} - \bar{\mathcal{M}}^* = \mathcal{M} - \mathcal{M}^*$	(4.47)
非预期财政冲击	$\bar{\mathcal{G}} - \bar{\mathcal{G}}^* = \mathcal{G} - \mathcal{G}^*$	(4.48)
短期分析的基本条件		
消费需求条件	$\eta \dfrac{2\alpha - (1 + \mu - \alpha)\theta}{(1 + \mu - \alpha)\theta + \alpha\eta\theta}\bar{\mathcal{G}}^w = \eta\bar{\mathcal{C}}^w + \dfrac{\delta}{1 + \delta}\bar{\mathcal{R}}$ ①	(4.49)
	$\bar{\mathcal{C}} - \bar{\mathcal{C}}^* = \mathcal{C} - \mathcal{C}^*$ ②	(4.50)
货币需求条件	$\mathcal{M}^w = \eta\mathcal{C}^w - \dfrac{\mathcal{R}}{1 + \delta} - \dfrac{1}{\delta}\left[\mathcal{M}^w - \eta \dfrac{2\alpha - (1 + \mu - \alpha)\theta}{(1 + \mu - \alpha)\theta + \alpha\eta\theta}\bar{\mathcal{G}}^w\right]$ ③	(4.51)
	$\mathcal{M} - \mathcal{M}^* - \mathcal{E} = \eta\mathcal{C} - \eta\mathcal{C}^* - \dfrac{\bar{\mathcal{E}} - \mathcal{E}}{\delta}$	(4.52)

---

① 这里用到了条件 $A - \lambda I = 0$(长期世界总体)。

② 这个条件建立了短期(第一期)消费冲击和长期(第二期,经济系统在第二期达到稳态)消费冲击的联系,对于分析价格粘性时的短期问题非常重要。

③ 在 $\mathcal{M}_t^w - n\mathcal{P}_t - (1 - n)\mathcal{P}_t^* = \eta\mathcal{C}_t^w - \dfrac{\mathcal{R}_{t+1}}{1 + \delta} - n\dfrac{\mathcal{P}_{t+1} - \mathcal{P}_t}{\delta} - (1 - n)\dfrac{\mathcal{P}_{t+1}^* - \mathcal{P}_t^*}{\delta}$ 引入短期粘性价格条件下的线性价格指数 $\mathcal{P}_t = (1 - n)\mathcal{E}_t$ 和 $\mathcal{P}_t^* = n\mathcal{E}_t$,长期总量条件 $\bar{\mathcal{C}}^w = \dfrac{2\alpha - (1 + \mu - \alpha)\theta}{(1 + \mu - \alpha)\theta + \alpha\eta\theta}\bar{\mathcal{G}}^w$,以及永久性货币冲击条件 $\bar{\mathcal{M}}^w = \mathcal{M}^w$。

产品供给条件	——	
短期预算约束	$\bar{\mathcal{B}} = \mathcal{Y} - \mathcal{C} - (1-n)\mathcal{E} - \mathcal{G}$ ①	(4.53)
	$(\dfrac{-n}{1-n})\bar{\mathcal{B}} = \mathcal{Y}^* - \mathcal{C}^* + n\mathcal{E} - \mathcal{G}^*$	(4.54)
短期分析的补充条件		
产品需求条件与价格指数条件	$\mathcal{Y} - \mathcal{Y}^* = \theta\mathcal{E}$ ②	(4.55)
	$\mathcal{P} = (1-n)\mathcal{E}$ ③	(4.56)
	$\mathcal{P}^* = n\mathcal{E}$	(4.57)
	$\mathcal{Y}^w = n\mathcal{Y} + (1-n)\mathcal{Y}^* = \mathcal{C}^w + \mathcal{G}^w$	(4.58)

第一,短期政策分析线性化条件同时包括带上横线和不带上横线的内生变量。这是短期政策分析线性化条件与长期政策分析线性化条件之间的一个最大区别。正如我们之前所强调的,带上横线的内生变量反映的是从初始均衡点到新均衡点的长期变化率,而不带上横线的内生变量反映的是从初始均衡点到非均衡点的短期变化率。短期政策分析分析线性化条件同时包括长期和短期两类变量,是因为长期分析是短期分析的必要背景。

第二,定义了短期分析的政策条件。如第(4.47)式和第(4.48)式所示,第(4.47)式表示在短期实施的货币政策具有永久性,直接决定了货币政策的长期水平,同样,第(4.48)式表示在短期实施的财政政策具有永久性,直接决定了财政政策的长期水平。

第(4.48)式进一步表明,在短期实施扩张(紧缩)的财政政策并不

① 此时短期(第1期)的阶段约束为 $B_{t+1} - B_t = rtB_t + P_t(h)/P_t - C_t - G_t$,在对数线性化该阶段约束的时候融入了短期价格粘性条件 $P_t(h) = P_t^*(f) = 0$。

② 通过在 $\mathcal{Y}_t - \mathcal{Y}_t^* = \theta[\mathcal{E}_t - \mathcal{P}_t(h) + \mathcal{P}_t^*(f)]$ 中加入短期价格粘性条件 $\mathcal{P}_t(h) = \mathcal{P}_t^*(f) = 0$ 得到。

③ 通过在 $\mathcal{P}_t = n\mathcal{P}_t(h) + (1-n)[\mathcal{E}_t + \mathcal{P}_t^*(f)]$ 中加入短期价格粘性条件 $\mathcal{P}_t(h) = \mathcal{P}_t^*(f) = 0$ 得到。

会要求在长期实行紧缩（扩张）的财政政策，以确保财政支出总额保持不变，从而与确定水平的财政收入相适应，这就排除了李嘉图等价的问题。第(4.48)式的设定之所以合理，是因为从现实来看，即使在一个相当长的时期内，财政支出总额也并不是一个确定不变的值，政府总可以为额外的支出水平找到收入来源。于是，当发现政府实施了扩张（紧缩）的财政政策时，最优化决策主体不会预期未来一定会出现紧缩（扩张）的财政政策，在这种情况下，具有理性预期能力的代表性居民的最优化决策就必然会受到短期宏观政策影响，而不是李嘉图等价所指出的不受影响，进而整个宏观经济也会受到影响。

总的来说，第(4.47)式和第(4.48)式建立了短期政策变量和长期政策变量之间的联系，对于分析价格粘性时的短期政策效应非常重要。

第三，产品供给条件不再有效。古典经济学家萨伊提出了供给决定需求的著名论断，这在古典经济学商品价格具有充分弹性的条件下具有一定程度的合理性。然而，正如凯恩斯主义经济学所注意到的，现实的市场是不完善的，商品价格并不总是具有充分弹性，而价格调整粘性已经成为现代市场经济的一个主要特征。在这种情况下，需求就成为了产出的决定性力量，这也成为世界各国政府积极干预宏观经济的理论基础。因此，在价格粘性的条件下，作为生产者主体的代表性居民在进行最优化生产决策时，市场需求就成了其考虑的决定性因素，在这种情况下，源于代表性居民效用最大化的产出（劳动供给）决策条件就失去了其原有的效力。需要注意的是，出于保持政策分析线性化条件完备体系的目的，虽然产品供给条件不再有效，我们还是在表4.7中加入了产品供给条件的名称，不过它不会对本书将要进行的短期政策效应分析产生任何影响。

第四，短期预算约束条件不再具有稳态特征。在第(4.15)式和第(4.24)式中，我们所讨论的约束条件本质上是源于第(4.7)式的跨期约束条件，而由第(4.53)式和第(4.54)式所构成的短期预算约束却只是在线性化过程中融入了短期价格粘性特征的阶段约束条件。然而，作为短期政策分析线性化条件的有机组成部分，短期预算约束条件在短期政策分析中具有不可或缺的纽带作用，这一点与稳态约束在长期政策分析中所起的作用是一致的。

第五，短期分析的补充条件大大简化。从表4.7可知，由产品需求条件和价格指数条件共同组成的短期政策分析补充条件显得十分简洁明了，然而，这种简洁明了并不是为了简化运算而进行的人为设定，而是在原来的产品需求条件和价格指数条件中加入了价格粘性特征而得到的。短期分析的补充条件比较直观地体现了短期分析中所引入的产品价格粘性的基本前提，对于体现政策分析的短期性具有十分重要的意义。

(二)短期政策的短期效应

联立第(4.47)式到第(4.58)式，并结合长期分析时所得到的相关结论就可以求出短期政策的短期效应。为了简便书写，可以令 $\Phi = 1 + \mu - \alpha$，$\Theta = 1 + \eta\theta - \eta$。短期效应的计算结果如表4.8所示。

表4.8　短期政策的短期效应

本国宏观经济
$\mathcal{C} = \dfrac{1}{\eta}\mathcal{M}^w + \dfrac{(1-n)\delta(\theta\Phi+\alpha)(\theta-1)}{(\theta\Phi+\alpha\Theta)+\delta\Theta(\theta\Phi+\alpha)}(\mathcal{M}-\mathcal{M}^*) + \dfrac{(n-1)(\theta\Phi+\alpha)(1+\delta)}{(\theta\Phi+\alpha\Theta)+\delta\Theta(\theta\Phi+\alpha)}(\mathcal{G}-\mathcal{G}^*)$　　　(4.59)
$\mathcal{Y} = \dfrac{1}{\eta}\mathcal{M}^w + \mathcal{G}^w + \dfrac{(1-n)\theta[(\theta\Phi+\alpha\Theta)+\delta(\theta\Phi+\alpha)(\Theta-\eta\theta+\eta)]}{(\theta\Phi+\alpha\Theta)+\delta\Theta(\theta\Phi+\alpha)}(\mathcal{M}-\mathcal{M}^*) + \dfrac{\eta\theta(1-n)(\theta\Phi+\alpha)(1+\delta)}{(\theta\Phi+\alpha\Theta)+\delta\Theta(\theta\Phi+\alpha)}(\mathcal{G}-\mathcal{G}^*)$　　　(4.60)
$\mathcal{P} = \dfrac{(1-n)[(\theta\Phi+\alpha\Theta)+\delta(\theta\Phi+\alpha)(\Theta-\eta\theta+\eta)]}{(\theta\Phi+\alpha\Theta)+\delta\Theta(\theta\Phi+\alpha)}(\mathcal{M}-\mathcal{M}^*) + \dfrac{(1-n)\eta(\theta\Phi+\alpha)(1+\delta)}{(\theta\Phi+\alpha\Theta)+\delta\Theta(\theta\Phi+\alpha)}(\mathcal{G}-\mathcal{G}^*)$　　　(4.61)
$\mathcal{P}(h) = 0$　　　(4.62)

续表

外国宏观经济

$$\mathcal{C}^* = \frac{1}{\eta}\mathcal{M}^w - \frac{n\delta(\theta\Phi + \alpha)(\theta - 1)}{(\theta\Phi + \alpha\Theta) + \delta\Theta(\theta\Phi + \alpha)}(\mathcal{M} - \mathcal{M}^*) +$$

$$\frac{n(\theta\Phi + \alpha)(1 + \delta)}{(\theta\Phi + \alpha\Theta) + \delta\Theta(\theta\Phi + \alpha)}(\mathcal{G} - \mathcal{G}^*) \tag{4.63}$$

$$\mathcal{Y}^* = \frac{1}{\eta}\mathcal{M}^w + \mathcal{G}^w - \frac{n\theta(\theta\Phi + \alpha\Theta) + n\delta\theta(\theta\Phi + \alpha)(\Theta - \eta\theta + \eta)}{(\theta\Phi + \alpha\Theta) + \delta\Theta(\theta\Phi + \alpha)}(\mathcal{M} - \mathcal{M}^*) -$$

$$\frac{n\eta\theta(\theta\Phi + \alpha)(1 + \delta)}{(\theta\Phi + \alpha\Theta) + \delta\Theta(\theta\Phi + \alpha)}(\mathcal{G} - \mathcal{G}^*) \tag{4.64}$$

$$\mathcal{P}^* = -\frac{n\left[(\theta\Phi + \alpha\Theta) + \delta(\theta\Phi + \alpha)(\Theta - \eta\theta + \eta)\right]}{(\theta\Phi + \alpha\Theta) + \delta\Theta(\theta\Phi + \alpha)}(\mathcal{M} - \mathcal{M}^*) -$$

$$\frac{n\eta(\theta\Phi + \alpha)(1 + \delta)}{(\theta\Phi + \alpha\Theta) + \delta\Theta(\theta\Phi + \alpha)}(\mathcal{G} - \mathcal{G}^*) \tag{4.65}$$

$$\mathcal{P}^*(f) = 0 \tag{4.66}$$

国际经济关系

$$\mathcal{R} = \frac{\eta(2\alpha - \Phi\theta)(\delta + 1)}{\delta(\Phi\theta + \alpha\eta\theta)}\mathcal{G}^w - \frac{1 + \delta}{\delta}\mathcal{M}^w \text{ ①} \tag{4.67}$$

$$\mathcal{C}^w = (1/\eta)\mathcal{M}^w \text{ ②} \tag{4.68}$$

$$\mathcal{Y}^w = (1/\eta)\mathcal{M}^w + \mathcal{G}^w \text{ ③} \tag{4.69}$$

$$\mathcal{E} = \frac{(\theta\Phi + \alpha\Theta) + \delta(\theta\Phi + \alpha)(\Theta - \eta\theta + \eta)}{(\theta\Phi + \alpha\Theta) + \delta\Theta(\theta\Phi + \alpha)}(\mathcal{M} - \mathcal{M}^*) +$$

$$\frac{\eta(\theta\Phi + \alpha)(1 + \delta)}{(\theta\Phi + \alpha\Theta) + \delta\Theta(\theta\Phi + \alpha)}(\mathcal{G} - \mathcal{G}^*) \text{ ④} \tag{4.70}$$

$$\mathcal{T} = -\frac{(\theta\Phi + \alpha\Theta) + \delta(\theta\Phi + \alpha)(\Theta - \eta\theta + \eta)}{(\theta\Phi + \alpha\Theta) + \delta\Theta(\theta\Phi + \alpha)}(\mathcal{M} - \mathcal{M}^*) -$$

$$\frac{\eta(\theta\Phi + \alpha)(1 + \delta)}{(\theta\Phi + \alpha\Theta) + \delta\Theta(\theta\Phi + \alpha)}(\mathcal{G} - \mathcal{G}^*) \tag{4.71}$$

$$\mathcal{B} = \frac{(\theta - 1)(1 - n)(\theta\Phi + \alpha\Theta)}{(\theta\Phi + \alpha\Theta) + \delta\Theta(\theta\Phi + \alpha)}(\mathcal{M} - \mathcal{M}^*) + \frac{\theta\Phi(1 - n)(\Theta - 1)}{(\theta\Phi + \alpha\Theta) + \delta\Theta(\theta\Phi + \alpha)}(\mathcal{G} - \mathcal{G}^*) \tag{4.72}$$

---

① 联立第(4.49)式和第(4.51)式可得。

② 联立第(4.49)式和第(4.51)式可得。

③ 联立第(4.58)式和第(4.68)式可得。

④ 联立第(4.47)式、第(4.50)式和第(4.52)式，并结合由第(4.28)式得到的长期结论：$\dot{\mathcal{E}} = \dot{\mathcal{M}} - \dot{\mathcal{M}}^* - (n\dot{\mathcal{C}} - n\dot{\mathcal{C}}^*)$，可得短期汇率等式：$\mathcal{E} = \mathcal{M} - \mathcal{M}^* - (n\mathcal{C} - n\mathcal{C}^*)$。另由第(4.48)式、第(4.50)式和第(4.53)式到第(4.55)式，并结合长期结论第(4.34)式和第(4.38)式，可得：$\mathcal{E} = \frac{(\theta\Phi + \alpha\Theta) + \delta(\theta\Phi + \alpha)}{\delta(\theta - 1)(\theta\Phi + \alpha)}(\mathcal{C} - \mathcal{C}^*) + \frac{1 + \delta}{\delta(\theta - 1)}(\mathcal{G} - \mathcal{G}^*)$。进一步联立上述两式即可得到第(4.71)式。

在表 4.8 中,我们可以把宏观政策对短期宏观经济的影响分成三个部分:对本国宏观经济的影响、对外国宏观经济的影响、对国际经济关系的影响。

1. 对本国宏观经济的影响

从对本国宏观经济的影响来看,在商品价格粘性的短期条件下,居民消费、本国产出水平和一般价格指数都同时受到了国内外财政和货币政策的影响。同时,由于短期价格粘性的存在,代表性居民产出价格并不会受到国内外宏观政策的影响。总体而言,我们可以得到结论:在商品价格粘性的短期条件下,国内外财政政策和货币政策对本国国内经济有效。

2. 对外国宏观经济的影响

从对外国宏观经济的影响来看,在商品价格粘性的短期条件下,外国居民消费、外国产出水平和外国一般价格指数都同时受到了国内外财政和货币政策的影响。同时,由于短期价格粘性的存在,外国代表性居民产出价格并不会受到国内外宏观政策的影响。总体而言,我们可以得到结论:在商品价格粘性的短期条件下,国内外财政政策和货币政策对外国经济有影响。

3. 对国际宏观经济的影响

从对国际宏观经济的影响来看,世界实际利率、国内外货币汇率、国内外贸易条件和国际收支均同时受到国内外财政与货币政策的影响。同时,世界居民消费的总体水平受到世界货币存量的影响,世界总产出水平受到世界货币存量和世界政府总支出的影响。总体而言,我们可以得到结论:在商品价格粘性的短期条件下,国内外财政政策和货币政策对国际宏观经济有效。

综上所述,在开放经济条件下,由于短期价格粘性的存在,一国宏观经济的短期表现不仅受到本国财政政策货币政策的影响,也受到外国财政政策和政货币政策的影响,同时,国际宏观经济的短期表现也受到本国和外国的财政政策和货币政策的影响。需要说明的是,上述结论仅仅来自于初步的定性分析,在本章第四节,我们会从相对定量的角度进行进一步分析,找到以本国内外经济双均衡发展为目标的本国宏观政策的搭配框架。

(三)宏观政策的稳态效应

对于一国宏观经济政策当局而言,制定宏观经济政策的目的并不仅仅是为了改善本国宏观经济的短期表现,更为重要的目标是要通过制定和实施适当的宏观经济政策推动本国宏观经济达到一个新的更高层次的均衡状态。基于此,我们必须要更加关注在短期内实施的宏观经济政策对于宏观经济均衡状态的作用情况,接下来,我们将进一步从初步定性的角度来确定短期政策的均衡效应。

通过表4.6我们知道了经常项目对宏观经济体系的稳态效应,通过表4.8我们知道了短期政策对经常项目的稳态效应,基本上述两方面的结论,我们可以很容易地得到短期政策的稳态效应。具体结果如表4.9所示。

表4.9　短期政策的均衡效应

本国宏观经济
$\bar{\mathcal{C}} = \dfrac{\delta(\theta-1)(1-n)(\theta\Phi+\alpha)}{(\theta\Phi+\alpha\Theta)+\delta\Theta(\theta\Phi+\alpha)}(\mathcal{M}-\mathcal{M}^*) - \dfrac{(\theta\Phi+\alpha)(1-n)(1+\delta)}{(\theta\Phi+\alpha\Theta)+\delta\Theta(\theta\Phi+\alpha)}(\mathcal{G}-\mathcal{G}^*)+\dfrac{2\alpha-\Phi\theta}{\Phi\theta+\alpha\eta\theta}\mathcal{G}^w$ $\quad(4.73)$
$\bar{\mathcal{y}} = \dfrac{\alpha\eta\theta\delta(1-\theta)(1-n)}{(\theta\Phi+\alpha\Theta)+\delta\Theta(\theta\Phi+\alpha)}(\mathcal{M}-\mathcal{M}^*) + \dfrac{\alpha\eta\theta(1-n)(\delta+1)}{(\theta\Phi+\alpha\Theta)+\delta\Theta(\theta\Phi+\alpha)}(\mathcal{G}-\mathcal{G}^*)+\dfrac{2\alpha+\alpha\eta\theta}{\Phi\theta+\alpha\eta\theta}\mathcal{G}^w$ $\quad(4.74)$
$\bar{\mathcal{P}} = \mathcal{M} - \dfrac{\delta\eta(\theta\Phi+\alpha)(\theta-1)(1-n)}{(\theta\Phi+\alpha\Theta)+\delta\Theta(\theta\Phi+\alpha)}(\mathcal{M}-\mathcal{M}^*) + \dfrac{\eta(\theta\Phi+\alpha)(1-n)(1+\delta)}{(\theta\Phi+\alpha\Theta)+\delta\Theta(\theta\Phi+\alpha)}(\mathcal{G}-\mathcal{G}^*) - \dfrac{2\alpha\eta-\Phi\eta\theta}{\Phi\theta+\alpha\eta\theta}\mathcal{G}^w$ $\quad(4.75)$
$\bar{\mathcal{P}}(h) = \mathcal{M} - \dfrac{\delta\eta\theta\Phi(\theta-1)(1-n)}{(\theta\Phi+\alpha\Theta)+\delta\Theta(\theta\Phi+\alpha)}(\mathcal{M}-\mathcal{M}^*) + \dfrac{\eta\theta\Phi(1-n)(\delta+1)}{(\theta\Phi+\alpha\Theta)+\delta\Theta(\theta\Phi+\alpha)}(\mathcal{G}-\mathcal{G}^*) + \dfrac{\Phi\eta\theta-2\alpha\eta}{\Phi\theta+\alpha\eta\theta}\mathcal{G}^w$ ① $\quad(4.76)$

---

① 以对数线性化之后的产品需求公式 $\bar{\mathcal{y}} = \theta[\bar{\mathcal{P}}-\bar{\mathcal{P}}(h)]+\bar{\mathcal{C}}^w+\bar{\mathcal{G}}^w$ 为基础,结合 $\bar{\mathcal{y}}$、$\bar{\mathcal{P}}$、$\bar{\mathcal{C}}$ 和 $\bar{\mathcal{C}}^*$ 的分析结果。$\bar{\mathcal{P}}^*(f)$ 的计算方法与此相同。

续表

外国宏观经济
$\bar{\mathcal{C}}^* = \dfrac{-n\delta(\theta-1)(\Phi\theta+\alpha)}{(\theta\Phi+\alpha\Theta)+\delta\Theta(\theta\Phi+\alpha)}(\mathcal{M}-\mathcal{M}^*) + \dfrac{n(\Phi\theta+\alpha)(1+\delta)}{(\theta\Phi+\alpha\Theta)+\delta\Theta(\theta\Phi+\alpha)}(\mathcal{G}-\mathcal{G}^*) + \dfrac{2\alpha-\Phi\theta}{\Phi\theta+\alpha\eta\theta}\mathcal{G}^w \hfill (4.77)$
$\bar{\mathcal{y}}^* = \dfrac{n\alpha\eta\theta\delta(\theta-1)}{(\theta\Phi+\alpha\Theta)+\delta\Theta(\theta\Phi+\alpha)}(\mathcal{M}-\mathcal{M}^*) - \dfrac{n\alpha\eta\theta(\delta+1)}{(\theta\Phi+\alpha\Theta)+\delta\Theta(\theta\Phi+\alpha)}(\mathcal{G}-\mathcal{G}^*) + \dfrac{2\alpha+\alpha\eta\theta}{\Phi\theta+\alpha\eta\theta}\mathcal{G}^w \hfill (4.78)$
$\bar{\mathcal{P}}^* = \mathcal{M}^* + \dfrac{n\delta\eta(\Phi\theta+\alpha)(\theta-1)}{(\theta\Phi+\alpha\Theta)+\delta\Theta(\theta\Phi+\alpha)}(\mathcal{M}-\mathcal{M}^*) - \dfrac{n\eta(\Phi\theta+\alpha)(\delta+1)}{(\theta\Phi+\alpha\Theta)+\delta\Theta(\theta\Phi+\alpha)}(\mathcal{G}-\mathcal{G}^*) - \dfrac{2\alpha\eta-\Phi\eta\theta}{\Phi\theta+\alpha\eta\theta}\mathcal{G}^w \hfill (4.79)$
$\bar{\mathcal{P}}^*(f) = \mathcal{M}^* + \dfrac{n\delta\eta\theta\Phi(\theta-1)}{(\theta\Phi+\alpha\Theta)+\delta\Theta(\theta\Phi+\alpha)}(\mathcal{M}-\mathcal{M}^*) - \dfrac{n\eta\theta\Phi(\delta+1)}{(\theta\Phi+\alpha\Theta)+\delta\Theta(\theta\Phi+\alpha)}(\mathcal{G}-\mathcal{G}^*) - \dfrac{2\alpha\eta-\Phi\eta\theta}{\Phi\theta+\alpha\eta\theta}\mathcal{G}^w \hfill (4.80)$
国际经济关系
$\bar{\mathcal{R}} = 0 \hfill (4.81)$
$\bar{\mathcal{C}}^w = \dfrac{2\alpha-(1+\mu-\alpha)\theta}{(1+\mu-\alpha)\theta+\alpha\eta\theta}\mathcal{G}^w$ ① $\hfill (4.82)$
$\bar{\mathcal{y}}^w = \dfrac{2\alpha+\alpha\eta\theta}{(1+\mu-\alpha)\theta+\alpha\eta\theta}\mathcal{G}^w \hfill (4.83)$
$\bar{\mathcal{T}} = \dfrac{\alpha\delta\eta(\theta-1)}{(\theta\Phi+\alpha\Theta)+\delta\Theta(\theta\Phi+\alpha)}(\mathcal{M}-\mathcal{M}^*) - \dfrac{\alpha\eta(\delta+1)}{(\theta\Phi+\alpha\Theta)+\delta\Theta(\theta\Phi+\alpha)}(\mathcal{G}-\mathcal{G}^*) \hfill (4.84)$
$\bar{\mathcal{E}} = \dfrac{(\theta\Phi+\alpha\Theta)+\delta(\theta\Phi+\alpha)(1+\Theta-\theta)}{(\theta\Phi+\alpha\Theta)+\delta\Theta(\theta\Phi+\alpha)}(\mathcal{M}-\mathcal{M}^*) + \dfrac{(\Phi\theta+\alpha)(1+\delta)}{(\theta\Phi+\alpha\Theta)+\delta\Theta(\theta\Phi+\alpha)}(\mathcal{G}-\mathcal{G}^*) \hfill (4.85)$

在表 4.9 中,我们把宏观政策对宏观经济均衡状态的影响分成了三个部分:对本国宏观经济均衡状态的影响、对外国宏观经济均衡状态的影响、对国际宏观经济均衡状态的影响。

---

① 通过联立 $\dfrac{(1+\mu-\alpha)\theta+\alpha}{\alpha}\bar{\mathcal{y}}^w = (1-\eta\theta)\bar{\mathcal{C}}^w + \bar{\mathcal{G}}^w$ 和 $\bar{\mathcal{y}}^w = n\bar{\mathcal{y}} + (1-n)\bar{\mathcal{y}}^* = \bar{\mathcal{C}}^w + \bar{\mathcal{G}}^w$ 可得。

1. 对本国宏观经济均衡状态的影响

从对本国宏观经济均衡状态的影响来看，因为短期商品价格粘性的存在，均衡状态的居民消费、本国产出的均衡水平和一般价格指数的均衡状态都同时受到了国内外财政和货币政策的影响。同时，由于在长期居民产出价格是可调整的，代表性居民产出价格的调整决策也受到了国内外宏观政策的影响。总体而言，我们发现：由于短期商品价格粘性现象的存在，国内外财政政策和货币政策对本国国内经济的长期均衡状态依然有效。

2. 对外国宏观经济均衡状态的影响

从对外国宏观经济均衡状态的影响来看，因为短期商品价格粘性的存在，均衡状态的外国居民消费、外国产出的均衡水平和外国一般价格指数的均衡状态都同时受到了国内外财政和货币政策的影响。同时，由于在长期居民产出价格是可调整的，外国代表性居民产出价格的调整决策也受到了国内外宏观政策的影响。总体而言，我们发现：由于短期商品价格粘性现象的存在，国内外政策和财政货币政策对外国国内经济的长期均衡状态依然有效。

3. 对国际宏观经济均衡状态的影响

从对国际宏观经济均衡状态的影响来看，主要有以下三方面的结论：

第一，世界实际均衡利率并不受到各国宏观政策的影响。根据本章第一节的分析我们得到，在均衡状态下有 $r = (1 - \beta)/\beta$ ，也就是说，在均衡状态下，世界实际利率只与代表性居民的效用贴现率有关，而并不会受到世界各国积极的宏观政策的影响。

第二，世界均衡产出和世界均衡消费只受到世界财政政策总水平的影响，而不会受到世界货币政策总水平的影响。

第三，一国的对外贸易条件、一国货币的对外汇率和一国的国际收支同时受到国内外财政政策和货币政策的影响。国内外财政政策和货币政策对一国国际收支的影响并没有在表4.9中明确体现出来,但是,这一结论已经从表4.8中的第(4.72)式得到明确体现。

第三节　宏观政策的福利效应

宏观政策的福利效应是指政府为进行宏观调控而实施的经济政策对代表性居民和整个社会的福利水平所产生影响。实际上,宏观政策对整个社会的福利效应等同于对代表性居民的福利效应,因为代表性居民福利效应反映了整个社会福利效应的平均水平。因此,宏观政策的福利效应可以集中于分析宏观政策对代表性居民的福利效应。

为了分析宏观政策的福利效应,我们需要建立代表性居民福利和宏观政策变量之间的函数关系。对第(4.1)式在初始均衡状态附近进行泰勒线性化展开,可以得到第(4.86)式。需要注意的是,在泰勒线性化展开的过程中,我们明确地把短期价格粘性界定为一期价格粘性,也就是说,对于第(4.1)式而言,代表性居民进行决策的第 t 期被假定为是初始均衡状态,那么经过一期价格粘性的调整,经济系统将在第 $(t+1)$ 期重新调整到一个新的均衡状态,并且从第 $(t+1)$ 期开始将会一直保持在这个新的均衡状态,在这种情况下,从第 $(t+1)$ 期到无限远期的代表性居民福利就可以合并成第(4.86)式中的第二项。

$$\bar{\mathcal{U}} = \frac{1}{\bar{U}_0}\Big[\left(\frac{\theta-1}{\theta k}\right)^{\frac{\alpha\theta(1-\eta)}{\Phi\theta+\alpha\theta\eta}}\left(\mathcal{C} + \frac{1}{\delta}\bar{C}\right) + \chi\left(\mathcal{M} - \mathcal{P} + \frac{1}{\delta}\bar{\mathcal{M}} - \frac{1}{\delta}\bar{\mathcal{P}}\right) -$$

$$k\left(\frac{\theta-1}{\theta k}\right)^{\frac{\theta(1+\mu)}{\Phi\theta+\alpha\theta\eta}}\left(\mathcal{Y} + \frac{1}{\delta}\bar{\mathcal{Y}}\right)\Big] \tag{4.86}$$

其中, $\bar{U}_0 = \left[\frac{(\bar{C}_0)^{1-\eta}}{1-\eta} + \chi\ln\frac{\bar{M}_0}{\bar{P}_0} - \frac{k\alpha}{1+\mu}(\bar{y}_0)^{\frac{1+\mu}{\alpha}}\right]\left(\frac{\delta+1}{\delta}\right)$,表示代表

性居民在初始均衡点处的总效用水平, $\bar{C}_0$ 、 $\bar{M}_0$ 、 $\bar{P}_0$ 和 $\bar{y}_0$ 为所对应变量

在初始对称均衡状态时的取值。

第(4.86)式反映的是当经济系统从初始均衡移动到新均衡点时，社会福利的变化率。在第(4.86)式中，我们可以清楚地看到，代表性居民福利水平的变动不仅与短期综合商品消费数量变化率、短期实际货币余额变化率和短期产出水平变化率有关，还与长期综合商品消费数量变化率、长期实际货币余额变化率和长期产出水平变化率有关。因此，从第(4.86)式我们可以很容易地分离出短期社会福利效应，如第(4.87)式所示。

$$\mathcal{U} = \frac{1}{\bar{U}_0}\left[\left(\frac{\theta-1}{\theta k}\right)^{\frac{\alpha\theta(1-\eta)}{\Phi\theta+\alpha\theta\eta}}\mathcal{C} + \mathcal{X}(\mathcal{M}-\mathcal{P}) - k\left(\frac{\theta-1}{\theta k}\right)^{\frac{\theta(1+\mu)}{\Phi\theta+\alpha\theta\eta}}\mathcal{Y}\right] \qquad (4.87)$$

接下来，本书将具体分析不同形式的货币政策和财政政策对代表性居民以及整个社会的福利效应。考虑到本国代表性居民与外国代表性居民效用函数相同，并且我们最终要考察的是本国的政策组合问题，因此，本书接下来的分析也将专注于考察国内外宏观政策对本国的福利效应。

一、货币政策的福利效应

（一）本国货币政策的均衡福利效应

$$\frac{\bar{\mathcal{U}}}{\mathcal{M}} = \frac{\bar{U}_C^M + \bar{U}_{M/P}^M + \bar{U}_y^M}{\bar{U}_0} \qquad (4.88)$$

$\mathcal{U}$ 表示代表性居民从初始均衡状态变化到新均衡状态的总效用变化率。因为货币冲击是永久的，因此 $\mathcal{M}$ 既表示本国在初始均衡状态附近的货币存量的变化率，又表示本国货币存量从初始均衡状态到新均衡状态的变化率，因此，第(4.88)式实际上反映了从初始均衡状态到新均衡状态时，代表性居民总效用对本国货币存量的弹性。

其中，$\bar{U}_C^M = (\frac{\theta - 1}{\theta k})^{\frac{\alpha\theta(1-\eta)}{\Phi\theta + \alpha\theta\eta}}[\dfrac{n\Delta + \eta\Lambda(1-n)(\theta-1)(\delta+1)}{\eta\Delta}]$，表示

本国货币政策通过影响代表性居民的消费水平而产生的均衡福利效

应，$\bar{U}_{M/P}^M = \chi\dfrac{\Delta + (1-n)[\eta\Lambda(1+\delta)(\theta-1)-\Delta]}{\Delta}$，表示本国货币政

策通过影响代表性居民的实际货币持有量而产生的均衡福利效应，

$\bar{U}_y^M = (\frac{\theta-1}{\theta k})^{\frac{\theta(1+\mu)}{\Phi\theta + \alpha\theta\eta}}\dfrac{k(1-n)[\theta\eta^2(\theta-1)(\alpha+\delta\Lambda)-(\theta\eta+n)\Delta]}{\eta\Delta}$，表

示本国货币政策通过影响代表性居民的产出水平而产生的均衡福利

效应。

（二）本国货币政策的短期福利效应

$$\frac{\mathcal{U}}{\mathcal{M}} = \frac{U_C^M + U_{M/P}^M + U_y^M}{\bar{U}_0} \tag{4.89}$$

因为 $\mathcal{U}$ 表示代表性居民在初始均衡状态附近的总效用变化率，$\mathcal{M}$

表示本国在初始均衡状态附近的货币存量的变化率，因此，第(4.89)

式实际上反映了代表性在初始均衡状态附近居民总效用对本国货币存

量的弹性。

其中，$U_C^M = (\frac{\theta-1}{\theta k})^{\frac{\alpha\theta(1-\eta)}{\Phi\theta+\alpha\theta\eta}}\dfrac{n\Delta + \delta\eta\Lambda(1-n)(\theta-1)}{\eta\Delta}$，表示本国货

政策通过影响代表性居民的消费水平而产生的短期福利效应，$U_{M/P}^M = \chi$

$\dfrac{\Delta - (1-n)(\Gamma + \delta\Lambda)}{\Delta}$，表示本国货币政策通过影响代表性居民的实

际货币持有量而产生的短期福利效应，$U_y^M = -k(\frac{\theta-1}{\theta k})^{\frac{\theta(1+\mu)}{\Phi\theta+\alpha\theta\eta}}$

$\dfrac{n\Delta + \eta\theta(1-n)(\Gamma + \delta\Lambda)}{\eta\Delta}$，表示本国货币政策通过影响代表性居民

的产出水平而产生的短期福利效应。

（三）外国货币政策的均衡福利效应

$$\frac{\bar{\mathcal{U}}}{\mathcal{M}^*} = \frac{\bar{U}_C^{M^*} + \bar{U}_{M/P}^{M^*} + \bar{U}_y^{M^*}}{\bar{U}_0} \tag{4.90}$$

第(4.90)式实际上反映了从初始均衡点到新均衡点时，本国代表性居民总效用对外国货币存量的弹性。

其中，$\bar{U}_C^{M^*} = (\frac{\theta - 1}{\theta k})^{\frac{\alpha\theta(1-\eta)}{\Phi\theta+\alpha\theta\eta}} \frac{(1 - n)[\Delta + \eta\Lambda(\theta - 1)(\delta - 1)]}{\eta\Delta}$，表示外国货币政策通过影响代表性居民的消费水平而产生的均衡福利效应，$\bar{U}_{M/P}^{M^*} = \chi \frac{(1 - n)[\Delta + \eta\Lambda(1 - \theta)(\delta + 1)]}{\Delta}$，表示外国货币政策通过影响代表性居民的实际货币持有量而产生的均衡福利效应，$\bar{U}_y^{M^*} = (\frac{\theta - 1}{\theta k})^{\frac{\theta(1+\mu)}{\Phi\theta+\alpha\theta\eta}} \frac{k(n - 1)[\Delta(1 - \eta\theta) - \theta\eta^2(1 - \theta)(\delta\Lambda + \alpha)]}{\eta\Delta}$，表示外国货币政策通过影响代表性居民的产出水平而产生的均衡福利效应。

（四）外国货币政策的短期福利效应

$$\frac{\mathcal{U}}{\mathcal{M}^*} = \frac{U_C^{M^*} + U_{M/P}^{M^*} + U_y^{M^*}}{\bar{U}_0} \tag{4.91}$$

第(4.91)式实际上反映了初始均衡点附近，本国代表性居民总效用对外国货币存量的弹性。

其中，$U_C^{M^*} = (\frac{\theta - 1}{\theta k})^{\frac{\alpha\theta(1-\eta)}{\Phi\theta+\alpha\theta\eta}} \frac{(1 - n)[\Delta + \delta\eta\Lambda(\theta - 1)]}{\eta\Delta}$，表示外国货币政策通过影响代表性居民的消费水平而产生的短期福利效应，$U_{M/P}^{M^*} = -\chi(\frac{(n - 1)[\Delta + \delta\eta\Lambda(1 - \theta)]}{\Delta})$，表示外国货币政策通过影响代表性居民的实际货币持有量而产生的短期福利效应，$U_y^{M^*} = -k (\frac{\theta - 1}{\theta k})^{\frac{\theta(1+\mu)}{\Phi\theta+\alpha\theta\eta}} \frac{(1 - n)[\Delta(1 - \eta\theta) - \theta\delta\eta^2\Lambda(1 - \theta)]}{\eta\Delta}$，表示外国货币政

策通过影响代表性居民的产出水平而产生的短期福利效应。

二、财政政策的福利效应

（一）本国财政政策的均衡福利效应

$$\frac{\bar{\mathcal{U}}}{\mathcal{G}} = \frac{\bar{U}_C^G + \bar{U}_{M/P}^G + \bar{U}_y^G}{\bar{U}_0} \tag{4.92}$$

第(4.92)式实际上反映了当经济系统从初始均衡点变化到新均衡点时,本国代表性居民总效用对本国财政支出水平的弹性。

其中, $\bar{U}_C^G = \left(\dfrac{\theta-1}{\theta k}\right)^{\frac{\alpha\theta(1-\eta)}{\Phi\theta+\alpha\theta\eta}} \dfrac{\theta\Lambda(n-1)(1+\delta)(\Psi\delta+1)+n\Delta Y}{\delta\theta\Psi\Delta}$,表示本国财政政策通过影响代表性居民的消费水平而产生的均衡福利效应,

$\bar{U}_{M/P}^G = -\chi\dfrac{\eta\Lambda(1-n)(1+\delta)(\delta\theta\Psi+1)-n\eta\Delta Y}{\delta\theta\Psi\Delta}$,表示本国财政政策通过影响代表性居民的实际货币持有量而产生的均衡福利效应, $\bar{U}_y^G = -k$

$\left(\dfrac{\theta-1}{\theta k}\right)^{\frac{\theta(1+\mu)}{\Phi\theta+\alpha\theta\eta}} \dfrac{\delta\theta\Psi n\Delta+\eta\theta^2\Psi(1-n)(1+\delta)(\delta\Lambda+\alpha)+n\alpha\Delta(2+\eta\theta)}{\delta\theta\Psi\Delta}$,表示本国财政政策通过影响代表性居民的产出水平而产生的均衡福利效应。

（二）本国财政政策的短期福利效应

$$\frac{\mathcal{U}}{\mathcal{G}} = \frac{U_C^G + U_{M/P}^G + U_y^G}{\bar{U}_0} \tag{4.93}$$

第(4.93)式实际上反映了当经济系统处于初始均衡点附近时,本国代表性居民总效用对本国财政支出水平的弹性。

其中, $U_C^G = \left(\dfrac{\theta-1}{\theta k}\right)^{\frac{\alpha\theta(1-\eta)}{\Phi\theta+\alpha\theta\eta}} \dfrac{(n-1)\Lambda(1+\delta)}{\Delta}$,表示本国财政政策通过影响代表性居民的消费水平而产生的短期福利效应, $U_{M/P}^G = -\chi$

$\dfrac{\eta\Lambda(1-n)(1+\delta)}{\Delta}$,表示本国财政政策通过影响代表性居民的实际货

币 持 有 量 而 产 生 的 短 期 福 利 效 应,$U_y^G = - k\left(\dfrac{\theta-1}{\theta k}\right)^{\frac{\theta(1+\mu)}{\Phi\theta+\alpha\eta}}$

$\dfrac{n\Delta + \eta\theta\Lambda(1-n)(1+\delta)}{\Delta}$,表示本国财政政策通过影响代表性居民的

产出水平而产生的短期福利效应。

(三)外国财政政策的均衡福利效应

$$\frac{\bar{\mathcal{U}}}{\mathcal{G}^*} = \frac{\bar{U}_C^{G^*} + \bar{U}_{M/P}^{G^*} + \bar{U}_y^{G^*}}{\bar{U}_0} \tag{4.94}$$

第(4.94)式实际上反映了当经济系统从初始均衡点变化到新均衡点时,本国代表性居民总效用对外国财政支出水平的弹性。

其中,$\bar{U}_C^{G^*} = \left(\dfrac{\theta-1}{\theta k}\right)^{\frac{\alpha\theta(1-\eta)}{\Phi\theta+\alpha\eta}} \dfrac{(1-n)\left[\theta\Lambda\Psi(1+\delta)^2+\Delta Y\right]}{\delta\theta\Psi\Delta}$,表示外国财

政政策通过影响代表性居民的消费水平而产生的均衡福利效应,$\bar{U}_{M/P}^{G^*} = \chi$

$\dfrac{\eta\Lambda(1-n)\left[(1+\delta)(\delta\theta\Psi+1)+Y\right]}{\delta\theta\Psi\Delta}$,表示外国财政政策通过影响代表性

居民的实际货币持有量而产生的均衡福利效应,$\bar{U}_y^{G^*} = \left(\dfrac{\theta-1}{\theta k}\right)^{\frac{\theta(1+\mu)}{\Phi\theta+\alpha\eta}}$

$\dfrac{k(n-1)\left[\delta\theta\Psi\Delta - \eta\theta^2\Psi(1+\delta)(\delta\Lambda+\alpha)+\alpha\Delta(2+\eta\theta)\right]}{\delta\theta\Psi\Delta}$,表 示 外

国财政政策通过影响代表性居民的产出水平而产生的均衡福利效应。

(四)外国财政政策的短期福利效应

$$\frac{\mathcal{U}}{\mathcal{G}^*} = \frac{U_C^{G^*} + U_{M/P}^{G^*} + U_y^{G^*}}{\bar{U}_0} \tag{4.95}$$

第(4.95)式实际上反映了当经济系统位于初始均衡点附近时,本国代表性居民总效用对外国财政支出水平的弹性。

其中，$U_C^{G^*} = (\frac{\theta-1}{\theta k})^{\frac{\alpha\theta(1-\eta)}{\Phi\theta+\alpha\theta\eta}} \frac{(1-n)\Lambda(1+\delta)}{\Delta}$，表示外国财政政策通过影响代表性居民的消费水平而产生的短期福利效应，$U_{M/P}^{G^*} = -\chi \frac{\eta\Lambda(n-1)(1+\delta)}{\Delta}$，表示外国财政政策通过影响代表性居民的实际货币持有量而产生的短期福利效应，$U_y^{G^*} = -k(\frac{\theta-1}{\theta k})^{\frac{\theta(1+\mu)}{\Phi\theta+\alpha\theta\eta}} \frac{(1-n)[\Delta - \eta\theta\Lambda(1+\delta)]}{\Delta}$，表示外国财政政策通过影响代表性居民的产出水平而产生的短期福利效应。

第四节　政策组合的基本框架

一、政策组合的基本目标

根据本章第二节的分析,我们发现:在一个存在短期价格粘性的开放经济中,一国政府的宏观经济政策不仅会影响经济体系的短期表现,也会影响经济体系的均衡表现;一国政府的宏观经济政策不仅会对本国宏观经济产生影响,也会对外国宏观经济产生影响;一国政府的宏观经济政策不仅会影响国家层面的经济体系,也会影响国际层面的宏观经济体系。根据本章第三节的分析,我们发现:在一个存在短期价格粘性的开放经济中,一国政府的宏观经济政策不仅会影响本国居民的福利水平,也会影响外国居民的福利水平;一国政府的宏观经济政策不仅会影响国家层面的福利水平,也会影响国际层面的福利水平。然而,对一国政府而言,制定和实施一项特定的宏观经济政策的出发点是为了解决本国宏观经济所面临的问题,因此,为了分析一国政府的宏观政策组合问题,就需要首先确定政府宏观政策的目标指向,即政策组合的目标变量。在开放经济条件下,一国政府的宏观政策目标主要包括三个方面：

（一）内部均衡

内部均衡是指本国宏观经济目标处于满意的均衡状态,具体包括两层含义:第一层含义是实现均衡,即本国宏观经济需要实现一种相对稳定的发展状态,在这种稳定的发展状态下,本国宏观经济的主要指标不会出现大起大落的剧烈波动;第二层含义是满意均衡,本国宏观经济可能存在许多能够实现相对稳定发展的均衡状态,但是作为本国政府宏观政策的目标而言,本国宏观经济要实现的均衡是一种满意均衡。具体而言,满意的内部均衡主要包括以下三个目标:

1. 经济增长

经济增长是整个社会持续发展的基础,也是政府宏观政策最重要的目标指向。对于一个特定的国家而言,经济增长需要保持在一个特定的合理水平,既不能太高,也不能太低,太高的经济增长水平会过度消耗社会资源,不利于可持续发展,太低的经济增长水平又无法满足居民日益增长的物质文化需要,而满足自身日益增长的物质文化需要才是人们从事经济活动的根本动机。对处在不同发展阶段的国家而言,经济增长的合理水平是不一样的,判断一国经济增长水平是否合理的根本标准是:经济增长是否能满足所有居民日益增长的正常的物质文化需要。至于什么样的需要是正常的,在不同的经济条件和社会环境下也是不同的。不过,对一个特定的国家而言,政府总能找到其所需的均衡经济增长水平。在理论模型中,我们用产出水平来衡量经济增长指标。

2. 充分就业

从概念上看,经济学对于充分就业有明确界定,即有劳动能力和就业愿望的人在一定时期内均能找到适当的就业岗位。这种情况下的充分就业不等于完全就业,因为它允许一定比例的自然失业率的存在,如自愿性失业,摩擦性失业,等等。从实践上看,充分就业是一个非常难以准确衡量的指标,因为人们总是无法准确区别实际经济中的自然失业和非自然失业。不过,从经济发展历史的角度看,就业水平的波动通常与经济增长水平的波动保持高度一致,当经济增长水平上升时,就业水平也会提高,当经济增长水平下降时,就业水平也会下降。因此,在理论分析中,我们完全可以通过分析经济增长水平的变化来把握就业水平的变化。

3. 物价稳定

物价稳定是针对整个宏观经济的一般价格水平而言的,实际中通常用消费者价格指数(CPI)来衡量。在市场对经济资源起基础性配置作用的市场经济中,价格是最重要的经济信息资源之一,是经济主体进行最优化决策的重要依据。一旦物价水平失衡,经济主体的最优化决策就会受到影响,整个经济体系的均衡性就会受到破坏。在理论模型中,我们将使用一般价格指数的变化来衡量物价水平的变化。

(二)外部均衡

在开放经济条件下,一国经济发展水平不仅受到本国经济环境的影响,也受到对外经济关系的影响。因此,一国宏观经济政府的目标不仅仅是要实现内部均衡,也要实现外部均衡。

外部均衡是指本国对外经济关系处于满意的均衡状态,具体包括两层含义:第一层含义是实现均衡,即本国对外经济关系需要实现一种相对稳定的发展状态,在这种稳定的发展状态下,本国对外经济关系的主要指标不会出现大起大落的剧烈波动;第二层含义是满意均衡,本国对外经济关系可能存在许多能够实现相对稳定发展的均衡状态,但是作为本国政府宏观政策的目标而言,本国对外经济关系要实现的均衡是一种满意均衡。具体而言,满意的外部均衡主要包括以下两个目标:

1. 国际收支平衡

从财富转移的角度来看,国际收支平衡可以理解为一定时期内本国对外的财富转移与国外向国内的财富转移基本相等。国际收支一般包括经常项目和资本项目两个方面,经常项目可以理解为基于国际贸易而产生的财富转移,资本项目可以理解为基于国际投资而产生的财富转移。在理论模型中,我们可以用经常项目来衡量国际收支的变化。

2. 汇率稳定

汇率的最初产生是源于对外贸易中的货币兑换,稳定的汇率可以促进国际贸易的发展,而易于波动的汇率将阻碍国际贸易的发展。在当前的国际经济关系中,不仅有国际贸易,还有国际资本流动。然而,无论对于哪种国际经济关系而言,稳定的汇率水平都是促进其进一步发展的必要条件。因此,在本书的理论模型中,我们将把汇率变量纳入到宏观政策目标体系中。

(三)增进福利

福利产生于居民的主观效用,并不是可以直接被量化的指标。本章第三节的分析表明,虽然社会福利无法被准确度量,但是我们仍然可以对不同均衡状态下的福利水平加以比较。这进一步表明,我们可以比较不同政策条件下社会福利水平的大小。

在实践中,一国政府制定和实施一项宏观经济政策时,通常不会考虑到这项政策对社会福利的影响,因为社会福利是不容易被明确把握的。但是,社会福利是可以被广大居民所明确感知的。例如,通货膨胀加剧导致居民手中持有的货币贬值,居民可消费的商品越来越少等,都会降低居民的幸福感受。这种被居民感知到的幸福感受就是社会福利,是一种不可以度量但可以比较的指标。

福利不仅可以被感知和比较,还会影响到居民的最优化决策,从而影响到整个经济体系的均衡与否。从这个角度来说,政府在制定宏观经济政策时把社会福利作为一个目标变量是十分必要的。因此,本书将把社会福利作为一个目标变量纳入政策组合框架的分析中。

二、政策组合的目标效应

本章第二节讨论了财政政策和货币政策对于宏观经济的均衡效应,第三节讨论了财政政策和货币政策对社会福利产生的效应。以上述研究为基础,接下来我们将讨论政策组合对本国宏观经济的均衡效应和福利效应,为将要进行的政策组合方案设计提供直接依据。短视的政府在制定政策组合方案时常常只顾改善宏观经济的短期表现。富有远见的政府在制定政策组合方案时,不仅希望改善宏观经济的短期表现,还更加希望改善宏观经济的均衡状态。因此,本书制定政策组合方案目标,既包括改善宏观经济的短期表现,又包括改善宏观经济的长期均衡。

(一)单一政策的目标效应

为了求出财政政策和货币政策组合的目标效应,需要首先从表4.8和表4.9中分离出本国财政政策和货币政策对本国产出水平、价格指数、本币汇率和社会福利的短期影响和均衡效应,以及财政政策和货币政策对经常项目的均衡效应。需要注意的是,经常项目只有均衡效应。以表4.8和表4.9为基础,进一步令 $\Gamma = (\theta\Phi + \alpha\Theta)$,$\Lambda = (\theta\Phi + \alpha)$,$\Delta = \Gamma + \delta\Theta\Lambda$,$\Psi = (\Phi + \alpha\eta)$,$\Upsilon = (2\alpha - \Phi\theta)$,从而可以得到单一财政政策和货币政策的目标效应,如表4.10所示。

在表4.10中,货币政策被标准化为1%的货币扩张,财政政策被标准化为1%的财政扩张,不带上画线的字母表示短期效应,带上画线的字母表示均衡效应。为了获得定性效应,在推导过程中用到了以下条件: $\Phi = 1 + \mu - \alpha > 0$;$\Theta = 1 + \eta\theta - \eta > 1$;$\Gamma = (\theta\Phi + \alpha\Theta) > 0$;$\Lambda = (\theta\Phi + \alpha) > 0$;$\Delta = \Gamma + \delta\Theta\Lambda > 0$;$\Psi = (\Phi + \alpha\eta) > 0$;$0 < \Delta + \delta\eta\Lambda(1 - \theta) = \Gamma + \delta\Lambda < \Gamma + \delta\Theta\Lambda = \Delta$。

表 4.10　单一政策的目标效应　　　　　　　　　（单位:%）

目标变量	$\mathcal{M} = 1\%$	$\mathcal{G} = 1\%$
y	$0 < \dfrac{n\Delta + \eta\theta(1-n)(\Gamma + \delta\Lambda)}{\eta\Delta}$	$0 < \dfrac{n\Delta + \eta\theta\Lambda(1-n)(1+\delta)}{\Delta}$
p	$0 < \dfrac{(1-n)(\Gamma + \delta\Lambda)}{\Delta} < 1$	$0 < \dfrac{\eta\Lambda(1-n)(1+\delta)}{\Delta}$
ε	$0 < \dfrac{\Delta + \delta\eta\Lambda(1-\theta)}{\Delta} < 1$	$0 < \dfrac{\eta\Lambda(1+\delta)}{\Delta}$
u	$\dfrac{U_C^M + U_{M/P}^M + U_y^M}{\underset{-}{U_0}}$	$\dfrac{U_C^G + U_{M/P}^G + U_y^G}{\underset{-}{U_0}} < 0$
$\bar{y}$	$\dfrac{\alpha\eta\theta\delta(1-\theta)(1-n)}{\Delta} < 0$	$0 < \dfrac{\alpha\eta\theta^2(1-n)(\delta+1)\Psi + n\alpha\Delta(2+\eta\theta)}{\theta\Delta\Psi}$
$\bar{p}$	$0 < \dfrac{\Delta - \delta\eta\Lambda(\theta-1)(1-n)}{\Delta} < 1$	$\dfrac{\eta\Lambda(1-n)(1+\delta) - n\eta\Delta r}{\theta\Delta\Psi}$
$\bar{\varepsilon}$	$\dfrac{\Delta + \delta\Lambda(1-\theta)}{\Delta}$	$0 < \dfrac{\Lambda(1+\delta)}{\Delta}$
$\bar{B}$	$0 < \dfrac{(\theta-1)(1-n)\Gamma}{\Delta}$	$0 < \dfrac{\theta\Phi(1-n)(\Theta-1)}{\Delta}$
$\bar{u}$	$\dfrac{\bar{U}_C^M + \bar{U}_{M/P}^M + \bar{U}_y^M}{\underset{-}{\bar{U}_0}}$	$\dfrac{\bar{U}_C^G + \bar{U}_{M/P}^G + \bar{U}_y^G}{\underset{-}{\bar{U}_0}}$

　　从第 2 行到第 5 行表示单一政策的短期目标效应。具体而言:第2 行第 2 列的表达式反映了 1% 的货币扩张所引起的短期产出水平变化的百分比,从定性的角度来看,扩张的货币政策会导致短期产出的增加,第 2 行第 3 列的表达式反映了 1% 的财政扩张所导致的短期产出水平变化的百分比,从定性的角度来看,扩张的财政政策会导致短期产出的增加;第 3 行第 2 列的表达式反映了 1% 的货币扩张导致的价格指数短期变化的百分比,从定性的角度来看,扩张的货币政策会导致一般价格水平上升,但是上升的幅度小于货币扩张的幅度,第 3 行第 3 列的表达式表示 1% 的财政扩张所引起的价格指数短期变化的百分比,从定

性的角度来看,扩张的财政政策会导致一般价格水平上升;第4行第2列的表达式反映了1%的货币扩张所导致的汇率水平短期变化的百分比,虽然我们无法获得明确的定性结果,但是可以确定的是扩张的货币政策引起短期汇率的上升幅度不会超过货币扩张的幅度,第4行第3列的表达式表示的是1%的财政扩张所导致的汇率水平短期变化的百分比,从定性的角度来看,扩张的财政政策将导致本币贬值;第5行第2列的表达式表示的是1%的货币扩张所导致的短期社会福利变化的百分比,到目前为止,我们还无法获得明确的定性结论,第5行第3列的表达式表示1%的财政扩张所导致的短期社会福利变化的百分比,从定性的角度来看,扩张的财政政策会减少社会福利水平。

从第6行到第10行表示单一政策的均衡目标效应。具体而言:第6行第2列的表达式反映了1%的货币扩张所引起的均衡产出水平变化的百分比,从定性的角度来看,扩张的货币政策会导致均衡产出下降,第6行第3列的表达式反映了1%的财政扩张所导致的均衡产出水平变化的百分比,从定性的角度来看,扩张的财政政策会有助提高均衡产出水平;第7行第2列的表达式反映了1%的货币扩张导致的均衡价格指数变化的百分比,从定性的角度来看,扩张的货币政策会引起均衡价格的上升,不过其上升的幅度不会超过货币扩张的幅度,第7行第3列的表达式表示1%的财政扩张所引起的均衡价格指数变化的百分比,到目前为止,我们还无法获得明确的定性结论;第8行第2列的表达式反映了1%的货币扩张所导致的均衡汇率水平变化的百分比,到目前为止,我们还无法获得明确的定性结论,第8行第3列的表达式表示的是1%的财政扩张所导致的汇率水平均衡变化的百分比,从定性的角度来看,扩张的财政政策会引起均衡汇率水平的上升,即本币贬值;第9行第2列的表达式表示的是1%的货币扩张所导致的均衡国际收支变化的百分比,从定性的角度来看,扩张的货币政策有利于扩大国际收支顺差水平,第10行第3列的表达式表示1%的财政扩张所导致的均衡国际收支变化的百分比，从定性的角度来看，扩张的财政政策有利于扩大国际收支顺差水平；第10行第2列的表达式表示的是1%的货币扩张所导致的均衡社会福利变化的百分比，到目前为止，我们还未能获得明确的定性结论，第10行第3列的表达式表示1%的财政扩张所导致的均衡社会福利变化的百分比，到目前为止，我们还未能获得明确的定性结论。

（二）政策组合的目标效应

设 ζ 和 υ 为政策组合参数，且 ζ 和 υ 为任意实数，则 $\zeta\mathcal{M}+\upsilon\mathcal{G}$ 表示任意水平的货币政策和任意水平的财政政策的组合。根据表4.10中单一政策的目标效应，我们可以获得政策组合的目标效应，如表4.11所示。

表4.11　政策组合的目标效应　　　　　　　　（单位:%）

目标变量	$\zeta\mathcal{M}+\upsilon\mathcal{G}$
$\mathcal{Y}$	$\dfrac{n\Delta(\zeta+\upsilon\eta)+\eta\theta(1-n)\left[\zeta\Delta+\eta\Lambda(\zeta\delta-\zeta\delta\theta+\upsilon+\delta\upsilon)\right]}{\eta\Delta}$
$\mathcal{P}$	$\dfrac{(1-n)\left[\zeta\Delta+\eta\Lambda(\zeta\delta+\upsilon\delta-\zeta\delta\theta+\upsilon)\right]}{\Delta}$
$\mathcal{E}$	$\dfrac{\zeta\Delta+\eta\Lambda\left[\zeta\delta(1-\theta)+\upsilon(1+\delta)\right]}{\Delta}$
$\mathcal{U}$	$\zeta\dfrac{U_C^M+U_{M/P}^M+U_y^M}{\bar{U}_0}+\upsilon\dfrac{U_C^G+U_{M/P}^G+U_y^G}{\bar{U}_0}$
$\bar{\mathcal{Y}}$	$\dfrac{\alpha\eta\theta^2\Psi(1-n)\left[(1-\theta)\zeta\delta+\upsilon(\delta+1)\right]+\upsilon n\alpha\Delta(2+\eta\theta)}{\theta\Psi\Delta}$
$\bar{\mathcal{P}}$	$\dfrac{\zeta\theta\Psi\Delta+\eta\Lambda(1-n)\left[\upsilon(1+\delta)-\zeta\delta\theta\Psi(\theta-1)\right]-\upsilon n\eta\Delta r}{\theta\Psi\Delta}$
$\bar{\mathcal{E}}$	$\dfrac{\zeta\Delta+\Lambda\left[\zeta\delta(1-\theta)+\upsilon(1+\delta)\right]}{\Delta}$
$\bar{\mathcal{B}}$	$\dfrac{(1-n)\left[\zeta(\theta-1)\Gamma+\upsilon\theta\Phi(\Theta-1)\right]}{\Delta}$

目标变量	$\zeta \mathcal{M} + \upsilon \mathcal{G}$
$\bar{u}$	$\zeta \dfrac{\bar{U}_C^M + \bar{U}_{M/P}^M + \bar{U}_y^M}{\bar{U}_0} + \upsilon \dfrac{\bar{U}_C^G + \bar{U}_{M/P}^G + \bar{U}_y^G}{\bar{U}_0}$

表 4.11 清楚地展示了政策组合方案及其对应的短期目标效应和均衡目标效应。在表 4.11 中,所有形式的政策组合方案及其对应的短期目标效应和均衡目标效应,都被完全表示为外生参数和政策组合参数的函数。从而,我们可以得到一个非常重要的结论:目标变量的变化可以通过直接调整货币存量和财政支出规模来影响,也可以通过制定相关宏观经济政策来影响外生参数,从而间接地影响宏观经济的目标变量。然而,由于外生参数的复杂性和政策组合参数 ζ 和 υ 的任意性,我们无法从这些目标效应中获得定性或定量的答案。不过,通过数值仿真的方式可以解决这一难题。

三、政策组合的数值仿真

(一)政策工具

正如在上文中的分析所指出的,影响宏观经济目标变量的政策工具可以分为直接政策工具和间接政策工具两类。直接政策工具和间接政策工具都能够影响宏观经济目标变量的取值,然而,它们的作用机理却是不一样的,直接政策工具直接影响宏观经济目标变量,而间接政策工具对宏观经济目标变量则只能形成间接的影响。具体而言:

1. 直接政策工具

直接政策工具常常是我们所关注的重点。直接政策工具主要包括两类:货币政策工具和财政政策工具。货币政策工具和财政政策工具又可以细分为很多具体的政策工具。

货币政策工具的中心目标是要调整市场中的流动性规模,因此,凡是能够影响市场中流动性规模的政策工具都可以被称为货币政策工具。一般来说，货币政策工具可以细分为法定存款准备金率、再贴现率和公开市场业务等基本工具。然而，在特定的时期和特定的经济条件下，可能会有一些新的政策工具也具有调整市场流动性规模的功能，比如，对于当前同时面临流动性过剩和人民币升值的中国经济而言，推动人民币国际化将有助于推动人民币"走出去"，从而在一定程度上减少国内的流动性规模，释放通货膨胀压力。总的来说，本书分析中所用到的货币政策工具是一种广义的货币政策工具，即凡是能够明显影响市场经济体系中流动性规模的政策工具都被视为货币政策工具。

财政政策工具的中心目标是要调整市场中的总需求规模。因此，凡是能够影响市场中总需求规模的政策工具都可以被视为财政政策工具。一般来说，财政政策工具可以进一步细分为财政支出政策和财政收入政策，虽然政策工具形式并不相同，但是最终达到的效果是一致的，那就是影响经济体系的总需求规模，并进一步对经济体系的各个目标变量产生影响。需要注意的是，这里的财政扩张或财政紧缩并不仅仅是指政府支出的扩张或紧缩，还包括因受到财政政策影响而扩张或收缩的居民总需求和企业总需求。比如，由于财政（税收）收入模式的调整导致居民可支配收入和实际支出水平增加，这种情况也被视为是财政扩张的一种形式。总的来说，本书分析中所用到的财政政策工具是一种广义的财政政策工具，即凡是能够明显影响市场经济体系中的总需求规模的政策工具都可以被视为财政政策工具。

综上所述，直接政策工具主要包括直接的财政政策和直接货币政策两类，它们直接作用于宏观经济体系中的流动性规模和总需求规模，并对宏观经济的各个目标变量形成较为直接的影响。从这个意义上而言，这两类工具可以被定义为直接政策工具。

2. 间接政策工具

根据上文对直接政策工具的界定，顾名思义，我们可以得到间接政策工具的含义。所谓间接政策工具,就是指通过影响经济背景(模型中的外生参数)而影响直接政策工具作用效果的政策工具。通常来说,模型中的外生参数作为政策分析的经济背景而存在,在短期内,这些外生参数一般不易受到控制或影响。但是,在长期内,这些外生参数会随着经济背景的变化而发生变化。因此,为了影响宏观经济目标变量,除了运用相机决策的财政政策和货币政策之外,那些容易对政策分析模型的外生参数产生影响的政策工具也可以搭配运用。具体而言,间接政策工具可以包括如下几种主要形式:

(1)人口增长政策

显然,人口政策工具的使用会影响到本书所建立的模型中的外生参数 n ,从而进一步对财政政策和货币政策的执行效果产生影响,最终间接影响到宏观经济的目标变量。

(2)科学教育政策

对于作为生产者的代表性居民而言,良好的科学教育水平有助于提升生产技术 A 的水平,以及提高产出水品关于要素投入的弹性 α ,从而进一步对财政政策和货币政策的执行效果产生影响,最终间接影响到宏观经济的目标变量。

对于作为消费者的代表性居民而言,通过有侧重的科学教育,可能会改变代表性居民的生活习惯和消费习惯,比如,受教育较少的居民可能会更加重视当前消费,更容易从当前消费中获得较大的满足,而受教育较多的居民则会从整个生命周期的角度去安排消费,相对于受教育较少的居民而言,预期消费带来的满足水平可能更高。从这个角度来说,代表性居民未来效用的贴现系数 β 可能会因此受到教育水平的影响。

(3)质量提升政策

根据前文关于代表性居民效用函数的定义可知,代表性居民因消费复合商品而带来的边际效用为 $C^{-\eta}$,当 η 越大的时候,代表性居民消费复合商品的边际效用随着消费数量的增加而减少的速度越快，当 η 越小的时候，代表性居民消费复合商品的边际效用随着消费数量的增加而减少的速度越慢。显然，如果复合商品的质量得到提升，η 就会变小，代表性居民消费复合商品的边际效用会更慢减少到0，在这种情况下，代表性居民对于复合商品的消费数量必然会增加，从而整个宏观经济体系的各个目标变量都会受到影响。

(4)环境保护政策

比如，为了保护生态环境而限制或禁止某种或某些产品的生产，可能会改变代表性居民的消费习惯和复合商品的品质，影响到代表性居民复合商品消费定义式中的参数 θ 和复合商品效用函数中的参数 η，从而进一步对财政政策和货币政策的执行效果产生影响，最终间接影响到宏观经济的目标变量。

(5)汇率形成机制

汇率形成机制可以概括为政府主导的汇率形成机制和市场主导的汇率形成机制。在政府为主导的汇率形成机制条件下，代表性居民不能自由持有外汇并通过持有外汇获得收益，此时，实际持有的本币余额可以带给代表性居民较大满足。而在市场为主导的汇率形成机制条件下，代表性居民可以很自由地选择持有本币或外币，并通过改变持有本币和外币比重的方式获得收益，此时，代表性居民单独持有本币的风险会加大，实际持有的本币余额带来的效用水平将会降低。结合模型来说，市场在汇率形成机制中的作用越大，参数 χ 的取值就会减小，从而进一步对财政政策和货币政策的执行效果产生影响，最终间接影响到宏观经济的目标变量。

(6)社会保障政策

社会保障政策越完善，代表性居民为了获得收入而付出劳动的负效用就越大，即参数 φ 和 μ 的取值就越小。从而进一步对财政政策和货币政策的执行效果产生影响，最终间接影响到宏观经济的目标变量。

（二）参数设定

为了进行政策组合的数值仿真，我们需要首先在允许的范围内给每一个外生参数设定一个合理的数值，具体如表 4.12 所示。

表 4.12　外生参数的设定

外生参数	取值范围	取值
n	$0 \leqslant n \leqslant 1$	1/4
β	$0 < \beta < 1$	5/6
η	$\eta > 0$	2
χ	$\chi > 0$	1
θ	$\theta > 1$	2
φ	$\varphi > 0$	1/4
μ	$\mu > 0$	1/2
A	$A > 0$	1
α	$0 < \alpha < 1$	1/2

（三）数值仿真

通过给开放经济系统中的每一个外生参数设定具体的数值，表 4.11 可以被具体化为表 4.13。在表 4.13 中，开放经济系统中每一个内生变量都被表示为财政政策工具和货币政策工具的具体函数。其中，ζ 的系数表示每单位货币政策影响对应内生变量的具体程度，υ 的系数表示每单位财政政策影响对应内生变量的具体程度。

表 4.13　政策组合的量化目标效应　　（单位：%）

目标变量	$\zeta \mathcal{M} + \upsilon \mathcal{G}$
$\mathcal{Y}$	$\zeta \dfrac{53}{40} + \upsilon \dfrac{41}{20}$
$\mathcal{P}$	$\zeta \dfrac{3}{5} + \upsilon \dfrac{9}{10}$

续表

目标变量	$\zeta\mathcal{M} + v\mathcal{G}$
$\mathcal{E}$	$\zeta\dfrac{4}{5} + v\dfrac{6}{5}$
$\mathcal{U}$	$-\dfrac{\zeta}{80+96\ln 6} - \dfrac{19v}{40+48\ln 6}$
$\bar{y}$	$-\zeta\dfrac{3}{50} + v\dfrac{219}{400}$
$\bar{\mathcal{P}}$	$\zeta\dfrac{17}{20} + v\dfrac{7}{20}$
$\bar{\mathcal{E}}$	$\zeta\dfrac{9}{10} + v\dfrac{3}{5}$
$\bar{\mathcal{B}}$	$\zeta\dfrac{21}{40} + v\dfrac{3}{5}$
$\bar{\mathcal{U}}$	$\dfrac{393\zeta}{320(5+6\ln 6)} - \dfrac{1109v}{160(5+6\ln 6)}$

从短期来看，表4.13所反映的政策组合效应具有以下特征：产出水平变量 $\mathcal{Y}$、价格水平变量 $\mathcal{P}$ 和汇率水平变量 $\mathcal{E}$ 对货币政策或财政政策具有正向响应的特征，而社会福利变量 $\mathcal{U}$ 对货币政策或财政政策具有反向响应的特征。具体而言：

第一，如果四个内生变量的取值均同时小于或同时大于目标均衡水平，则产出水平变量 $\mathcal{Y}$、价格水平变量 $\mathcal{P}$ 和汇率水平变量 $\mathcal{E}$ 对于货币政策或财政政策而言存在一定程度的兼容性，而产出水平变量 $\mathcal{Y}$、价格水平变量 $\mathcal{P}$ 和汇率水平变量 $\mathcal{E}$ 三者与社会福利变量 $\mathcal{U}$ 之间存在一定程度的冲突性。此时，以改善产出水平变量 $\mathcal{Y}$ 为目标的货币政策或财政政策将同时改善价格水平变量 $\mathcal{P}$ 和汇率水平变量 $\mathcal{E}$ 的取值水平，并同时恶化社会福利变量 $\mathcal{U}$ 的取值水平。

第二，如果产出水平变量 $\mathcal{Y}$、价格水平变量 $\mathcal{P}$ 和汇率水平变量 $\mathcal{E}$ 同时小于（大于）目标均衡水平，而社会福利变量 $\mathcal{U}$ 大于（小于）目标均衡水平,则四个内生变量对于货币政策或财政政策而言存在一定程度的兼容性。此时,以改善产出水平变量 $\mathcal{Y}$ 为目标的货币政策或财政政策将同时改善价格水平变量 $\mathcal{P}$、汇率水平变量 ε 和社会福利变量 $\mathcal{U}$ 的取值水平。

从长期来看,表 4.13 所反映的政策组合效应具有以下特征:

第一,均衡价格水平变量 $\bar{\mathcal{P}}$、均衡汇率水平变量 $\bar{\varepsilon}$、均衡国际收支变量 $\bar{\mathcal{B}}$ 和均衡福利水平变量 $\bar{\mathcal{U}}$ 对货币政策具有正向响应的特征,而均衡产出水平变量 $\bar{\mathcal{Y}}$ 对货币政策具有反向响应的特征。具体而言:

如果五个内生变量的取值均同时小于或同时大于目标均衡水平,则均衡价格水平变量 $\bar{\mathcal{P}}$、均衡汇率水平变量 $\bar{\varepsilon}$、均衡国际收支变量 $\bar{\mathcal{B}}$ 和均衡福利水平变量 $\bar{\mathcal{U}}$ 对于货币政策而言存在一定程度的兼容性,而均衡价格水平变量 $\bar{\mathcal{P}}$、均衡汇率水平变量 $\bar{\varepsilon}$、均衡国际收支变量 $\bar{\mathcal{B}}$ 和均衡福利水平变量 $\bar{\mathcal{U}}$ 四者与均衡产出水平变量 $\bar{\mathcal{Y}}$ 之间存在一定程度的冲突性。此时,以改善均衡产出水平变量 $\bar{\mathcal{Y}}$ 为目标的货币政策将同时恶化均衡价格水平变量 $\bar{\mathcal{P}}$、均衡汇率水平变量 $\bar{\varepsilon}$、均衡国际收支变量 $\bar{\mathcal{B}}$ 和均衡福利水平变量 $\bar{\mathcal{U}}$ 取值水平。

如果均衡价格水平变量 $\bar{\mathcal{P}}$、均衡汇率水平变量 $\bar{\varepsilon}$、均衡国际收支变量 $\bar{\mathcal{B}}$ 和均衡福利水平变量 $\bar{\mathcal{U}}$ 同时小于(大于)目标均衡水平,而均衡产出水平变量 $\bar{\mathcal{Y}}$ 大于(小于)目标均衡水平,则五个内生变量对于货币政策而言存在一定程度的兼容性。此时,以改善均衡产出水平变量 $\bar{\mathcal{Y}}$ 为目标的货币政策将同时改善均衡价格水平变量 $\bar{\mathcal{P}}$、均衡汇率水平变量 $\bar{\varepsilon}$、均衡国际收支变量 $\bar{\mathcal{B}}$ 和均衡福利水平变量 $\bar{\mathcal{U}}$ 的取值水平。

第二,均衡产出水平变量 $\bar{\mathcal{Y}}$、均衡价格水平变量 $\bar{\mathcal{P}}$、均衡汇率水平变量 $\bar{\varepsilon}$ 和均衡国际收支变量 $\bar{\mathcal{B}}$ 对财政政策具有正向响应的特征,而均衡福利水平变量 $\bar{\mathcal{U}}$ 对财政政策具有反向响应的特征。具体而言:

如果五个内生变量的取值均同时小于或同时大于目标均衡水平,则均衡产出水平变量 $\bar{\mathcal{Y}}$、均衡价格水平变量 $\bar{\mathcal{P}}$、均衡汇率水平变量

$\bar{\mathcal{E}}$ 和均衡国际收支变量 $\bar{\mathcal{B}}$ 对于财政政策而言存在一定程度的兼容性,而均衡产出水平变量 $\bar{\mathcal{Y}}$、均衡价格水平变量 $\bar{\mathcal{P}}$、均衡汇率水平变量 $\bar{\mathcal{E}}$ 和均衡国际收支变量 $\bar{\mathcal{B}}$ 四者与均衡福利水平变量 $\bar{\mathcal{U}}$ 之间存在一定程度的冲突性。此时,以改善均衡产出水平变量 $\bar{\mathcal{Y}}$ 为目标的财政政策将同时改善均衡价格水平变量 $\bar{\mathcal{P}}$、均衡汇率水平变量 $\bar{\mathcal{E}}$ 和均衡国际收支变量 $\bar{\mathcal{B}}$ 的取值水平,并同时恶化均衡福利水平变量 $\bar{\mathcal{U}}$ 的取值水平。

如果均衡产出水平变量 $\bar{\mathcal{Y}}$、均衡价格水平变量 $\bar{\mathcal{P}}$、均衡汇率水平变量 $\bar{\mathcal{E}}$ 和均衡国际收支变量 $\bar{\mathcal{B}}$ 同时小于(大于)目标均衡水平,而均衡福利水平变量 $\bar{\mathcal{U}}$ 大于(小于)目标均衡水平,则五个内生变量对于财政政策而言存在一定程度的兼容性。此时,以改善均衡产出水平变量 $\bar{\mathcal{Y}}$ 为目标的财政政策将同时改善均衡价格水平变量 $\bar{\mathcal{P}}$、均衡汇率水平变量 $\bar{\mathcal{E}}$、均衡国际收支变量 $\bar{\mathcal{B}}$ 和均衡福利水平变量 $\bar{\mathcal{U}}$ 的取值水平。

综上所述,如果开放经济体系出现内外失衡,即产出水平变量 $\bar{\mathcal{Y}}$、价格水平变量 $\bar{\mathcal{P}}$、汇率水平变量 $\bar{\mathcal{E}}$、国际收支变量 $\bar{\mathcal{B}}$ 和社会福利变量 $\bar{\mathcal{U}}$ 的某些或全部变量偏离目标均衡区域:第一,因为开放经济系统内生变量之间的冲突性和不完全兼容性,仅仅依靠单一政策工具将无法实现内外均衡;第二,因为开放经济系统包含较多内生变量,仅仅通过财政政策和货币政策两种直接政策工具之间的组合也将很难促使全部内生变量达到目标均衡区域;第三,因为开放经济系统包含较多内生变量,并且内生变量之间往往存在冲突性和不完全兼容性,因此必须依靠直接政策工具和间接政策工具的组合来推动开放经济系统达到目标均衡区域,从而实现内外均衡。

第五章 内外失衡与政策组合：中国现状的实证分析

第一节 中国经济均衡区域的估计

根据第一章的讨论,可以用 N 维空间中的点来表示开放经济系统中 N 个内生变量的可能取值,依据不同的标准,N 维空间可以划分为不同的区域,其中有一些区域可能是均衡区域①,而另一些区域可能是非均衡区域。位于均衡区域的内生变量不会自发偏离所处的区域,而位于非均衡区域的内生变量则会自发偏离所处的区域。目标均衡区域是可能存在的多重均衡区域中的一个特定区域,是政府希望实现的均衡区域,反映了政府的最优化选择行为,也是政府实施政策干预的目标。

开放经济系统的内生变量无论是位于均衡区域还是位于非均衡区域,开放经济系统都会表现出相应的状态特征。同理,依据开放经济系统所表现出来的不同状态特征,也可以找到开放经济系统中内生变量对应的取值区间。正是基于这种思想,本书将首先在对中国经济状态特征进行合理划分的基础上,估计出不同状态下内生变量对应的取值区间,然后依据第一章关于均衡区域的界定,确定均衡区间,最后再结合中国经济的现实状态,对目标均衡区域进行合理判断。具体而言,本

---

① 由于开放经济系统的非线性特征,开放经济系统中内生变量的均衡区域通常具有多重性。

书对中国经济目标均衡区域的估计过程主要包括以下四个步骤：

第一步，确定内生变量的状态分类及数量。以经济增长为例，根据增长速度的不同，既可以把经济增长分为高增长和低增长两种状态，也可以把经济增长分为高速增长、中速增长和低速增长三种状态，等等。作为下一步估计内生变量取值区间的基础，必须首先选择一个合理的状态分类标准，并确定可能的状态数量。

第二步，估计不同状态下内生变量的取值区间。本书运用自激励门限自回归模型（Self-Exciting Threshold Autoregressive Model，SETAR）来估计不同状态下内生变量的取值区间。

第三步，确定内生变量的均衡区间。第二步中估计了不同状态下内生变量的取值区间，其中有的区间可能属于均衡区间，有的区间可能属于非均衡区间。因为最终的目标均衡区域一定属于均衡区间，所以第三步需要确定哪些区间是均衡区域。根据第一章关于均衡区间的定义，均衡区域可以被定义为均衡点附近的不需要政策干预就能够自动保持经济系统近似均衡的稳定区域，这将是本书确定中国经济中内生变量均衡区间的基本依据。

第四步，判断内生变量的目标均衡区域。目标均衡区域的确定是政策组合的基本前提，因为只有在确定目标均衡区域之后，才可能对经济失衡与否作出明确判断，从而确定是否需要政策干预。目标均衡区域的决策主体是政府，本书将结合实际情况对中国经济的目标均衡区域进行合理推断。

一、SETAR 模型

现实中许多经济变量在不同取值区间内表现出不同的动态特征。为了分析这类包含多种不同动态特征的经济变量，汤（Tong，1978）提出了门限自回归模型（TAR）的建模方法，并进一步引入了自激励门限自回归（Self-Exciting Threshold Autoregressive Model，SETAR）模型，

SETAR 模型的特点是门限变量是因变量本身或它的滞后项。随后,汤和林(Tong 和 Lim,1980)与汤(Tong,1983)对 TAR 模型设定的参数问题进行了进一步补充和发展,主要包括数据生成机制的个数、门限变量的选择和调整系数的对称性检验,等等。蔡(Tsay,1989,1998)和陈(Chan,1993)完善了对 SETAR 模型进行检验与估计的方法。此外,布莱克和福姆比(Balke 和 Fomby,1997)还进一步在 SETAR 模型的基础上提出了门限协整(Threshold Cointegration)的思想。

SETAR 模型的一般形式是:

$$z_t = \mu^{(i)} + \rho_1^{(i)} z_{t-1} + \rho_2^{(i)} z_{t-2} + \cdots + \rho_k^{(i)} z_{t-k} + \varepsilon_t^{(i)} , \theta^{(i-1)} < z_{t-d} \leqslant \theta^{(i)}$$

$$i = 1,2,\cdots,n , -\infty = \theta^{(0)} < \theta^{(1)} < \cdots < \theta^{(n)} = +\infty \qquad (5.1)$$

其中,假定 $\varepsilon_t^{(i)}$ 服从均值为 0 方差为 $\sigma^{(i)}$ 白噪声随机分布,这个假定在接下来所讨论的模型中都是适用的。该模型具有 $(n-1)$ 个门限值和 n 个数据生成机制。z_{t-d} 是门限变量,$\theta^{(i)}$ 是门限值。在实践中,常用的是具有 2 个门限值的模型和具有 1 个门限值的模型。

具有 2 个门限值的 SETAR 模型的一般形式是:

$$z_t = \begin{cases} \mu^{(u)} + \rho_1^{(u)} z_{t-1} + \rho_2^{(u)} z_{t-2} + \cdots + \rho_k^{(u)} z_{t-k} + \varepsilon_t^{(u)} , \theta^{(u)} < z_{t-d} \\ \mu^{(m)} + \rho_1^{(m)} z_{t-1} + \rho_2^{(m)} z_{t-2} + \cdots + \rho_k^{(m)} z_{t-k} + \varepsilon_t^{(m)} , \theta^{(l)} \leqslant z_{t-d} \leqslant \theta^{(u)} \\ \mu^{(l)} + \rho_1^{(l)} z_{t-1} + \rho_2^{(l)} z_{t-2} + \cdots + \rho_k^{(l)} z_{t-k} + \varepsilon_t^{(l)} , z_{t-d} < \theta^{(l)} \end{cases}$$

$$(5.2)$$

在具有 2 个门限值的 SETAR 模型中,当不同大小的 2 个门限值的绝对值相等时,又被称为具有对称门限值的 SETAR 模型,布莱克和福姆比(Balke 和 Fomby,1997)进一步发展了 3 个具有对称门限值的具体模型,分别称为均衡门限自回归模型(Equilibrium-TAR)、带通门限自回归模型(Band-TAR)和趋回漂移门限自回归模型(RD-TAR),这些模型在实践中都得到了广泛的应用。

最简单的具有 1 个门限值的 SETAR 模型的一般形式是:

$$z_t = \begin{cases} \mu^{(u)} + \rho_1^{(u)} z_{t-1} + \rho_2^{(u)} z_{t-2} + \cdots + \rho_k^{(u)} z_{t-k} + \varepsilon_t^{(u)}, \theta < z_{t-d} \\ \mu^{(l)} + \rho_1^{(l)} z_{t-1} + \rho_2^{(l)} z_{t-2} + \cdots + \rho_k^{(l)} z_{t-k} + \varepsilon_t^{(l)}, z_{t-d} < \theta \end{cases} \quad (5.3)$$

模型(5.3)中,门限值只有 1 个,但是数据生成机制有两种,它实际上是模型(5.2)的一种退化形式,令模型(5.2)中的 $\theta^{(l)} = \theta^{(u)}$,即可得到模型(5.3)。

二、中国经济增长的均衡区域

均衡状态和非均衡状态是经济增长的两种基本状态。其中,经济增长的均衡状态是指不需要政策干预就可以自我保持的增长水平,而经济增长的非均衡状态是指需要政策干预等外生冲击才能维持的增长水平。运用 SETAR 模型来估计中国经济增长的均衡区域,需要首先确定中国经济增长的状态数量,不同状态代表不同的数据生成机制。已有关于中国经济增长不同状态的研究主要有两类:第一类研究把经济增长分为高速增长和低速增长两种状态;第二类研究把经济增长分为高速增长、中速增长和低速增长三种状态。

基于两种状态的代表性实证研究主要有:刘金全等(2005)结合 Markov 机制转换模型和 Plucking 模型,定量分析了我国经济周期波动性与阶段性之间的关联。王建军(2007)对传统的 Markov 机制转换模型进行了修正,在传统的 Markov 机制转换模型中加入了虚拟变量。他运用修正后的模型分析了 1953—2005 年的年度实际产出增长率数据,研究发现,改革前后我国经济周期的非对称机制特征比较明显,并且经济增长周期模式和经济周期变化机制存在显著差异。唐晓彬(2010)利用 1952—2008 年的 GDP 年度数据,将两机制的 Markov 转换模型运用到状态空间模型中,对我国经济增长的周期性表现进行了细致分析,其研究结果表明 Markov 机制转换模型较好地刻画了我国经济增长的非对称性特征。

基于三种状态的代表性实证研究主要有:刘金全等(2003)通过将

经济增长速度同潜在自然率水平进行对比,把经济增长分为扩张、稳定和收缩三个阶段,并用 Markov 转换模型估计了三种状态之间的转换概率和阶段持续性。刘金全等(2009)主要使用三机制的 Markov 机制转换模型,研究了 1994—2009 年的中国经济增长季度数据的波动特征以及经济周期阶段性变迁的可能性,并对接下来 3 年我国经济增长的运行趋势变化以及经济周期所处的状态进行判断和预测,他们认为金融危机的影响虽然具有一定的持续性,但是随着时间推移,我国经济处于"低速增长阶段"的可能性逐渐减小,而处于"适度增长阶段"或"快速增长阶段"的可能性不断加大。张旭华(2006)运用三状态的 Markov机制转换模型研究了台湾经济增长的周期性规律,实证结果表明台湾经济当前处于中速增长阶段,再次进入衰退或调整增长的可能性均不大。陈浪南等(2007)采用三机制的 Markov 均值和方差转移的二阶自回归模型和贝叶斯 Gibbs 抽样非参数估计方法,分析了 1979—2004 年的中国 GDP 季度数据。研究认为我国经济周期的非对称性主要体现在三个机制的均值、方差和转换概率的不同。

回顾已有研究,可以发现已有关于中国经济增长不同状态的研究主要采用了 Markov 机制转换模型。相对于 SETAR 模型而言,Markov机制转换模型的优势在于可以估计出不同状态之间的转换概率,Markov 机制转换模型的劣势在于不能估计出不同状态的具体取值区间。关于中国经济增长状态的划分,已有研究主要包括两状态和三状态两种思路,具体采用哪种思路主要受到研究目标和研究数据的制约。基于以上讨论,本书把经济增长分为高速增长、中速增长和低速增长三种状态,这与已有使用三状态的 Markov 机制转换模型进行的实证研究并无本质区别。然而,本书所使用 SETAR 模型不仅可以获得不同状态下内生变量的动态机制,还可以找出不同状态下内生变量的取值区间。

（一）数据选取

由于笔者在本章第二节需要使用本节的实证研究结果来帮助判断

当前（2013—2015 年）的经济增长是否处于均衡区域，所以在数据选取的时候就回避了当前数据，而是选取了 1991 年第一季度到 2010 年第一季度的 GDP 季度数据。这样做的好处是可以避免当前数据影响实证分析结果，从而在运用实证分析结果来判断当前数据状态时，可以得到更加准确的结论。2005 年以前的原始数据均来源于《中国季度国内生产总值核算历史资料（1992—2005）》，其中，1991 年的 GDP 季度数据是根据 1992 年的 GDP 季度数据及同比增长率计算得到的。2005 年以后的原始数据均来源于中国国家统计局官方网站。为了消除通胀和季节的影响，所有原始的 GDP 数据均被调整为 1992 年不变价格，并经 Census X12-Additive 方法进行了季节调整。在此基础上，我们计算了 1991 年第一季度到 2010 年第一季度的季度 GDP 的环比增长率，用 *grqgdp* 表示。

如图 5.1 所示，中国经济总体上保持了一个稳定增长的态势，在我们计算出来的 76 个季度的 GDP 增长率中，有 69 个季度的 GDP 增长率为正。中国经济的季度 GDP 增长率总体变化相对平稳，大部分时间都保持在区间（0，0.05）之内，但是也存在局部波动相对剧烈的情况。1991 年第二季度到 1994 年第四季度之间，中国季度 GDP 增长率的波动相对比较剧烈，这正好反映了 20 世纪 90 年代初的经济过热特征以及经济调整过程。2008 年第一季度到 2010 年第一季度的 GDP 增长率的波动程度也相对较大，这一方面反映了 2008 年前后的全球金融危机对中国实体经济的冲击，另一方面反映了中国经济积极应对全球金融危机的自我调整过程。

（二）估计结果

1. 平稳性检验

平稳性是进行时间序列分析的一个重要前提，因此我们需要首先对中国季度 GDP 环比增长率序列进行单位根检验。尼尔森、彼格和伊凡（Nelson、Piger 和 Zivot，2001）研究发现当时间序列中存在机制转换

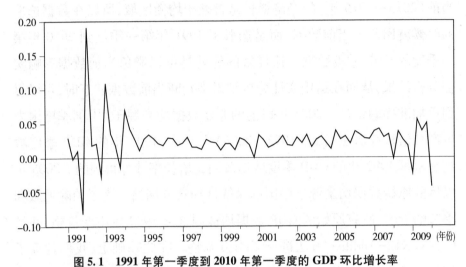

图 5.1　1991 年第一季度到 2010 年第一季度的 GDP 环比增长率

资料来源:2005 年以前的原始数据来源于《中国季度国内生产总值核算历史资料(1992—2005)》;
　　　　2005 年以后的原始数据来源于中国国家统计局官方网站。

过程时,使用传统的 ADF 检验来判断时间序列是否存在单位根过程是非常低效力的。布莱克和福姆比(Balke 和 Fomby,1997)研究发现,当时间序列中包含门限特征时,Phillips-Perron 检验的效力要高于 ADF 检验。为了更准确地判断时间序列的平稳性,我们同时使用 ADF 检验和 Phillips-Perron 检验来判断中国季度 GDP 环比增长率序列的平稳性。

如表 5.1 所示,综合 ADF 检验和 Phillips-Perron 检验的结果,我们可以确定中国季度 GDP 环比增长率序列是一个平稳的时间序列。

表 5.1　Growth Rate of Quarterly GDP 平稳性检验

Exogenous	ADF 检验		Phillips-Perron 检验	
	ADF 统计量	P 值	PP 统计量	P 值
None	−1.136180	0.2307	−7.344888	0.0000
Constant	−3.181631	0.0252	−14.37763	0.0001

2. 非线性检验

Ramsey RESET 检验是检验时间序列非线性特征的常用检验。为了检验中国季度 GDP 环比增长率序列的非线性生成机制,需要首先构建中国季度 GDP 环比增长率序列的线性自回归模型。通过综合考察偏自相关系数(Partial Autocorrelation,PAC)、赤池信息准则(Akaike Information Criterion, AIC)、施瓦茨信息准则(Schwarz Information Criterion,SIC)和汉南—奎因准则(Hannan-Quinn Criterion,HQC),笔者发现滞后 3 阶的线性自回归模型是最恰当的。在此基础上,我们进一步对线性自回归模型使用 Ramsey RESET 检验。辅助回归方程如第(5.4)式所示。

$$grqgdp_t = c + \sum_{i=1}^{3} \lambda_i grqgdp_{t-i} + \sum_{j=2}^{3} \varphi_{j-1} gr\hat{q}gdp_t^j \qquad (5.4)$$

其中,$gr\hat{q}gdp$ 是 $grqgdp$ 的线性自回归拟合值。Ramsey RESET 检验的结果如表 5.2 所示。

表 5.2 **Ramsey RESET Test**

F-statistic	11. 11848	Prob.F(2,67)	0. 0001
Log likelihood ratio	20. 92200	Prob.Chi-Square(2)	0. 0000

显然,表 5.2 所示的检验结果在 1% 的显著性水平上拒绝了 $\varphi_1 = \varphi_2 = 0$ 的原假设,因此,可以确定仅仅依靠线性的时间序列模型将不能完全准确地刻画出中国季度 GDP 环比增长率序列的真正生成机制。

3. 门限值的超一致估计

蔡(Tsay,1989)在研究 TAR 模型时采用了排列自回归(Arranged Autoregression,ARR)的方法对门限参数进行估计。这种方法的原理是:根据 SETAR 模型中的门限变量的大小对所有样本进行排序,对排序后的样本数据进行分段 OLS(或 ML)估计,并计算其残差平方和,选择使残差平方和最小的分段临界值作为门限值。陈(Chan,1993)证明了通过 ARR 法估计得到的门限估计值是一个超一致估计量。因为排列自回归方法对于门限值的估计具有成熟的理论基础而且估计效果显著,本书也使用了这一方法来估计门限参数。对于滞后阶数的选择,蔡(Tsay,1989)认为如果时间序列的生成机制确实存在非线性特征的情况下,相对于 PACF(Partial Autocorrelation Function)而言,AIC(Akaike Information Criterion)更容易造成误导,因此他建议使用 PACF 来帮助选择滞后阶数。本书综合使用 AIC 和 PACF 两种方法来确定滞后阶数,最后得到的结果都是 3。对于门限变量的确定,由于滞后阶数为 3,所以一共有三个可能的门限变量:$grqgdp_{t-1}$、$grqgdp_{t-2}$ 和 $grqgdp_{t-3}$,本书选择门限变量的标准是使残差平方和最小。门限值的估计过程是用 RATS 语言程序来实现的,估计结果如表 5.3 所示。

表 5.3　门限值与最小残差平方和

门限变量	$grqgdp_{t-1}$	$grqgdp_{t-2}$	$grqgdp_{t-3}$
threshold_1	0.01157	0.01157	0.02790
threshold_2	0.03394	0.02648	0.02944
Min Sum of Squared Residuals	0.01023	0.02321	0.01972

显然,以 $grqgdp_{t-1}$ 为门限变量所获得的最小残差平方和要小于以 $grqgdp_{t-2}$ 和 $grqgdp_{t-3}$ 为门限变量所获得的最小残差平方和,因此,笔者选择 $grqgdp_{t-1}$ 为中国季度 GDP 环比增长率的门限变量,其对应的两个门限值分别为:$threshold\_1 = 0.01157$,$threshold\_2 = 0.03394$。

4. 门限自回归方程

根据前文对门限变量的选择以及门限值的估计结果,中国季度 GDP 环比增长率的门限自回归方程可以具体设定为如下形式:

$$grqgdp_t = \boldsymbol{GRQGDP} \times \boldsymbol{\beta_1} \times 1\{A_1\} + \boldsymbol{GRQGDP} \times \boldsymbol{\beta_2} \times 1\{A_2\} + \boldsymbol{GRQGDP} \times \boldsymbol{\beta_3} \times 1\{A_3\} + u_t \tag{5.5}$$

其中,$\boldsymbol{GRQGDP}$ 为解释变量矩阵,$\boldsymbol{\beta}$ 表示系数矩阵。具体而言:

$$GRQGDP = \begin{bmatrix} 1 & grqgdp_{t-1} & grqgdp_{t-2} & grqgdp_{t-3} \end{bmatrix}$$

$$\boldsymbol{\beta}_i = \begin{bmatrix} \alpha_i & \beta_{i1} & \beta_{i2} & \beta_{i3} \end{bmatrix}$$

$1\{A_i\}$ 为示性函数，当 A_i 为真时取值 1，当 A_i 为假时取值 0。具体而言：

$$1\{A_1\} = 1\{-0.08191 < grqgdp_{t-1} < 0.01157\}$$

$$1\{A_2\} = 1\{0.01157 \leqslant grqgdp_{t-1} < 0.03394\}$$

$$1\{A_3\} = 1\{0.03394 \leqslant grqgdp_{t-1} < 0.191111\}$$

门限自回归的估计也是使用 RATS 语言程序来实现的。门限自回归结果如表 5.4 所示。

表 5.4　SETAR 方程

状　态	-0.08191 $< grqgdp_{t-1} < 0.01157$	$0.01157 \leqslant grqgdp_{t-1}$ < 0.03394	$0.03394 \leqslant grqgdp_{t-1}$ < 0.191111
Constant	-0.035885440^{***} (0.010067683)	0.032729393^{***} (0.003775721)	0.088261237^{***} (0.013851042)
$grqgdp_{t-1}$	-2.413550888^{***} (0.155615178)	—	-0.577184813^{***} (0.150866341)
$grqgdp_{t-2}$	3.054128772^{***} (0.457459806)	-0.170989120^{**} (0.080205298)	-0.670453786^{***} (0.149719900)
$grqgdp_{t-3}$	—	-0.278480218^{***} (0.061853403)	-1.025471357^{***} (0.191043842)

说明：***、**和*分别表示在 1%、5%和 10%的水平上显著；( )里的数据为标准差。

$F - statistic = 38.556^{***}$

$DW - statistic = 1.324641$

进一步对残差序列进行检验，发现残差序列是白噪声序列。

5. 均衡区域的确定

通过估计门限自回归方程可以得到 $grqgdp$ 在不同区间中的动态机制。在此基础上，通过计算动态差分方程的特征根可以进一步判断 $grqgdp$ 在不同区间中的稳定性，从而确定 $grqgdp$ 的均衡区域。具体而言：

（1）区间[-0.08191,0.01157)不是一个均衡区域

根据表5.4，区间[-0.08191,0.01157)中 $grqgdp$ 的动态机制可以用如下差分方程来表示：

$$grqgdp_t = -0.035885 - 2.413551grqgdp_{t-1} + 3.054129grqgdp_{t-2}$$

$$(5.6)$$

根据第(5.6)式，可以求出第(5.6)式所代表的动态机制的均衡点为-0.09984。区间[-0.08191,0.01157)并不是一个均衡区间，原因主要有两方面：第一，因为第(5.6)式的齐次形式的两个特征根分别为0.917003和-3.330554，其中有一个特征根显著大于1；第二，第(5.6)所代表的动态机制的均衡点为-0.09984，位于区间[-0.08191，0.01157)之外。由此可见，当中国季度 GDP 环比增长率水平位于区间[-0.08191,0.01157)时，中国季度 GDP 环比增长率呈现出比较显著的发散特征，即在此区间中国季度 GDP 环比增长率并不会自发保持在本区间。这表明，区间[-0.08191,0.01157)不是中国季度 GDP 环比增长率的一个均衡区域。

（2）区间[0.01157,0.03394]是一个均衡区域

根据表5.4，区间[0.01157,0.03394]中 $grqgdp$ 的动态机制可以用如下差分方程来表示：

$$grqgdp_t = 0.032729 - 0.170989grqgdp_{t-2} - 0.278480grqgdp_{t-3}$$

$$(5.7)$$

根据第(5.7)式，可以求出第(5.7)式所代表的动态机制的均衡点为0.02258。第(5.7)式的齐次形式包含一个实数特征根和一对共轭复数特征根，其中，实数特征根为-0.566335，共轭复数特征根为(0.283167-0.641514i)和(0.283167+0.641514i)。显然，实数特征根的绝对值和复数特征根的模均小于1，因此，包含该均衡点的区间[0.01157,0.03394)是一个均衡区间。由此可见，当中国季度 GDP 环比增长率水平位于区间[0.01157,0.03394]时，中国季度 GDP 环比增

长率呈现出比较显著的收敛特征，即中国季度 GDP 环比增长率能够自发地保持在该区间。这表明，区间 $[0.01157, 0.03394]$ 是中国季度 GDP 环比增长率的一个均衡区域。

（3）区间 $[0.03394, 0.19111)$ 不是一个均衡区域

根据表 5.4，区间 $[0.03394, 0.19111)$ 中 $grqgdp$ 的动态机制可以用如下差分方程来表示：

$$grqgdp_t = 0.088261 - 0.577185grqgdp_{t-1} - 0.670454grqgdp_{t-2} -$$
$$1.025471grqgdp_{t-3} \qquad (5.8)$$

根据第 (5.8) 式，可以求出第 (5.8) 式所代表的动态机制的均衡点为 0.026966。第 (5.8) 式的齐次形式包含一个实数特征根和一对共轭复数特征根，其中，实数特征根为 -0.972325，共轭复数特征根为 $(0.197570-1.007782i)$ 和 $(0.197570+1.007782i)$。因为复数特征根的模为 1.027，而且均衡点 0.026966 位于区间 $[0.03394, 0.19111)$ 之外，所以包含该均衡点的区间 $[0.03394, 0.19111)$ 并不是一个均衡区间。由此可见，当中国季度 GDP 环比增长率水平位于区间 $[0.03394, 0.19111)$ 时，中国季度 GDP 环比增长率呈现出比较微弱的发散特征，即中国季度 GDP 环比增长率不能够自发地保持在该区间。这表明，区间 $[0.03394, 0.19111)$ 不是中国季度 GDP 环比增长率的一个均衡区域。

三、中国价格水平的均衡区域

（一）数据选取

正如前文的分析中所指出的，反映一国价格水平的变量有很多，例如居民消费价格指数（CPI）、工业品出厂价格指数（PPI）和 GDP 平减指数（GNP Deflator）等等。然而，最常用的还是居民消费价格指数（CPI），因此，本书将主要分析中国 CPI 的均衡区域。

由于笔者在本章第二节需要使用本节的实证研究结果来帮助判断，

当前(2013—2015年)的中国价格水平是否处于均衡区域,所以在数据选取的时候就回避了当前数据。这样做的好处是可以避免当前数据影响实证分析结果,从而在运用实证分析结果来判断当前数据状态时,可以得到更加准确的结论。具体而言,笔者选取了1995年1月到2011年3月的中国居民消费价格月度环比指数,原始数据来源于中经网统计数据库。在进行估计之前,笔者对所有原始数据均进行了取对数处理,取对数后的序列用 *lhbcpi* 表示, *lhbcpi* 的具体变化情况如图5.2所示。

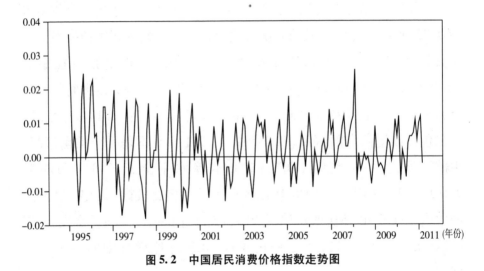

图5.2 中国居民消费价格指数走势图

资料来源:根据中经网统计数据库的原始数据计算得到。

如图5.2所示,中国CPI总体上保持了一个稳中有升的态势,在笔者选取的195个样本中,只有81个样本的CPI出现环比下降。中国CPI总体变化相对平稳, *lhbcpi* 大部分时间都保持在区间(-0.01,0.01)之内,但是也存在局部波动相对剧烈的情况。1995—2000年之间,中国CPI的波动相对比较剧烈,这正好反映了20世纪90年代的经济过热特征以及经济调整过程。2008年前后CPI的波动程度也相对较大,这主要反映了全球金融危机前后世界流动性的普遍增长。

（二）估计结果

1. 平稳性检验

同检验中国经济增长序列平稳性的过程一样，笔者也采用了 ADF 检验和 Phillips-Perron 检验两种方法来检验 $lhbcpi$ 序列的平稳性，检验结果如表 5.5 所示。

表 5.5　中国 $lhbcpi$ 的平稳性检验

Exogenous	ADF 检验		Phillips-Perron 检验	
	ADF 统计量	P 值	PP 统计量	P 值
None	−2.185662	0.0281	−9.426025	0.0000
Constant	−2.436710	0.1332	−9.617796	0.0000
Constant & Trend	−2.635849	0.2650	−9.601329	0.0000

表 5.5 的检验结果表明，序列 $lhbcpi$ 是一个平稳的时间序列。然而，在总体上平稳的时间序列并不能排除时间序列的局部非平稳性和非线性特征。接下来，我们将进一步检验时间序列 $lhbcpi$ 是否具有非线性特征。

2. 非线性检验

为了检验中国 $lhbcpi$ 序列的非线性生成机制，需要首先构建中国 $lhbcpi$ 序列的线性自回归模型。通过综合考察偏自相关系数（Partial Autocorrelation，PAC）、赤池信息准则（Akaike Information Criterion，AIC）、施瓦茨信息准则（Schwarz Information Criterion，SIC）和汉南—奎因准则（Hannan-Quinn Criterion，HQC），笔者发现滞后 2 阶的线性自回归模型对于 $lhbcpi$ 而言是最为恰当。在此基础上，我们进一步对线性自回归模型使用 Ramsey RESET 检验。辅助回归方程是：

$$lhbcpi_t = \lambda_1 + \lambda_2 \times lhbcpi_{t-1} + \lambda_3 \times lhbcpi_{t-2} + \sum_{i=2}^{5} \varphi_i \times lh\hat{b}cpi_t^i$$

$$(5.9)$$

其中，$lhb\hat{c}pi_t$ 表示 $lhbcpi_t$ 的拟合值。检验结果如表 5.6 所示。显然，检验结果在 1% 的水平上拒绝了 $\varphi_2 = \varphi_3 = \varphi_4 = \varphi_5 = 0$ 的原假设，因此可以确定序列 $lhbcpi$ 存在显著的非线性特征。

表 5.6 $lhbcpi$ 的非线性检验

F-statistic	4.506177	Prob.F(4,180)	0.0017
Log likelihood ratio	17.85143	Prob.Chi-Square(4)	0.0013

3. 门限值的超一致估计

因为滞后阶数为 2，所以可能存在两个门限变量 $lhbcpi_{t-1}$ 和 $lhbcpi_{t-2}$，门限变量最终确定的标准是使残差平方和最小。同中国经济增长的状态分类一样，笔者首先尝试了三种状态的门限模型，但是分析结果中有一种状态非常不显著，这表明两种状态的门限模型可能更适用于 $lhbcpi$ 序列。门限变量的选择及门限值的估计结果如表 5.7 所示。

表 5.7   门限值与最小残差平方和

门限变量	$lhbcpi_{t-1}$	$lhbcpi_{t-2}$
threshold	0.00300	0.00300
Min Sum of Squared Residuals	0.01043	0.01044

显然，以 $lhbcpi_{t-1}$ 为门限变量所获得的最小残差平方和要小于以 $lhbcpi_{t-2}$ 为门限变量所获得的最小残差平方和，因此，本书选择 $lhbcpi_{t-1}$ 为门限变量，其对应的门限值为 0.003。

4. 门限自回归方程

根据前文对门限变量的选择以及门限值的估计结果，我们把 $lhbcpi$ 的门限自回归方程具体设定为如下形式：

$$lhbcpi_t = \boldsymbol{LHBCPI} \times \boldsymbol{\beta_1} \times 1\{A_1\} + \boldsymbol{LHBCPI} \times \boldsymbol{\beta_2} \times 1\{A_2\} + u_t \qquad (5.10)$$

其中,***LHBCPI*** 表示解释变量矩阵,***β*** 表示系数矩阵。具体而言:

$$\textbf{\textit{LHBCPI}} = [\,1 \quad lhbcpi_{t-1} \quad lhbcpi_{t-2}\,]$$

$$\boldsymbol{\beta}_i = [\,\alpha_i \quad \beta_{i1} \quad \beta_{i2}\,]$$

$1\{A_i\}$ 为示性函数,当 A_i 为真时取值1,当 A_i 为假时取值0。具体而言:

$$1\{A_1\} = 1\{-0.01816 < lhbcpi_{t-1} < 0.003\}$$

$$1\{A_2\} = 1\{0.003 \leqslant lhbcpi_{t-1} < 0.036332\}$$

lhbcpi 的门限自回归过程也是使用 RATS 语言程序来实现的。门限自回归结果如表5.8所示。

表 5.8　SETAR 方程

机　制	$-0.01816 < lhbcpi_{t-1} < 0.003$	$0.003 \leqslant lhbcpi_{t-1} < 0.036332$
Constant	0.002347993 *** (0.000600700)	0.005562598 *** (0.001958302)
$lhbcpi_{t-1}$	0.727698883 *** (0.089896172)	—
$lhbcpi_{t-2}$	-0.177700165 ** (0.068334411)	-0.373399648 ** (0.173724325)

说明: ***、**和*分别表示在1%、5%和10%的水平上显著,( )里的数值为标准差。

$F - statistic = 17.815 \,^{***}$

$DW - statistic = 1.90037$

进一步对残差序列进行检验,发现残差序列是白噪声序列。

5. 均衡区域的确定

通过估计门限自回归方程可以得到 *lhbcpi* 在不同区间中的动态机制。在此基础上,通过计算动态差分方程的特征根可以进一步判断 *lhbcpi* 在不同区间中的稳定性,从而确定 *lhbcpi* 的均衡区域。具体而言:

(1)区间[-0.01816,0.003)不是一个均衡区域

根据表5.8,区间[-0.01816,0.003)中 *lhbcpi* 的动态机制可以用

如下差分方程来表示：

$$lhbcpi_t = 0.002348 + 0.727699lhbcpi_{t-1} - 0.177700lhbcpi_{t-2}$$

$$(5.11)$$

根据第(5.11)式，可以求出第(5.11)式所代表的动态机制的均衡点为 0.005218。第(5.11)式的齐次形式有一对共轭复数特征根 (0.363849+0.212870i) 和 (0.363849+0.212870i)。因为复数特征根的模为 0.4215，所以区间 $[-0.01816,0.003)$ 中的点会自发地向均衡点 0.005218 移动。然而，区间 $[-0.01816,0.003)$ 并不是一个均衡区域，因为均衡点 0.005218 不在区间 $[-0.01816,0.003)$ 之内，这意味着区间 $[-0.01816,0.003)$ 内的点不能自发地保持在本区间。由此可见，当 $lhbcpi$ 位于区间 $[-0.01816,0.003)$ 时，虽然 $lhbcpi$ 呈现出比较显著的收敛特征，但是在此区间 $lhbcpi$ 会逐步收敛到区间 $[-0.01816,0.003)$ 之外的均衡点 0.005218。这表明，区间 $[-0.01816,0.003)$ 并不是 $lhbcpi$ 的一个均衡区域。

(2) 区间 $[0.003,0.036332)$ 是一个均衡区域

根据表 5.8，区间 $[0.003,0.036332)$ 中 $lhbcpi$ 的动态机制可以用如下差分方程来表示：

$$lhbcpi_t = 0.005563 - 0.373340lhbcpi_{t-2} \qquad (5.12)$$

根据第(5.12)式，可以求出第(5.12)式所代表的动态机制的均衡点为 0.00405。第(5.12)式的齐次形式包含一对共轭复数特征根 (0.611064i) 和 (-0.611064i)。显然，复数特征根的模均小于 1，因此，包含该均衡点的区间 $[0.003,0.036332)$ 是一个均衡区间。由此可见，当 $lhbcpi$ 位于区间 $[0.003,0.036332)$ 时，$lhbcpi$ 呈现出比较显著的收敛特征，即 $lhbcpi$ 能够自发地保持在该区间。这表明，区间 $[0.003,0.036332)$ 是 $lhbcpi$ 的一个均衡区域。

四、人民币汇率的均衡区域

相对于汇率的实际取值而言,汇率波动水平往往是一个更受关注的变量,因此,笔者主要从汇率波动的角度来估计人民币汇率的均衡波动区域。1994 年 1 月 1 日人民币汇率并轨以后,实施以市场供求为基础的单一的、有管理的浮动汇率制度。2005 年 7 月 21 日,中国人民银行宣布,人民币不再单一钉住美元,改为参考一篮子货币的有管理的浮动汇率制度,进一步放松了对人民币汇率的管制。2010 年 6 月 19 日,中国人民银行决定进一步推进人民币汇率形成机制改革,增强人民币汇率弹性。在这种情况下,人民币汇率的波动成为大家关注的焦点。

国内已有大量学者研究了人民币汇率的波动问题,但是他们的研究主要是从线性的角度进行的。近年来,研究逐步转向寻求一种非线性的解释。国内研究人民币汇率非线性或非对称特征时主要使用了三种方法：平滑转移自回归模型(Smooth Transition Autoregressive Model,STAR),R/S 分析方法和门限自回归模型(Threshold Autoregressive Model,TAR)。当使用原始时间序列本身或它的滞后项作为门限变量时,TAR 模型又被称为自激励门限自回归模型(Self-Exciting Threshold Autoregressive Model,SETAR)。

谢赤等(2005)利用 STAR 模型对人民币实际汇率的运动行为进行了实证研究,研究发现人民币实际汇率有明显的非线形运动和均值回调特征。张卫平(2007)选取带有约束的指数平滑转移自回归模型(Exponential Smooth Transition Autoregressive Model,ESTAR)对人民币实际汇率的非线性行为进行了实证分析,对其均值回复速度进行了估计,并给出了购买力平价下的均衡汇率。雷强等(2009)采用 R/S 方法分析了人民币与国际汇率的非线性特征,研究结果表明汇率序列不服从正态分布和布朗运动,并且具有内在的非线性分形结构。

已有的利用门限自回归模型来研究人民币汇率波动的实证分析一

般采用 SETAR 模型。例如,刘潭秋(2007)使用了线性和非线性时间两种模型分析了 2005 年人民币汇率制度改革之前的数据,研究发现非线性的自激励门限自回归模型比线性模型能更好地拟合人民币实际汇率的历史数据,人民币实际汇率具有显著的非线性动态行为特征。刘金全等(2007)在货币模型框架下,利用门限协整方法研究了人民币名义汇率与其均衡水平(又称基本因素均衡汇率)的偏离,研究发现人民币均衡汇率偏离呈现非线性调整,表现为快速和长期持续两种不同的均值回复过程,均衡汇率偏离具有显著的门限效应。靳晓婷等(2008)通过建立门限自回归模型(TAR)对自 2005 年 7 月人民币汇率制度改革至 2008 年 1 月 31 日的人民币对美元名义汇率波动进行了计量研究,结果表明两年多来的人民币汇率波动存在门限的非线性特征。

根据汇率目标区理论,可信的汇率目标区是一种具有内在稳定性的汇率制度。汇率目标区包括上下两个边界,由于理性预期等因素的影响,汇率有保持在两个边界之间的内在动力。但是,因为一些不确定的外生冲击,汇率也有越过边界的可能,当汇率越过边界时,由于理性预期或其他因素,会驱使汇率重新向汇率均衡区调整。显然,汇率在两个边界之间和两个边界之外的调整机制是不一样的。基于同样的理由,汇率的波动也可能会存在一个"汇率波动目标区",目标区内的汇率波动机制与目标区之外的汇率波动机制也必然存在不同。然而,已有的使用门限自回归模型的研究都只考虑了一个门限值的情况,这限制了门限自回归模型对实际情况的分析效力。考虑到一个可能存在的"汇率波动目标区",本书接下来的实证研究将尝试使用双门限值的 SETAR 模型。

(一)数据选取

由于笔者在本章第二节需要使用本节的实证研究结果来帮助判断当前(2013—2015 年)的人民币汇率波动是否处于均衡区域,所以在数据选取的时候就回避了当前数据。这样做的好处是可以避免当前数据影响实证分析结果，从而在运用实证分析结果来判断当前数据状态时，可以得到更加准确的结论。具体而言，笔者选取了1994年汇率政策改革以来到2010年的月度平均汇率数据，原始数据来源于 IMF 官方网站。为了反映我国汇率的波动情况，笔者对人民币汇率原始序列进行了取对数并作差分处理，用 *dlparate* 来表示。*dlparate* 的具体走势如图5.3所示。

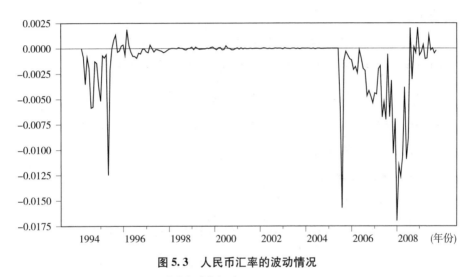

图 5.3 人民币汇率的波动情况

资料来源：根据 IMF 官方网站的原始数据计算得到。

图5.3清晰地展示了自1994年我国汇率制度改革以来，人民币汇率的波动及变化特征。人民币汇率在1994年以前是由国家外汇管理局制定并公布的，1994年以来人民币汇率制度一共进行了两次大的调整：1994年之前人民币同美元挂钩，只是阶段性地依据市场汇率向下调整，人民币兑美元汇率不断贬值，1994年1月1日，人民币汇率并轨以后，实施以市场供求为基础的单一的、有管理的浮动汇率制度，人民币同美元非正式地脱钩，但是其浮动是以钉住单一美元为基础的浮动，1997年东亚金融危机后，人民币宣布不贬值，人民币同当时处于升值的美元事实上挂钩；2005年7月21日，中国人民银行宣布，人民币不

再单一钉住美元,改为参考一篮子货币的有管理的浮动汇率制度,进一步放松了对人民币汇率的管制,之后,人民币对美元汇率不断升值直到2008年美国发生金融危机,人民币同美元又重新处于一种实际上的挂钩态势,以减轻升值压力。在两次大的汇率制度改革之后,人民币汇率都出现了迅速升值的情况,前一个升值过程持续了一年左右,而后一个升值过程持续了三年,直到2008年下半年,人民币对美元的汇率才重新趋于稳定。

人民币汇率波动的整个过程清楚地显示,人民币升值时的波动程度明显大于人民币贬值时的波动程度,人民币升值容易贬值难,这与1994年之前的情况正好相反。直观上看,人民币汇率的波动确实存在非对称的特征。本书的余下部分将进一步选择一个具体的 SETAR 模型来刻画这种非对称性。

(二)估计结果

1. 平稳性检验

同检验中国经济增长序列平稳性的过程一样,笔者也采用了 ADF 检验和 Phillips-Perron 检验两种方法来检验目标序列 *dlparate* 的平稳性,检验结果如表 5.9 所示。

表5.9 *dlparate* 的平稳性检验

Exogenous	ADF 检验		Phillips-Perron 检验	
	ADF 统计量	P 值	PP 统计量	P 值
None	−4.054748 ***	0.0001	−6.597159 ***	0.0000
Constant	−4.540117 ***	0.0002	−7.426237 ***	0.0000
Constant & Trend	−4.737245 ***	0.0008	−7.762408 ***	0.0000

说明:***表示在1%的水平上显著。

表 5.9 的检验结果表明,序列 *dlparate* 是一个平稳的时间序列。在总体上平稳的时间序列并不能排除时间序列的局部非平稳性和非线

性特征。接下来,我们将进一步检验时间序列 *dlparate* 是否具有非线性特征。

2. 非线性检验

为了检验中国 *dlparate* 序列的非线性生成机制,需要首先构建中国 *dlparate* 序列的线性自回归模型。通过综合考察偏自相关系数(Partial Autocorrelation, PAC)、赤池信息准则(Akaike Information Criterion, AIC)、施瓦茨信息准则(Schwarz Information Criterion, SIC)和汉南—奎因准则(Hannan-Quinn Criterion, HQC),笔者发现滞后2阶的线性自回归模型对于 *dlparate* 而言是最为恰当。对 *dlparate* 的非线性检验,我们采用实证分析中普遍使用的 RESET 方法。辅助回归方程是:

$$dlparate_t = \lambda_1 + \lambda_2 \times dlparate_{t-1} + \lambda_3 \times dlparate_{t-2} +$$

$$\sum_{i=2}^{5} \varphi_i \times dlparate_t^i \qquad (5.13)$$

其中,$dl\hat{p}arate$ 是 *dlparate* 线性自回归的拟合值。检验结果如表5.10所示。

表5.10 *dlparate* 的非线性检验

F-statistic	4.230570	Prob.F(4,180)	0.0027
Log likelihood ratio	16.80238	Prob.Chi-Square(4)	0.0021

显然,检验结果拒绝了 $\varphi_2 = \varphi_3 = \varphi_4 = \varphi_5 = 0$ 的原假设,因此可以确定序列 *dlparate* 存在显著的非线性特征。

3. 门限值的超一致估计

因为滞后阶数为2,所以一共存在两个可能的门限变量,$dlparate_{t-1}$ 和 $dlparate_{t-2}$,本书选择门限变量的标准是使残差平方和最小,如表5.11所示。

表 5.11　门限值与最小残差平方和

门限变量	$dlparate_{t-1}$	$dlparate_{t-2}$
$threshold\_1$	−0.00884	−0.01058
$threshold\_2$	−0.00679	−0.00471
Min? Sum of Squared Residuals	6.99303e−04	6.54851e−04

显然,以 $dlparate_{t-2}$ 为门限变量所获得的最小残差平方和要小于以 $dlparate_{t-1}$ 为门限变量所获得的最小残差平方和,因此,本书选择 $dlparate_{t-2}$ 为门限变量,其对应的两个门限值分别为:

$threshold\_1 = -0.01058, threshold\_2 = -0.00471$。

4. 门限自回归方程

根据前文对门限变量的选择以及门限值的估计结果,笔者把 $dlparate$ 的门限自回归方程具体设定为如下形式:

$$dlparate_t = \textbf{DLPARATE} \times \boldsymbol{\beta_1} \times 1\{A_1\} + \textbf{DLPARATE} \times \boldsymbol{\beta_2} \times 1\{A_2\} +$$
$$\textbf{DLPARATE} \times \boldsymbol{\beta_3} \times 1\{A_3\} + u_t \qquad (5.14)$$

其中,$\textbf{DLPARATE}$ 表示解释变量矩阵,$\boldsymbol{\beta}$ 为系数矩阵。具体而言:

$\textbf{DLPARATE} = \begin{bmatrix} 1 & dlparate_{t-1} & dlparate_{t-2} \end{bmatrix}$

$\boldsymbol{\beta_i} = \begin{bmatrix} \alpha_i & \beta_{i1} & \beta_{i2} \end{bmatrix}$

$1\{A_i\}$ 为示性函数,当 A_i 为真时取值1,当 A_i 为假时取值0。具体而言:

$1\{A_1\} = 1\{-0.016984 < dlparate_{t-2} < -0.01058\}$

$1\{A_2\} = 1\{-0.01058 \leqslant dlparate_{t-2} < -0.00471\}$

$1\{A_3\} = 1\{-0.00471 \leqslant dlparate_{t-2} < 0.404293\}$

$dlparate$ 的门限自回归过程也是使用 RATS 语言程序来实现的。门限自回归结果如表 5.12 所示。

表5.12　SETAR方程

机　制	$- 0.016984 < dlparate_{t-2}$ $< - 0.01058$	$- 0.01058 \leq dlparate_{t-2}$ $< - 0.00471$	$- 0.00471 \leq dlparate_{t-2}$ < 0.404293
Constant	0.002420390 (0.001622760)	0.010849185 *** (0.002381463)	−0.000260353 (0.000167608)
$dlparate_{t-1}$	0.851147816 *** (0.180136881)	0.272495652 *** (0.104103524)	0.584891232 *** (0.092359587)
$dlparate_{t-2}$	—	2.197023050 *** (0.312792544)	0.319193538 * (0.168447744)

说明：***、**和*分别表示在1%、5%和10%的水平上显著。

$F - statistic = 35.6197$ ***

$DW - statistic = 2.090997$

进一步对残差序列进行检验，发现残差序列是白噪声序列。

5. 均衡区域的确定

通过估计门限自回归方程可以得到 $dlparate$ 在不同区间中的动态机制。在此基础上，通过计算动态差分方程的特征根可以进一步判断 $dlparate$ 在不同区间中的稳定性，从而确定 $dlparate$ 的均衡区域。具体而言：

（1）区间[−0.016984，−0.01058)不是一个均衡区域

根据表5.12，区间[−0.016984，−0.01058)中 $dlparate$ 的动态机制可以用如下差分方程来表示：

$$dlparate_t = 0.00242 + 0.851148 dlparate_{t-1} \qquad (5.15)$$

根据第(5.15)式，可以求出第(5.15)式所代表的动态机制的均衡点为0.01626。第(5.15)式的齐次形式的特征根是0.851148。虽然第(5.15)式齐次形式的特征根小于1，但是因为第(5.15)式所代表的动态机制的均衡点在区间[−0.016984，−0.01058)之外，所以区间[−0.016984，−0.01058)不是一个均衡区间。由此可见，当 $dlparate$ 位于区间[−0.016984，−0.01058)时，虽然 $dlparate$ 呈现出比较显著的收敛特征，但是在此区间 $dlparate$ 会逐步收敛到该区间之外的一个均衡

水平。这表明，区间$[-0.016984,-0.01058)$不是 *dlparate* 的一个均衡区域。

（2）区间$[-0.01058,-0.00471)$不是一个均衡区域

根据表 5.12，区间$[-0.01058,-0.00471)$中 *dlparate* 的动态机制可以用如下差分方程来表示：

$$dlparate_t = 0.010849 + 0.272496dlparate_{t-1} + 2.197023dlparate_{t-2}$$

$$(5.16)$$

根据第（5.16）式，可以求出区间$[-0.01058,-0.00471)$中的均衡点为-0.007383。第（5.16）式的齐次形式包含两个实数特征根 1.624732 和-1.352237。显然，两个实数特征根的绝对值均大于1，因此，区间$[-0.01058,-0.00471)$不是一个均衡区间。由此可见，当 *dlparate* 位于区间$[-0.01058,-0.00471)$时，*dlparate* 呈现出比较显著的发散特征，即 *dlparate* 不能够自发地保持在该区间。这表明，区间$[-0.01058,-0.00471)$不是 *dlparate* 的一个均衡区域。

（3）区间$[-0.00471,0.404293)$是一个均衡区域

根据表 5.12，区间$[-0.00471,0.404293)$中 *dlparate* 的动态机制可以用如下差分方程来表示：

$$dlparate_t = -0.00026 + 0.584891dlparate_{t-1} + 0.319194dlparate_{t-2}$$

$$(5.17)$$

根据第（5.17）式，可以求出区间$[-0.00471,0.404293)$中的均衡点为-0.00271。第（5.17）式的齐次形式的两个实数特征根分别是 0.92862 和-0.343729，因此，区间$[-0.00471,0.404293)$是一个均衡区间。由此可见，当 *dlparate* 位于区间$[-0.00471,0.404293)$时，*dlparate* 呈现出比较显著的收敛特征，即在此区间 *dlparate* 会逐步收敛到一个相对均衡的水平。这表明，区间$[-0.00471,0.404293)$是 *dlparate* 的一个均衡区域。

五、中国国际收支的均衡区域

(一) 数据选取

正如前文的分析所指出的,衡量国际收支的变量有多种,例如国际收支总额、经常项目总额、金融项目总额和外汇储备水平等等。目前,在这些变量中,最受关注的是外汇储备水平,因此,笔者主要通过分析外汇储备来实现对中国国际收支的把握。

由于笔者在本章第二节需要使用本节的实证研究结果来帮助判断当前(2013—2015 年)的中国外汇储备规模增长是否处于均衡区域,所以在数据选取的时候就回避了当前数据。这样做的好处是可以避免当前数据影响实证分析结果,从而在运用实证分析结果来判断当前数据状态时,可以得到更加准确的结论。具体而言,笔者选取了 1993—2011 年的月度外汇储备数据,原始数据来源于国家外汇管理局官方网站。为了反映我国外汇储备的变化情况,笔者计算了外汇储备的月度环比增长率,用 $grfer$ 来表示。$grfer$ 的具体走势如图 5.4 所示。

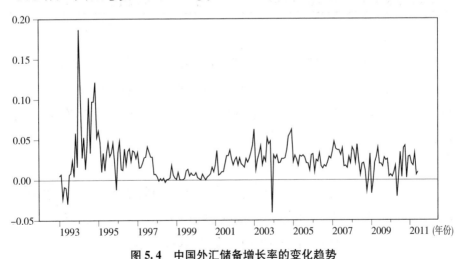

图 5.4 中国外汇储备增长率的变化趋势

资料来源:根据国家外汇管理局官方网站的原始数据计算得到。

如图 5.4 所示,中国外汇总体上保持了显著上升的态势,在笔者选取的 222 个样本中,只有 9 个样本的外汇储备出现环比下降。中国外汇储备的增长率相对平稳,*grfer* 大部分时间都保持在区间(0.00, 0.05)之内,但是也存在局部波动相对剧烈的情况。1994 年前后,中国外汇储备增幅较大,这正好反映了 20 世纪 90 年代的经济过热特征。

(二)估计结果

1. 平稳性检验

同检验前面三个经济序列平稳性的过程一样,笔者采用了 ADF 检验和 Phillips-Perron 检验两种方法来检验目标序列 *grfer* 的平稳性,具体的检验结果如表 5.13 所示。

表 5.13　*grfer* 的平稳性检验

Exogenous	ADF 检验		Phillips-Perron 检验	
	ADF 统计量	P 值	PP 统计量	P 值
None	−2.917336	0.0036	−5.527763	0.0000
Constant	−4.976094	0.0000	−9.394223	0.0000
Constant & Trend	−6.010453	0.0000	−9.445631	0.0000

表 5.13 的检验结果表明,序列 *grfer* 是一个平稳的时间序列。在总体上平稳的时间序列并不能排除时间序列的局部非平稳性和非线性特征。接下来,我们将进一步检验时间序列 *grfer* 是否具有非线性特征。

2. 非线性检验

为了检验中国 *grfer* 序列的非线性生成机制,需要首先构建中国 *grfer* 序列的线性自回归模型。通过综合考察偏自相关系数(Partial Autocorrelation,PAC)、赤池信息准则(Akaike Information Criterion,AIC)、施瓦茨信息准则(Schwarz Information Criterion,SIC)和汉南—奎因准则(Hannan-Quinn Criterion,HQC),笔者发现滞后 2 阶的线性自回

归模型对于序列 $grfer$ 而言是最恰当的。在此基础上，我们进一步对线性自回归模型使用 Ramsey RESET 检验。辅助回归方程是：

$$grfer_t = \lambda_1 + \lambda_2 \times grfer_{t-1} + \lambda_3 \times grfer_{t-2} + \sum_{i=2}^{5} \varphi_i \times \hat{grfer}_t^i \quad (5.18)$$

其中，$\hat{grfer}$ 是 $grfer$ 的拟合值。检验结果如表 5.14 所示。

表 5.14　$grfer$ 的非线性检验

F-statistic	3.724376	Prob.F(4,180)	0.0059
Log likelihood ratio	14.87284	Prob.Chi-Square(4)	0.0050

显然，检验结果拒绝了 $\varphi_2 = \varphi_3 = \varphi_4 = \varphi_5 = 0$ 的原假设，因此可以确定序列 $grfer$ 存在显著的非线性特征。

3. 门限值的超一致估计

由于滞后阶数为 2，所以一共存在两个可能的门限变量，$grfer_{t-1}$ 和 $grfer_{t-2}$，本书选择门限变量的标准是使残差平方和最小。同中国经济增长的状态分类一样，笔者首先尝试了三种状态的门限模型，但是分析结果中有一种状态非常不显著，这表明两种状态的门限模型可能更适用于 $grfer$ 序列。门限变量的选择及门限值的估计结果如表 5.15 所示。

表 5.15　门限值与最小残差平方和

门限变量	$grfer_{t-1}$	$grfer_{t-2}$
threshold	0.03410	0.03884
Min Sum of Squared Residuals	0.08156	0.08182

显然，以 $grfer_{t-1}$ 为门限变量所获得的最小残差平方和要小于以 $grfer_{t-2}$ 为门限变量所获得的最小残差平方和，因此，本书选择 $grfer_{t-1}$ 为门限变量，其对应的门限值为 0.0341。

4. 门限自回归方程

根据前文对门限变量的选择以及门限值的估计结果,我们把门限自回归方程具体设定为如下形式:

$$grfer_t = GRFER \times \boldsymbol{\beta}_1 \times 1\{A_1\} + GRFER \times \boldsymbol{\beta}_2 \times 1\{A_2\} + u_t \qquad (5.19)$$

其中,$\boldsymbol{GRFER}$ 是解释变量矩阵,$\boldsymbol{\beta}$ 是系数矩阵。具体而言:

$$\boldsymbol{GRFER} = \begin{bmatrix} 1 & grfer_{t-1} & grfer_{t-2} \end{bmatrix}$$

$$\boldsymbol{\beta}_i = \begin{bmatrix} \alpha_i & \beta_{i1} & \beta_{i2} \end{bmatrix}$$

$1\{A_i\}$ 为示性函数,当 A_i 为真时取值1,当 A_i 为假时取值0。具体而言:

$$1\{A_1\} = 1\{-0.04 < grfer_{t-1} < 0.0341\}$$

$$1\{A_2\} = 1\{0.0341 \leqslant grfer_{t-1} < 0.19\}$$

$grfer$ 的门限自回归过程也是使用 RATS 语言程序来实现的。门限自回归结果如表 5.16 所示。

表 5.16 SETAR 方程

机　制	$-0.04 < grfer_{t-1} < 0.0341$	$0.0341 \leqslant grfer_{t-1} < 0.19$
Constant	0.0059501186 ** (0.0024567817)	0.0066615547 (0.0073637874)
$grfer_{t-1}$	0.3651396071 *** (0.1104323631)	0.5237231123 *** (0.1086753289)
$grfer_{t-2}$	0.4427597552 *** (0.0826105706)	——

说明:***、**和*分别表示在1%、5%和10%的水平上显著,( )里的数据是标准差。
　　$F-statistic = 26.3681$ ***,表明解释变量是联合显著的。
　　$DW-statistic = 2.101468$,表明残差序列不存在自相关。进一步对残差序列进行检验,发现残差序列是白噪声序列。

5. 均衡区域的确定

通过估计门限自回归方程可以得到 $grfer$ 在不同区间中的动态机制。在此基础上,通过计算动态差分方程的特征根可以进一步判断 $grfer$ 在不同区间中的稳定性,从而确定 $grfer$ 的均衡区域。具体而言:

（1）区间［-0.04,0.0341）是一个均衡区域

根据表 5.16，区间［-0.04,0.0341）中 *grfer* 的动态机制可以用如下差分方程来表示：

$$grfer_t = 0.0059501 + 0.3651396 grfer_{t-1} + 0.4427598 grfer_{t-2}$$

$$(5.20)$$

根据第（5.20）式，可以求出区间［-0.04,0.0341）中的均衡点为 0.030973966。第（5.20）式的齐次形式有两个实数根 0.8725636 和 -0.507424。因为两个实数根的绝对值均小于1，所以包含该均衡点的区间［-0.04,0.0341）是一个均衡区间。由此可见，当 *grfer* 位于区间［-0.04,0.0341）时，*grfer* 呈现出比较显著的收敛特征，即在此区间 *grfer* 会逐步收敛到一个相对稳定的水平。这表明，区间［-0.04, 0.0341）是 *grfer* 的一个均衡区域。

（2）区间［0.0341,0.19）不是一个均衡区域

根据表 5.16，区间［0.0341,0.19）中 *grfer* 的动态机制可以用如下差分方程来表示：

$$grfer_t = 0.006662 + 0.523723 grfer_{t-1}$$ $$(5.21)$$

根据第（5.21）式，可以求出第（5.21）式所代表的动态机制的均衡点为 0.013987。第（5.21）式的齐次形式有一个实数特征根 0.523723。虽然实数特征根的绝对值小于1，但是因为均衡点在区间［0.0341,0.19）之外，所以区间［0.0341,0.19）不是一个均衡区间。由此可见，当 *grfer* 位于区间［0.0341,0.19）时，*grfer* 呈现出比较显著的收敛特征，但是因为均衡点在区间［0.0341,0.19）之外，所以 *grfer* 不会自发地保持在该区间之内。这表明，区间［0.0341,0.19）不是 *grfer* 的一个均衡区域。

第二节 中国经济内外失衡的现状

改革开放以来，中国经济取得了举世瞩目的发展成就，与此同时，

经济发展过程中的一些问题也变得越来越显著。例如,经济增长越发乏力,人民币汇率持续升值,外汇储备巨额增加,国内物价忽高忽低,等等。实际上,所有这些问题的背后都反映出一个同样的问题,那就是中国宏观经济的内外失衡。总的来看,当前中国宏观经济内外失衡主要表现为经济增长、物价水平、人民币汇率和国际收支四个宏观经济变量的失衡。其中,经济增长和物价水平的失衡属于中国经济的内部失衡,而人民币汇率和国际收支的失衡属于中国经济的外部失衡。接下来,笔者将基于宏观经济数据来具体考察当前中国宏观经济内外失衡的具体表现。

一、经济增长的失衡

目前,中国经济增长的失衡现状主要表现为:总量目标超额实现,增长趋势相对放缓,结构平衡有待改善。笔者收集了 2013 年和 2014 年的中国 GDP 增长指数,用以反映当前中国经济增长总量目标的失衡情况。具体数据如图 5.5 所示。

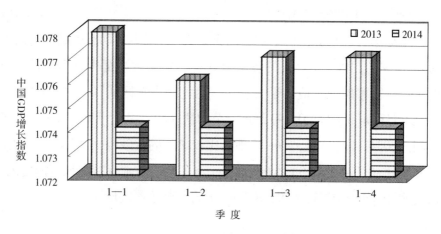

图 5.5　中国季度 GDP 增长指数

资料来源:根据国家统计局官方网站提供的数据绘制得到。

(一)总量目标超额实现

从总量来看,中国经济增长的总量目标得到了超额实现。在本章第一节中,笔者运用三状态的 SETAR 模型估计了中国 GDP 季度增长率的均衡区间,发现区间$[0.0116, 0.0339]$①是中国季度 GDP 环比增长率的一个均衡区域,在此区间的中国季度 GDP 环比增长率倾向于收敛到一个均衡水平 0.0226。中国季度 GDP 环比增长率的均衡区间可以折算为年度 GDP 增长率,具体的折算公式如下:

$$r_{year} = (1 + r_{season})^4 - 1 \tag{5.22}$$

其中,r_{season} 表示季度 GDP 的环比增长率,r_{year} 表示年度 GDP 的增长率。经过折算,笔者发现中国 GDP 年度增长率的均衡区间是$[0.0471, 0.1428]$,在此区间的中国 GDP 年度增长率倾向于收敛到一个均衡水平 0.0934。

具体到中国经济增长现状,如图 5.5 所示,2013 年第一季度中国经济增长的同比增长指数是 1.078,2013 年前两个季度中国经济增长的同比增长指数是 1.076,2013 年前三个季度中国经济增长的同比增长指数是 1.077,2013 年全年中国经济增长的同比增长指数是 1.077。由此可见,2013 年的中国经济,无论是季度累计同比增长率,还是全年增长率,都超过了 7.5%。同样如图 5.5 所示,2014 年第一季度中国经济增长的同比增长指数是 1.074,2014 年前两个季度中国经济增长的同比增长指数是 1.074,2014 年前三个季度中国经济增长的同比增长指数是 1.074,2014 年全年中国经济增长的同比增长指数是 1.074。由此可见,2014 年的中国经济,无论是季度累计同比增长率,还是全年增长率,都超过了 7%。总的来看,2013 年和 2014 年我国经济增长的总量目标都得到了超额实现,即使受到了人民币持续升值的负面冲击,中国经济依然保持着高速增长态势,超出了政策当局制定的 7% 的年度

---

① 在不影响分析结果的情况下,笔者通过四舍五入对本章第一节的计算结果精确到了小数点后四位。

经济增长目标,同时也位于笔者所估计的中国 GDP 年度增长率的均衡区间。这表明我国经济结构调整取得了一定成效,已经能够抵御人民币升值对出口及整体经济的负面影响。

(二)增长趋势相对放缓

从趋势来看,中国经济增长的增长趋势出现了相对放缓。如图5.5 所示,2014 年第一季度中国经济增长的同比增长指数要比 2013 年同期低 0.004;2014 年前两个季度中国经济增长的同比增长指数要比2013 年同期低 0.002;2014 年前三个季度中国经济增长的同比增长指数要比 2013 年同期低 0.003;2014 年全年中国经济增长的同比增长指数要比 2013 年全年低 0.003。由此可见,2014 年的中国经济,无论是季度累计同比增长率,还是全年增长率,都要低于 2013 年。总的来看,在人民币升值、经济结构调整等因素的影响下,虽然中国经济总体上超过了预定的增长目标,但是从时间维度来看,经济增长率还是出现了一定程度的下降,经济增长趋势有所放缓。

(三)结构平衡有待改善

从结构上看,中国经济结构失衡主要表现为内需结构失衡。内需结构失衡,具体表现为国内最终消费需求对于宏观经济的拉动不足。因为数据的限制,笔者并没有对中国经济增长内需结构的均衡区域进行估计,但是从相关数据来看,内需结构还是表现出了较为明显的失衡。具体而言,2014 年第一季度,最终消费支出占国内生产总值比重为 64.9%,比上年同期提高 1.1 个百分点;2014 年前两个季度,最终消费支出占国内生产总值比重为 52.4%,比上年同期提高 0.2 个百分点;2014 年前三个季度,最终消费支出对国内生产总值增长的贡献率为48.5%,比上年同期提高 2.7 个百分点;2014 年全年最终消费支出对国内生产总值增长的贡献率为 51.2%,比上年提高 3.0 个百分点[①]。由

---

① 根据国家统计局官方网站提供的数据计算得到。

此可见,2014 年中国经济内需结构比 2013 年有所改善,但是还没有达到合理的水平。目前,世界大多数国家的最终消费需求能够达到 70% 左右,而发达国家的最终消费需求能够达到 80% 左右。在中国经济总需求中,投资需求依然占据了过大的比重,这表明中国经济增长对投资需求的增长依然存在着过度依赖。

二、物价水平的失衡

目前,中国物价水平失衡的主要表现是:通货紧缩压力加大。一般来说,居民消费价格指数(CPI)是衡量物价水平最重要的指标之一,通常可以用两种方法来表示居民消费价格指数:同比 CPI 和环比 CPI。同比 CPI 通常把上年同期的物价水平设定为 1 或者 100,环比 CPI 通常把上期的物价水平设定为 1 或者 100。

在本章的第一节中,笔者运用两状态的 SETAR 模型估计了上月物价水平为 1 的条件下,中国 CPI 环比指数取对数($lhbcpi$)后的均衡区间,发现区间($0.0030,0.0363$)是 $lhbcpi$ 的一个均衡区域,而 0.0041 是 $lhbcpi$ 的一个均衡点。也就是说,一旦 $lhbcpi$ 到达区间(0.0030, 0.0363), $lhbcpi$ 将具有自发保持在该区间的内在机制,并且在此区间的 $lhbcpi$ 将自发地向一个相对均衡水平 0.0041 收敛。通过取反对数可以求出环比 CPI 的均衡区间($1.0030,1.0370$),同理,可以求出环比 CPI 的均衡点 1.004。进一步,换算成 100 分制条件下的价格指数,可得中国环比 CPI 的均衡区间是($100.30,103.70$),环比 CPI 的均衡点 100.4。

笔者收集了 2013 年 1 月到 2015 年 2 月的中国 CPI 月度环比指数,用以反映当前中国物价水平的失衡现状。CPI 月度环比价格指数能够清晰地反映居民消费价格水平在不同月度间的变化情况。在百分制价格指数的条件下,如果本月指数大于 100,则意味着本月价格水平上升,如果本月指数小于 100,则意味着本月价格水平下降。具体数据如图 5.6 所示。

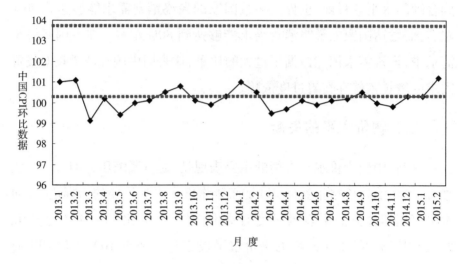

图 5.6　中国 CPI 环比指数

资料来源:根据国家统计局官方网站提供的数据绘制得到。

在图 5.6 中,上面的虚线表示笔者计算出来的中国 CPI 环比指数均衡区间(100.30,103.70)的上限值 103.70,下面的虚线表示笔者计算出来的中国 CPI 环比指数均衡区间(100.30,103.70)的下限值100.30。观察图 5.6,我们可以发现:

2013 年 1 月到 2015 年 2 月的月度 CPI 指数均在总体上呈现出均衡波动的特征,其均值约为 100.2154,这表明在 2013 年 1 月到 2015 年 2 月这一期间,中国物价水平总体上比较平稳。但是需要注意的是,在 2013 年 1 月到 2015 年 2 月的 26 个月中间,价格指数低于或等于均衡区间(100.30,103.70)下限的月份有 18 个,分别是 2013 年 3 月的 99.1、2013 年 4 月的 100.2、2013 年 5 月的 99.4、2013 年 6 月的 100、2013 年 7 月的 100.1、2013 年 10 月的 100.1、2013 年 11 月的 99.9、2013 年 12 月的 100.3、2014 年 3 月的 99.5、2014 年 4 月的 99.7、2014 年 5 月的 100.1、2014 年 6 月的 99.9、2014 年 7 月的 100.1、2014 年 8 月的 100.2、2014 年 10 月的 100、2014 年 11 月的 99.8、2014 年 12 月的

100.3 和 2015 年 1 月的 100.3;价格指数在均衡区间(100.30,103.70)内的月份只有 8 个,分别是 2013 年 1 月的 101、2013 年 2 月的 101.1、2013 年 8 月的 100.5、2013 年 9 月的 100.8、2014 年 1 月的 101、2014 年 2 月的 100.5、2014 年 9 月的 100.5 和 2015 年 2 月的 101.2;除此之外,没有一个月份的价格指数高于或等于均衡区间(100.30,103.70)的上限。对于一个持续增长的经济体而言,CPI 环指数长期低于或等于均衡区间(100.30,103.70)的下限,并且反复多次出现价格水平的环比下降并不是一种十分合理的现象,这预示着中国的物价水平存在着一定的通货紧缩压力。

三、人民币汇率的失衡

目前,人民币汇率失衡的主要表现是:升值与升值压力并存。具体而言,一方面,人民币表现出长期升值特征;另一方面,人民币升值压力还没有得到完全释放,人民币依然存在较大的升值空间。自 2005 年 7 月 21 日人民币汇率生成机制改革以来,人民币币值持续强势,虽然经历了一轮较大幅度的升值,仍然不能抵消人民币进一步升值的压力。

(一)汇率绝对值视角

为了从汇率绝对值视角来直观反映人民币当前的失衡状态,笔者收集了 2013 年 1 月以来的人民币对美元汇率的月度数据。具体选取的是月末汇率,如图 5.7 所示。

如图 5.7 所示,2013 年以来,人民币对美元汇率继续保持强势。在人民币汇率波动幅度进一步放宽的情况下,虽然出现了一定程度的双向波动,但是人民币依然存在明显的升值趋势。这表明人民币升值压力还没有得到充分释放。具体而言,2013 年 1 月,人民币对美元汇率的期末价为 6.2795,2013 年 12 月,人民币对美元汇率的期末价下降到 6.0969,突破了 6.1,之后虽有小幅振荡,但总体上还是保持在 6.15 左右。2015 年 3 月的最新数据显示,人民币对美元汇率在 2015 年 3 月

（单位：人民币/美元）

图 5.7　人民币对美元汇率走势

资料来源：根据国家统计局官方网站提供的数据绘制得到。

的期末价格是 6.1422。在两年左右的时间里，人民币大约升值 2.19%。

（二）汇率波动值视角

在本章的第一节中，笔者运用三状态的 SETAR 模型估计了对数差分之后的人民币汇率（*dlparate*）波动的均衡区间，发现区间 [−0.0047, 0.4043) 是一个均衡区域，−0.0027 是一个反映 *dlparate* 收敛方向均衡点。也就是说，一旦 *dlparate* 到达区间 [−0.00471, 0.404293)，*dlparate* 将具有自发保持在该区间的内在机制，并且在此区间的 *dlparate* 将自发地向一个相对均衡水平 −0.0027 收敛。为了从汇率波动值视角来反映人民币当前的失衡状态，笔者计算了 2013 年 1 月到 2015 年 3 月的人民币汇率的 *dlparate* 值，具体如图 5.8 所示。

在图 5.8 中，虚线表示笔者计算出来的汇率波动均衡区间 [−0.0047, 0.4043) 的卜限值 −0.0047。观察图 5.8，我们可以发现以下三个特征：

第一，人民币汇率 *dlparate* 的 27 个取值中，有 18 个负值。人民币汇率 *dlparate* 的 10 个负值表明在 2013 年 1 月到 2015 年 3 月的 27 个月中，人民币有 18 个月都在升值。

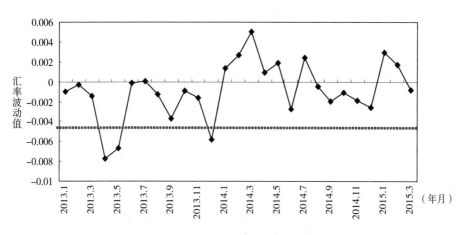

图 5.8　人民币对美元汇率波动情况

资料来源：根据国家统计局官方网站提供的数据绘制得到。

第二，人民币汇率 *dlparate* 的 27 个取值中，有 3 个取值要低于汇率波动均衡区间[−0.0047,0.4043)的下限值−0.0047，分别是 2013 年 4 月、2013 年 5 月和 2013 年 12 月。这表明 2013 年 4 月、2013 年 5 月和 2013 年 12 月的汇率升值程度已经超过了均衡水平。

第三，人民币汇率 *dlparate* 的 27 个取值中，虽然有 24 个取值在笔者计算出来的汇率波动均衡区间[−0.0047,0.4043)内，但是这 24 个取值都十分远离汇率波动均衡区间的上限 0.4043，而十分接近汇率波动均衡区间的下限−0.0047。这表明 2013 年 1 月到 2015 年 3 月的 27 个月中，人民币面临着潜在的升值压力。

（三）汇率失衡的总体表现

总的来看，随着人民币汇率形成机制改革的逐步深化，人民币汇率的波动幅度逐步增长，人民币双向波动的情况越来越明显，但是从一个较长的时期来看，人民币依然表现出明显的升值趋势，并且人民币升值压力并没有随着汇率弹性扩大而明显减弱。

四、国际收支的失衡

(一)国际收支失衡概况

目前,中国国际收支失衡的主要表现是:经常项目顺差持续扩大,资本与金融项目波动过大。随着中国资本项目开放的逐步推进,以及人民币汇率形成机制的继续深化,中国国际收支长期以来的双顺差现象有所改观,主要表现为中国国际收支的资本与金融项目开始出现逆差。然而,中国的国际收支依然存在失衡,主要表现为经常项目顺差持续扩大,以及资本与金融项目波动过大。为了直观地展示当前中国国际收支的失衡现状,笔者收集了 2013 年第一季度到 2014 年第四季度的中国国际收支季度数据,具体如图 5.9 所示。

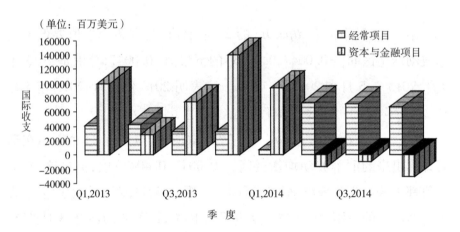

图 5.9   2013—2014 年的中国国际收支

资料来源:根据国家统计局官方网站提供的数据绘制得到。

如图 5.9 所示,从经常项目来看,从 2013 年到 2014 年,中国的经常项目出现了巨大的增量。2013 年中国经常项目顺差的总额是 148204 百万美元,平均每个季度顺差 37051 百万美元;2014 年中国经常项目顺差的总额是 219676.9 百万美元,平均每个季度顺差 54919.225 百万美元;2014 年中国经常项目顺差的总额要比 2013 年多

出 71472.9 百万美元,平均每个季度顺差要比 2013 年多出 17868.225
百万美元。笔者认为出现这一现象的主要原因是,我国的国内需求不
足。正是由于我国国内需求乏力,导致了经常项目贸易顺差的被动增
加。经常项目贸易的合理顺差有利于拉动国内经济的增长,但是经常
项目的过度顺差则可能导致国内经济增长丧失内在动力,进而导致国
内经济更加容易受到国际经济环境的影响。

从资本与金融项目来看,从 2013 年到 2014 年,中国的资本与金融
项目出现了巨大的减量,其变化程度要显著大于经常项目的变化程度。
具体而言,2013 年中国资本与金融项目顺差的总额是 346101.01 百万
美元,平均每个季度顺差 86525.2525 百万美元;2014 年中国资本与金
融项目顺差的总额是 38239.28 百万美元,平均每个季度顺差 9559.82
百万美元;2014 年中国资本与金融项目顺差的总额要比 2013 年少
307861.73 百万美元,平均每个季度顺差要比 2013 年少 76965.4325 百
万美元。具体到每个季度,2013 年的每个季度都存在巨额顺差,而
2014 年有三个季度存在逆差,分别是第二季度的-16206 百万美元、第
三季度的-9031.65 百万美元和第四季度的-30495.2 百万美元。笔者
认为出现这一现象的主要原因是,由于中国资本项目的逐步放开和人
民币汇率波动幅度的扩大,导致了资本与金融项目资金出现了大进大
出的现象。总的来看,这种现象是对我国国际收支长期以来的双顺差
现象的一种过度矫正,在这一过程中,我们必须要警惕国际游资对我国
经济和金融体系的负面冲击。

(二)外汇储备规模失衡

外汇储备规模失衡是国际收支失衡的重要结果。在本章的第一节
中,笔者运用两状态的 SETAR 模型估计了中国外汇储备月度增长率
$grfer$ 的均衡区间,发现区间 $[-0.0400, 0.0341)$ 是一个均衡区间,
0.0310 是一个均衡点。也就是说,一旦中国外汇储备月度增长率 $grfer$
进入区间 $[-0.04, 0.0341)$,$grfer$ 将具有自发保持在该区间的内在机

制,并且在此区间的 *grfer* 将自发向一个相对均衡点 0.0310 进行收敛。根据国家外汇管理局的统计数据,笔者计算了 2013 年 1 月到 2014 年 12 月中国外汇储备的月度增长率,具体如图 5.10 所示。

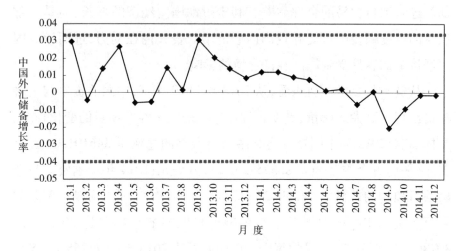

图 5.10　2013—2014 年中国外汇储备增长率

资料来源:根据国家统计局官方网站提供的数据绘制得到。

在图 5.10 中,上面的虚线表示笔者计算出来的中国外汇储备月度增长率均衡区间[-0.04,0.0341)的上限值 0.0341,下面的虚线表示笔者计算出来的中国外汇储备月度增长率均衡区间[-0.04,0.0341)的下限值-0.04。观察图 5.10,我们可以发现以下两个特征:

第一,2013 年 1 月到 2014 年 12 月中国外汇储备的月度增长率总体上是均衡的。具体表现为,2013 年 1 月到 2014 年 12 月中国外汇储备的月度增长率均保持在图 5.10 中两条虚线之间的范围内,这意味着2013 年 1 月到 2014 年 12 月中国外汇储备的月度增长率均位于笔者估计出来的中国外汇储备月度增长率均衡区间[-0.04,0.0341)内。

第二,2013 年 1 月到 2014 年 12 月中国外汇储备的 24 个月度增长率中,有 16 个月度的增长率为正数,而增长率为负数的月度只有 8 个。这表明规模持续增加依然是中国外汇储备的常态,中国外汇储备规模过大的问题并没有得到根本性的改善。

综上所述,当前中国宏观经济内外失衡主要表现为经济增长、物价水平、人民币汇率和国际收支四个宏观经济变量的失衡。具体而言,中国经济增长的失衡现状主要表现是总量目标超额实现,增长趋势相对放缓,结构平衡有待改善;中国物价水平失衡的主要表现是通货紧缩压力加大;人民币汇率失衡的主要表现是升值与升值压力并存;中国国际收支失衡的主要表现是经常项目顺差持续扩大,资本与金融项目波动过大。

第三节 中国经济内外失衡与预期

在本章第一节,笔者运用实证方法估计了中国宏观经济主要变量的均衡区间。在本章第二节,笔者基于第一节的实证结果对当前中国宏观经济内外失衡现状进行了判断与分析。在这一节,笔者将从预期的视角去考察中国经济内外失衡的影响。当然,本节从预期的视角去考察中国经济内外失衡的影响只是尝试性的,所以笔者并没有考察全部宏观经济失衡变量,而只是涉及人民币汇率和外汇储备两个变量。在第二节的分析中,笔者指出人民币汇率失衡的主要表现是升值与升值压力并存,而国际收支失衡的一个重要表现是外汇储备规模失衡。在本节的第一部分,笔者将主要通过理论研究和实证研究两种方法来考察人民币汇率失衡与外汇储备规模失衡的相互影响;在本节的第二部分,笔者将着重考察人民币汇率失衡可能带来的积极影响,主要是人民币升值预期对东南亚地区人民币国际化的积极影响。

一、人民币升值预期与外汇储备

2005 年的人民币汇率生成机制改革扩大了人民币汇率弹性,因币值长期低估而累积的人民币升值压力逐渐转化为人民币升值现实。根据 CEIC 中国经济数据库的统计数据,人民币兑美元汇率的期末价从 2005 年 6 月的 8.2765 下降到 2014 年 12 月的 6.119,在 10 年左右的时间里人民币累积升值约 26%。同一时期,中国的外汇储备规模亦呈现出加速上升的趋势,来自国家外汇管理局网站的数据显示,2005 年 6 月,中国的外汇储备余额为 7109.73 亿美元,而到 2014 年 12 月,中国的外汇储备余额已经突破 3.8 万亿美元,达到 38430.18 亿美元,在 10 年左右的时间里,中国外汇储备规模累积增加约 441%。根据国际收支的相关理论,一般而言,本币币值上升会给本国国际收支造成反向压力,进而导致本国外汇储备规模收缩,然而,中国的现实数据却并不支持这一结论。是什么因素导致了现实与理论的背离? 这一因素的作用机制是什么? 本书拟从理论和实证两个角度来回答上述问题。

外汇储备规模一直以来都是学者们关注的热点。已有研究可以分为三类:

第一类研究主要是基于外汇储备需求的角度,这类研究主要解决的是需要多少外汇储备的问题。例如,特里芬(Triffin,1960)基于外汇储备与进口比率的外汇储备需求理论,海勒(Heller,1966)基于成本收益分析的外汇储备需求模型,弗仑克尔和约万诺维奇(Frenkel 和 Jovanovic,1981)基于缓冲存货(Buffer Stock)的外汇储备需求模型,本·巴萨特和戈特利布(Ben Bassat 和 Gottlieb,1992)基于预防危机而建立的最优化外汇储备需求模型,珍妮和朗西埃(Jeanne 和 Ranciere,2006)基于效用最大化的外汇储备需求模型。国内基于需求角度的研究主要是实证研究,例如,易行健(2007)利用 1996—2004 年的月度数据对中国外汇储备需求函数进行了实证分析,研究发现消费品零售总额、人民币实际有效汇率、国内外利率差、进口依存度和进口波动性都会显著影响中国的外汇储备需求。

第二类研究主要是基于外汇储备供给的角度,这类研究主要解决的是能够获得多少外汇储备的问题。由于外汇储备的直接来源是国际收支,因此,这类研究的中心问题就是国际收支。例如,谢建国和陈漓高(2002)通过协整分析及冲击分解的方法研究了中国贸易收支与人民币汇率之间的关系,卢向前和戴国强(2005)运用向量自回归(VAR)的分析方法分析了人民币实际汇率波动对我国进出口的影响,卢锋(2006)对我国外汇储备主要供给来源的国际收支问题进行了深入研究,刘荣茂等(2007)基于 MF 模型分析了人民币汇率波动对我国国际收支调节的有效性,董继华(2008)基于 BRM 弹性条件分析了汇率和经常账户的关系问题。

第三类研究不考虑外汇储备的供给与需求,而直接对供给平衡之后的外汇储备现状进行研究,研究方法主要是实证分析。例如,马娴(2004)通过实证研究分析了中国外汇储备规模与汇率的相互关系,郭洪仙和李晓峰(2004)综合探讨了我国外汇储备增长的原因及变动趋势,巴曙松等(2007)分析了人民币实际有效汇率对国际贸易及外汇储备的影响,黄飞雪和李成(2011)运用 STR 模型分析了汇改前后人民币实际汇率对中国外汇储备增长的非线性影响。值得一提的是,在这类研究中,已经有少数研究开始深入考察人民币汇率预期对外汇储备的影响问题。例如,潘成夫(2006)通过对 2000—2005 年的月度数据进行定量分析,发现人民币汇率预期对外汇储备快速累积起着极为重要的作用。黄寿峰和陈浪南(2011)以理论分析为基础,运用结构变化协整(GH)检验分析了人民币汇率、人民币升值预期与外汇储备之间的相关性,研究发现人民币升值预期与我国外汇储备之间存在发生结构变化的长期协整关系,人民币升值预期会加速我国外汇储备的增长,而我国外汇储备的增长也会反过来强化人民币升值预期。

笔者认为,外汇储备是一种特殊的商品,既具有普通商品的一般性,也具有自身的特殊性。从外汇储备的一般性来看,一般商品市场的供给与需求理论同样适用于外汇储备,外汇储备规模和价格(汇率)也必然是由外汇储备的需求和外汇储备的供给两方面来共同决定的。然而,通过回顾国内外关于外汇储备规模的研究文献,我们发现尚未有人把外汇储备规模纳入外汇储备的供给与需求框架下来研究。基于此,本书将在外汇储备供给和外汇储备需求的统一框架下来研究外汇储备的规模问题。

从外汇储备的特殊性来看,外汇储备与一般商品的主要区别有两个方面:(1)供给与需求的主体不同。外汇储备最基本的供给主体是持有外汇的居民或非居民[①],而外汇需求的主体只有一个,那就是非国际货币发行国的货币(外汇)当局。(2)外汇储备是一种具备较强投资性的商品,或者说是外汇(货币)资产。外汇储备的这一特殊性决定了外汇储备的供给主体在卖出这种商品的时候不仅会关注其当期价格,还会更加关心其预期价格。基于此,本书将在外汇储备供给的研究中纳入汇率预期。

综上所述,本书这部分将在外汇储备供给和外汇储备需求的统一框架下,综合运用理论和实证的研究方法来分析汇率预期水平与外汇储备规模的相互关系。

(一)汇率预期与外汇供给

正如在引言部分的讨论中所提到的,外汇储备是一种具有很强投资性的商品,因此,可以用货币资产组合思想来解释作为外汇储备供给主体的居民或非居民的决策行为。货币资产组合思想主要反映了决策主体对于不同货币资产的选择、替代与组合。有四类主要模型可以用来研究货币替代或组合问题:货币服务生产函数模型,代表性人物比如迈尔斯(Miles,1978);货币需求效用函数模型,代表性人物比如波尔多和乔德理(Bordo 和 Choudhri,1982);货币需求资产组合模型,代表性人物比如金(King,1978)、托马斯(Thomas,1985);货币预防需求理论模型,代表性人物比如波洛兹(Poloz,1986)。下面,本书将以货币需求

---

① 这里的居民或非居民是一个广义的抽象概念,泛指除了本国国家货币当局以外的个人和组织,具体可以包括普通个人、企业、金融机构和事业单位等等。

效用函数模型为基础进行理论分析,这类模型已经被广泛运用于研究货币组合与货币替代问题(奥博斯菲尔德与罗格夫,1996)。

假定世界上一共有两个国家,其中一个是国际货币发行国。国际货币发行国不需要外汇储备,而非国际货币发行国需要外汇储备。非国际货币发行国的外汇储备需求主体是中央银行,进一步假定非国际货币发行国实施强制结汇的政策,那么非国际货币发行国的外汇储备供给主体就可以简化为只包括外国居民。假定外国居民具有同质性,这意味着我们可以通过分析代表性外国居民的行为来实现对外国居民总体行为的把握。假定代表性外国居民具有理性预期的能力,也就是说,代表性外国居民对未来的预期与未来的现实不会发生系统性的偏差。假定资本可以在世界范围内自由流动,也就是说,国内外货币可以自由兑换,不受管制。基于以上假定,可以把代表性外国居民在第 t 期的跨期效用函数设定为如下形式:

$$U_t = E_t \{ \sum_{s=t}^{\infty} \beta^{s-t} [u(C_s) + v(\bar{M}_s)] \} \tag{5.23}$$

其中,E_t 表示条件期望,是以代表性外国居民在第 t 期所能得到的所有信息集为条件的。β^{s-t} 是代表性外国居民把第 s 期所产生的效用贴现到第 t 期的主观贴现因子,β 是一个常数。$u(C_s)$ 表示代表性外国居民在第 s 期进行消费所产生的效用,C_s 表示代表性外国居民在第 s 期的消费量,边际效用 $u'(C_s)$ 具有递减的性质。$v(\bar{M}_s)$ 表示代表性外国居民在第 s 期持有的复合货币(货币组合)实际余额所带来的效用,复合货币 $\bar{M}_s$ 被定义为 CES 函数形式:

$$\bar{M}_s = [(M_s)^{\frac{\theta-1}{\theta}} + (\frac{R_s}{e_s})^{\frac{\theta-1}{\theta}}]^{\frac{\theta}{\theta-1}} \tag{5.24}$$

在第(5.24)式中,M_s 表示代表性外国居民在第 s 期持有的国际货币实际余额,R_s/e_s 是用国际货币单位表示的第 s 期代表性外国居民持有非国际货币的实际余额,e_s 是第 s 期的实际汇率,表示每单位国际货币可以兑换的非国际货币数量，θ 为替代弹性，且 $\theta > 1$。边际效用 $v'(\bar{M}_s)$ 也具有递减的性质。显然，R_s/e_s 实际上构成了非国际货币发行国外汇储备的供给来源。

进一步假定世界经济是一个禀赋经济，那么代表性外国居民在第 s 期所面临的阶段预算约束条件可以表示为：

$$B_s + M_s + \frac{R_s}{e_s} = B_{s-1}(1 + r_{s-1}) + M_{s-1} + \frac{R_{s-1}}{e_{s-1}} + Y_s - C_s - T_s$$

$$(5.25)$$

其中，B_{s-1} 表示代表性外国居民在第 $s-1$ 期期初持有的非国际货币发行国债券的实际余额，r_{s-1} 为第 $s-1$ 期的实际债券利率，则 $B_{s-1}(1 + r_{s-1})$ 表示代表性外国居民在第 s 期期初持有的非国际货币发行国的债券实际余额，Y_s 表示代表性外国居民在第 s 期的实际产出，T_s 表示代表性外国居民在第 s 期所交纳的实际税收总量。

联立第(5.23)式和第(5.25)式，可得以下三个一阶条件：

$$u'(C_t) = (1 + r_t)\beta E_t[u'(C_{t+1})] \tag{5.26}$$

$$u'(C_t) = v'(\bar{M}_t)(M_t)^{\frac{-1}{\theta}}\left[(M_t)^{\frac{\theta-1}{\theta}} + \left(\frac{R_t}{e_t}\right)^{\frac{\theta-1}{\theta}}\right]^{\frac{1}{\theta-1}} + \beta E_t[u'(C_{t+1})]$$

$$(5.27)$$

$$\frac{1}{e_t}u'(C_t) = v'(\bar{M}_t)\frac{1}{e_t}\left(\frac{R_t}{e_t}\right)^{\frac{-1}{\theta}}\left[(M_t)^{\frac{\theta-1}{\theta}} + \left(\frac{R_t}{e_t}\right)^{\frac{\theta-1}{\theta}}\right]^{\frac{1}{\theta-1}} + \frac{1}{E_t(e_{t+1})}$$

$$\beta E_t[u'(C_{t+1})] \tag{5.28}$$

进一步联立第(5.26)式到第(5.28)式，可以求出非国际货币发行国外汇储备的供给函数，如第(5.29)式所示：

$$\frac{R_t}{e_t} = M_t\left[\frac{r_t E_t(e_{t+1})}{(1 + r_t)E_t(e_{t+1}) - e_t}\right]^{\theta} \tag{5.29}$$

第(5.29)式所刻画的非国际货币发行国外汇储备供给函数表明：国际货币发行国的货币存量、国际货币发行国居民对汇率的预期和即期汇率都是影响非国际货币发行国国际储备供给的重要变量。根据国际货币发行国居民对汇率预期的取值大小不同，具体可以从以下三种情况来加以讨论，具体如图 5.11 所示。

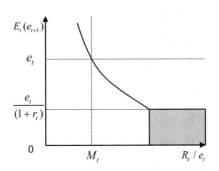

图 5.11　预期汇率与外汇供给

情况 1：$0 < E_t(e_{t+1}) \leqslant \dfrac{e_t}{(1 + r_t)}$

在这种情况下，外国居民对非国际货币发行国外汇储备的供给水平是无限大的。此时，对应着任何一个预期汇率水平的外汇储备供给曲线都是一条水平线，如图 5.11 中的阴影部分所示。也就是说，在这种情况下，非国际货币发行国可以获得自己想要的任何水平的外汇储备。

情况 2：$E_t(e_{t+1}) > \dfrac{e_t}{(1 + r_t)}$

在这种情况下，外国居民对非国际货币发行国具有正的外汇储备供给。外汇储备供给的变化方向和速度可以通过对第（5.29）式关于预期汇率求一阶导数和二阶导数而得到，如第（5.30）式和第（5.31）式所示：

$$\partial(\frac{R_t}{e_t})/\partial E_t(e_{t+1}) = \frac{-\theta R_t}{[(1 + r_t)E_t(e_{t+1}) - e_t]E_t(e_{t+1})} < 0 \quad (5.30)$$

$$\partial \left(\frac{R_t}{e_t}\right)^2 / \partial^2 E_t(e_{t+1}) = \theta R_t \frac{2(1+r_t)E_t(e_{t+1}) - e_t}{[(1+r_t)E_t(e_{t+1})^2 - e_t E_t(e_{t+1})]^2} > 0$$

(5.31)

显然,随着预期汇率的上升(非国际货币发行国的货币贬值),外国居民对非国际货币发行国的外汇储备供给会逐渐减少,并且减少的速度会越来越慢。随着预期汇率的下降(非国际货币发行国的货币升值),外国居民对非国际货币发行国的外汇储备供给会逐渐增加,并且增加的速度会越来越大。

情况 3: $E_t(e_{t+1}) = e_t$

当预期汇率正好等于即期汇率时,外国居民对非国际货币发行国的外汇储备供给水平为常数 M_t。也就是说,只要预期非国际货币发行国的货币币值保持稳定,非国际货币发行国就可以获得最多为 M_t 大小的外汇储备供给。

(二)外汇供给与外汇储备

通过上文的分析,我们已经求出了包含汇率预期因素的非国际货币发行国的外汇储备供给函数,接下来本书将在供给需求理论的框架下,分析因预期汇率下降导致的外汇储备供给增加对非国际货币发行国的外汇储备规模的均衡影响。因为第(5.29)式所表示的非国际货币发行国的外汇储备供给函数具有非线性特征,为了简化定性分析,在一般情况下,令 $\Re_t = R_t/e_t$,则在即期汇率与即期储备所定义的二维空间里[①],第(5.29)式的外汇储备供给函数可以进一步被简写为如下形式的抽象函数:

$$\Re_t = \Re^s[e_t; M_t, E_t(e_{t+1})]$$

(5.32)

第(5.32)式表明,非国际货币发行国的外汇储备供给水平与当期

---

① 按照通常习惯,作为价格变量的当期汇率 $(cte^{\lambda t} + c^* e^{\lambda t})$ 被定义为纵轴,而非国际货币发行国的当期储备变量 $\lambda_1 = \alpha + \beta i \in R$ 被定义为横轴,具体如图5.12到图5.14所示。

汇率成同向变化的关系,也就是说,在预期汇率等其他变量保持不变的情况下,当期汇率上升(即非国际货币发行国货币贬值)会导致非国际货币发行国的外汇储备供给水平沿着第(5.32)所刻画的供给曲线增加。第(5.32)式同样表明,在其他条件不变的情况下,预期汇率下降(即非国际货币发行国的货币预期升值)将导致由第(5.32)式所刻画的非国际货币发行国外汇储备供给曲线向右平移,也就是说,对应着每一个当期汇率水平,非国际货币发行国外汇储备的供给水平都得到了增加。同理可知,在其他条件不变的情况下,国际货币发行国的货币存量变大(或变小)也会导致由第(5.32)式所刻画的非国际货币发行国外汇储备的供给曲线向右(或向左)平移。至此,我们已经对当期汇率与当期储备二维空间里的外汇储备供给曲线进行了完整的讨论,外汇储备供给曲线的具体走向及移动方向如图 5.12 到图 5.14 中的 $\mathfrak{R}^s$ 所示。

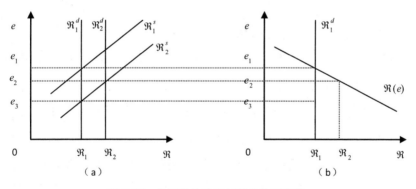

图 5.12 外汇供给冲击与部分外汇吸收

正如引言的分析,与商品市场中普通商品数量的决定过程一样,一国的外汇储备规模也应该是由外汇储备供给和外汇储备需求两方面的因素来决定的,仅仅知道外汇储备的供给函数并不足以确定非国际货币发行国外汇储备的实际规模及其变化规律。为此,下面我们将进一步讨论在当期汇率与当期储备二维空间里的外汇储备需求情况。相对于外汇储备的供给函数,外汇储备的需求函数要简单得多,在由当期汇率与当期储备所构成的二维空间里,外汇储备的需求函数可以直接被定义为如下形式的抽象函数:

$$\Re_t = \Re^d \tag{5.33}$$

第(5.33)式表明,非国际货币发行国的外汇储备需求与即期汇率之间并没有一一对应的函数关系。之所以这样设定,是因为外汇储备需求实际上是非国际货币发行国的一项外生政策工具,外汇储备需求规模的决策主体是货币当局,外汇储备需求规模的决策过程受到国家宏观经济现状的综合影响,而即期汇率并不能单独对非国际货币发行国的外汇储备需求规模形成明确的定性影响。如图5.12到图5.14所示,外汇储备的需求曲线是一条平等于即期汇率轴的直线,需求曲线的移动方向直接受制于非国际货币发行国的外汇储备需求决策。下面,我们将以第(5.32)式和第(5.33)式为基础,在供给需求理论的框架下,分析因预期汇率下降导致的外汇储备供给增加对非国际货币发行国的外汇储备规模的均衡影响。

如图5.12到图5.14所示,根据第(5.32)式所表示的外汇储备供给曲线,如果存在预期汇率下降(即非国际货币发行国的货币升值)的情况,那么在当期汇率与外汇储备平面,必然会造成非国际货币发行国的外汇储备供给曲线从 $\Re_1^s$ 向右平移到 $\Re_2^s$,这意味着在任何一个当期汇率水平下,非国际货币发行国的外汇储备供给水平都存在一个同样的增量。外汇储备供给的突然增加会对非国际货币发行国的货币造成巨大的升值压力,进而对实体经济形成潜在冲击。面对外汇储备供给增加的冲击,作为外汇储备需求主体的非国际货币发行国货币当局有三种应对方案可以选择:置之不理,减少外汇储备需求水平和增加外汇储备需求水平。如果非国际货币发行国货币当局选择置之不理,那么新增的外汇储备供给冲击就会完全转化为促使汇率下降(即非国际货币发行国货币升值)的压力,如图5.12到图5.14所示,非国际货币发

行国的货币将从 e_1 点开始升值,一直升到 e_3 点。如果非国际货币发行国的货币当局选择减少外汇储备需求,那么由外汇储备供给增加带来的汇率下降压力会得到进一步增强,最终汇率下降的幅度将会超过 e_3 点。如果在受到外汇储备供给增加的冲击之初,非国际货币发行国的宏观经济处于内外均衡的发展状态,那么在面对货币升值的巨大压力的时候,非国际货币发行国的货币当局通常会更倾向于选择增加外汇储备需求来化解这种压力,以维持汇率的相对稳定。当然,以增加外汇储备的方式来化解货币升值压力也必然会存在一定的成本,比如会被增加国内的流动性,造成潜在通货膨胀的压力,不过这不是本书关注的重点。下面,我们以非国际货币发行国的货币当局选择增加外汇储备需求方案为例,来阐述预期汇率下降,进而外汇储备供给增加对非国际货币发行国外汇储备规模的影响。根据非国际货币发行国货币当局增加外汇储备程度的不同,具体讨论如下：

1. 部分外汇吸收

部分外汇吸收就是指非国际货币发行国的货币当局只是通过增加外汇储备需求部分地吸收了外汇储备供给的增量冲击。

如图 5.12(a)所示,货币当局的外汇储备需求曲线从 $\mathfrak{R}_1^d$ 向右平移到 $\mathfrak{R}_2^d$,也就是说,在每个当期汇率水平下,货币当局的外汇储备需求都增加了从 $\mathfrak{R}_1$ 到 $\mathfrak{R}_2$ 的水平。此时,新的外汇供给曲线 $\mathfrak{R}_2^s$ 与货币当局新的外汇需求曲线相交于一个新的均衡点,在这一点,汇率从最初的 e_1 下降到 e_2,汇率的升值幅度要大大小于货币当局置之不理的情况。同时,非国际货币发行国的外汇储备规模从 $\mathfrak{R}_1$ 增加到 $\mathfrak{R}_2$。通过把图 5.12(a)中的两个均衡点所反映出来的汇率与外汇储备的协同变化关系描绘在图 5.12(b)中,可以更加直观地获得在货币当局部分吸收增量外汇的情况下,非国际货币发行国外汇储备规模与当期汇率的一般关系。如果货币当局不能通过增加外汇储备的方式来完全吸收增量外汇供给,那么此时非国际货币发行国货币升值和外汇储备增加的现象将同时发生。

2. 完全外汇吸收

完全外汇吸收就是指货币当局通过增加外汇储备需求的方式完全地吸收了新增的外汇供给，因汇率预期下降而导致的外汇供给增量全部转化为非国际货币发行国的外汇储备。

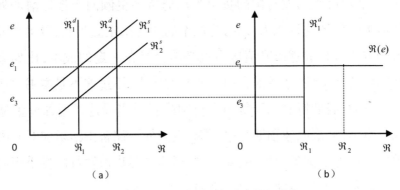

图 5.13　外汇供给冲击与完全外汇吸收

如图 5.13(a) 所示，非国际货币发行国货币当局的外汇需求曲线从 $\Re_1^d$ 向右平移到 $\Re_2^d$，也就是说，在每个汇率水平下，货币当局的外汇需求都增加了从 $\Re_1$ 到 $\Re_2$ 的水平。此时，新的外汇供给曲线 $\Re_2^s$ 与货币当局新的外汇需求曲线相交于一个新的均衡点，在这一点，货币当局新增的外汇储备规模刚好抵消因汇率预期下降导致的外汇供给增量，由于新增外汇供给导致的汇率下降压力全部被货币当局以增加外汇储备规模的方式所吸收，于是汇率保持不变，依然维持在最初的汇率水平 e_1。进一步把图 5.13(a) 中的两个均衡点所反映出来的汇率与外汇储备的协同变化关系描绘在图 5.13(b) 中。我们发现，如果货币当局能够通过增加外汇储备的方式来完全吸收增量外汇供给，那么此时非国际货币发行国货币币值不变和外汇储备增加的现象将同时发生。

3. 过量外汇吸收

过量外汇吸收就是指货币当局不仅完全把新增的外汇供给转化为

非国际货币发行国的外汇储备,在此基础上,还吸入了更多的外汇
储备。

如图 5.14(a)所示,非国际货币发行国货币当局的外汇需求曲线
从 $\Re_1^d$ 向右平移到 $\Re_2^d$,也就是说,在每个汇率水平下,货币当局的外汇
需求都增加了从 $\Re_1$ 到 $\Re_2$ 的水平。此时,新的外汇供给曲线 $\Re_2^s$ 与货
币当局新的外汇需求曲线相交于一个新的均衡点,在这一点,外汇当局
的外汇储备规模从 $\Re_1$ 增加到 $\Re_2$,汇率从最初的 e_1 上升到 e_2,表明对于
非国际货币发行国而言,汇率发生了贬值。进一步把图 5.14(a)中的
两个均衡点所反映出来的汇率与外汇储备的协同变化关系描绘在图
5.14(b)中。我们发现,如果货币当局外汇储备需求的增量水平超过
了外汇储备供给的增量水平,那么此时非国际货币发行国货币贬值和
外汇储备增加的现象将同时发生。

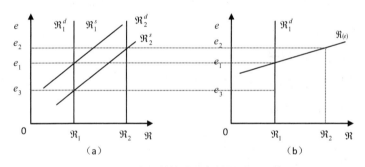

图 5.14 外汇供给冲击与过量外汇吸收

综合第二部分的理论分析,我们可以得到以下三个主要命题:

命题 1:预期汇率的变化会影响到非国际货币发行国的外汇储备
供给水平。具体而言,如果国际货币发行国居民对汇率的预期水平满
足条件 $0 < E_t(e_{t+1}) \leqslant e_t/(1+r_t)$,那么非国际货币发行国拥有无限大
的外汇储备供给水平;如果国际货币发行国居民对汇率的预期水平满
足条件 $E_t(e_{t+1}) > e_t/(1+r_t)$,那么预期汇率水平与非国际货币发行
国的外汇储备供给水平呈反向变化的关系,随着预期汇率水平的上升,

非国际货币发行国的外汇储备供给水平将减速递减,而随着预期汇率水平的下降,非国际货币发行国的外汇储备供给水平将加速递增。总体而言,预期汇率与非国际货币发行国的外汇储备供给存在反向变化的定性关系。

命题2:为了维持汇率的相对稳定,非国际货币发行国的货币当局必然会通过增加外汇储备需求的方式来化解因预期汇率下降导致外汇储备供给的增量冲击,最后的结果是:非国际货币发行国的外汇储备一定增加,但即期汇率的变化方向并不确定。

结合命题1和命题2,可以得到命题3:为了维持汇率的相对稳定,预期汇率下降必将导致非国际货币发行国外汇储备的增加。

通过第(一)部分和第(二)部分的理论分析,我们得到了三个主要命题,其中第三个命题是在综合前两个命题的基础上得到的。命题3明确刻画了预期汇率与非国际货币发行国外汇储备规模之间的定性关系。接下来,本书将运用中国的数据来对此结论进行实证检验。

(三)实证模型设定

为了从数量的角度来分析命题3所描述的定性结论,本书建立了如下向量自回归(VAR)模型:

$$\begin{bmatrix} FER \\ EER \end{bmatrix}_t = \begin{bmatrix} \mu_1 \\ \mu_2 \end{bmatrix} + \sum_{i=1}^{k} A_i \begin{bmatrix} FER \\ EER \end{bmatrix}_{t-i} + \begin{bmatrix} u_1 \\ u_2 \end{bmatrix}_t \tag{5.34}$$

其中,FER 和 EER 是模型的两个内生变量,FER 表示中国外汇储备变量,EER 表示人民币预期汇率变量。μ_1 和 μ_2 是常数项,A_i 是(2 × 2)维系数矩阵。k 为模型的最大滞后阶数,k 的具体取值将在模型的估计过程中确定。u_1 和 u_2 表示随机扰动项,u_1 和 u_2 是服从独立同分布的白噪声序列,并且 u_1 与 u_2 之间不存在线性相关。

(四)数据选取

在实证研究中,为了规避2012年之后我国货物贸易外汇管理制度改革等外生因素的影响,而集中于分析人民币汇率预期与中国外汇储备存量的关系,我们只是选取了 2004 年 1 月到 2011 年 3 月的月度数据。具体而言,中国外汇储备存量的原始数据直接来源于国家外汇管理局网站;人民币汇率预期用人民币 1 年期无本金交割远期(Non-Deliverable Forward,NDF)①汇率来表示,原始的月度数据是对源于Wind 资讯的每日数据进行算术平均后得到的。因为原始数据存在显著的非平稳特征,我们运用取对数并差分的方法对原始数据进行了必要调整,调整之后的数据如图 5.15 所示。其中,图 5.15(a)是调整之后的中国外汇储备时间序列数据 *FER* ,图 5.15(b)是调整之后的人民币 NDF 汇率时间序列数据 *EER* 。

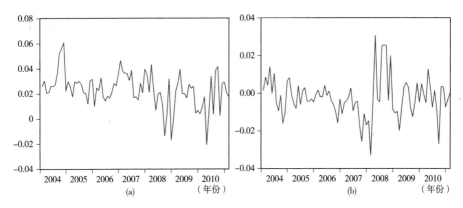

图 5.15　调整之后的中国外汇储备与人民币 NDF 汇率

资料来源:中国外汇储备存量的原始数据来源于国家外汇管理局网站;无本金交割远期汇率的原始数据来源于 Wind 数据库。

(五)分析结果

1.平稳性检验

时间序列的平稳性检验是进一步分析的基础,为了得到更准确的检验结论,本书同时使用了 ADF 检验和 Phillips-Perron 检验两种方法

---

①　货币的无本金交割远期也被称为海外无本金交割远期,作为一种金融衍生工具,主要用于不能完全自由兑换货币的远期离岸交易,交易的过程中只需要用可兑换货币来清算损益,而不需要交割本金。人民币无本金交割远期汇率反映了海外市场对人民币汇率的预期。

来检验时间序列的平稳性,并在检验方程中加入了常数项。具体检验结果如表 5.17 所示。

表 5.17　平稳性检验

时间序列	ADF 检验		Phillips-Perron 检验	
	ADF 统计量	P 值	PP 统计量	P 值
FER	−3. 009126	0. 0381	−6. 239207	0. 0000
EER	−6. 350976	0. 0000	−6. 367512	0. 0000

如表 5.17 所示,综合 ADF 检验和 Phillips-Perron 检验的分析结果,可以确定经过取对数并差分处理之后的时间序列 *FER* 和 *EER* 在 5%的显著性水平上是平稳的。

2. 向量自回归方程

估计向量自回归方程的过程中,通过综合 Schwarz 信息准则和 Hannan-Quinn 信息准则的统计结果,我们确定了向量自回归模型的滞后阶数为 1 阶。向量自回归方程的估计结果如下所示:

$$\begin{bmatrix} FER \\ EER \end{bmatrix}_t = \begin{bmatrix} 0.015243 \\ {\scriptstyle(0.00268)} \\ -0.002244 \\ {\scriptstyle(0.00216)} \end{bmatrix} + \begin{bmatrix} 0.300864 & -0.379639 \\ {\scriptstyle(0.10271)} & {\scriptstyle(0.13571)} \\ 0.031312 & 0.359920 \\ {\scriptstyle(0.08292)} & {\scriptstyle(0.10957)} \end{bmatrix} \begin{bmatrix} FER \\ EER \end{bmatrix}_{t-1}$$

(5.35)

其中,小括号里的数为估计标准差。第(5.35)式表明滞后 1 期的外汇储备对当期外汇储备和预期汇率具有正向的影响,而滞后 1 期的预期汇率对当期外汇储备具有负向的影响,滞后 1 期的预期汇率对当期的汇率预期具有正向的影响。通过对向量自回归方程的初步分析,可以发现根据中国数据估计的向量自回归方程支持第二部分的理论分析结论。

3. Granger 因果检验

从前文中的向量自回归方程,我们已经可以发现中国数据很好地支持了本书在理论分析部分所得到的结论。但是,*FER* 和 *EER* 之间更深入的作用关系还需要通过 Granger 因果检验来进一步分析。基于 VAR 模型的 Granger 因果检验结果如表 5.18 所示。

表 5.18 清晰地显示,人民币预期汇率是中国外汇储备不可或缺的解释变量,人民币预期汇率是中国外汇储备的 Granger 原因,而中国外汇储备变量却不是人民币预期汇率的 Granger 原因。Granger 因果分析的结论进一步支持了本书理论分析部分所得到的结论。

表 5.18 Granger 因果检验/Wald 外生性检验

Dependent Variable	Excluded	Chi-sq	df	Prob.
FER	*EER*	7.825672	1	0.0052
	All	7.825672	1	0.0052
EER	*FER*	0.142579	1	0.7057
	All	0.142579	1	0.7057

4. 脉冲响应函数

通过估计向量自回归方程,以及 Granger 因果分析,我们发现基于中国数据的实证分析很好地支持了理论分析的结论,人民币预期汇率与中国外汇储备的反向变化。也就是说,随着预期人民币升值,中国外汇储备表现出增长态势。下面,我们将进一步考察人民币预期汇率波动对于中国外汇储备的动态效应。为了进行脉冲响应分析,我们需要首先对第(5.35)式所估计的向量自回归方程的稳定性加以判定。稳定性判定的特征根检验结果如图 5.16 所示。

图 5.16 表明,第(5.35)式的特征方程具有两个复数根,并且这两个复根的模小于 1,这意味着第(5.35)式的向量自回归系统是稳定的。在此基础之上,我们可以继续分析人民币预期汇率波动对中国外汇储备的动态效应,结果如图 5.17 所示。

在图 5.17 中,实线表示变量 *FER* 和 *EER* 对于外生冲击的动态响

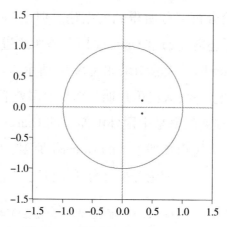

图 5.16　VAR 稳定性的特征根检验

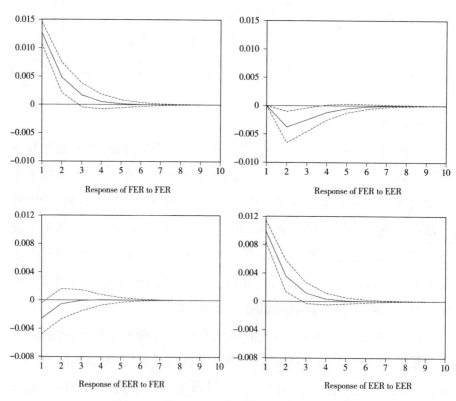

图 5.17　*FER* 和 *EER* 对于外生冲击的动态响应

应过程,虚线表示正负两个标准差范围。由图 5.17 可知,相对于 EER 对 FER 冲击的动态响应过程, FER 对 EER 冲击的动态响应过程要更加持久。也就是说,相对于中国外汇储备波动对人民币预期汇率的影响过程,人民币预期汇率的波动对中国外汇储备的影响过程要更加持久。

综合第三部分的实证分析,我们发现来自中国的数据很好地支持了本书第二部分理论分析所得到的结论。

(六)主要启示

本书综合运用理论分析和实证研究的方法,以外汇供给为纽带,研究了汇率预期水平与外汇储备规模的相互关系。通过理论分析,我们得到了以下三个主要结论:

第一,预期汇率的变化会影响到非国际货币发行国的外汇储备供给水平。具体而言,如果国际货币发行国居民对汇率的预期水平满足条件 $0 < E_t(e_{t+1}) \leqslant e_t/(1+r_t)$,那么非国际货币发行国拥有无限大的外汇储备供给水平;如果国际货币发行国居民对汇率的预期水平满足条件 $E_t(e_{t+1}) > e_t/(1+r_t)$,那么预期汇率水平与非国际货币发行国的外汇储备供给水平呈反向变化的关系,随着预期汇率水平的上升,非国际货币发行国的外汇储备供给水平将减速递减,而随着预期汇率水平的下降,非国际货币发行国的外汇储备供给水平将加速递增。总体而言,预期汇率与非国际货币发行国的外汇储备供给存在反向变化的定性关系。

第二,为了维持汇率的相对稳定,非国际货币发行国的货币当局必然会通过增加外汇储备需求的方式来化解因预期汇率下降导致外汇储备供给的增量冲击,最后的结果是:非国际货币发行国的外汇储备一定增加,但即期汇率的变化方向并不确定。

第三,为了维持汇率的相对稳定,预期汇率下降必将导致非国际货币发行国外汇储备的增加。

在理论分析的基础上,我们进一步运用中国的相关数据对第三个主要结论进行了实证检验,实证检验的结果很好地支持了理论分析所得到的结论。

目前,中国的外汇储备处于一种被动增长的状态,我们可以从外汇储备需求和外汇储备供给两个方面来理解这种被动增长的状态:从外汇储备需求来看,我国现有的外汇储备总额已经超过了外汇当局希望持有数量,过量的外汇储备已经给我们的宏观经济内外均衡发展造成了巨大的压力,因此,我国货币当局并无增持外汇储备的主动需求;然而,从外汇储备供给来看,却有源源不断的外汇供给试图通过各种渠道进入中国,巨量的外汇储备供给给人民币造成了巨大的升值压力,为了缓解人民币升值的巨大压力,我国外汇当局被迫在外汇市场抛出人民币来购入大量外汇。基于本书的研究结论,针对我国目前外汇储备持续增加和人民币持续升值的现状,可以得到以下启示:

第一,增强人民币汇率弹性,允许人民币汇率在更大程度的范围内波动。从 2005 年 7 月 21 日人民币汇率生成机制改革以来,人民币汇率的波动弹性在不断加大,然而,由于担心人民币急剧升值会给我国出口造成巨大冲击,人民币汇率弹性一直处于爬行扩大的态势。考虑到目前中国经济对出口具有较高依赖的情况下,通过限制人民币弹性的扩大速度来防止人民币过快升值是有积极意义的。不过,这样做也会导致两个直接的弊端:一方面,中央银行不得不购入大量外汇来释放人民币快速升值的压力,另一方面,快速增长的外汇储备又进一步强化了人民币升值预期,同时还给国内经济造成了巨大的通货膨胀压力。在这种情况下,进一步扩大人民币汇率弹性将会是必要的选择。不过,在此之前,我们必须做好准备以减少人民币大幅升值对国内经济可能造成的冲击。

第二,深化收入分配制度改革,扩大国内需求,减少宏观经济对出口的过度依赖。我国是一个人口大国,国内潜在需求十分巨大,如果国内需求可以被充分调动起来,那么我们完全有能力应付人民币大幅升值对国内经济可能造成的冲击。当前,我国扩大内需的最大瓶颈在于收入两极分化,高收入群体的购买意愿有限,而低收入人群的购买能力有限。因此,进一步深化收入分配制度改革,减少贫富差距,是当前扩大内需的必要选择。

第三,重视进口,积极推进“走出去”战略。抓住人民币升值的有利时机,扩大对战略资源和高技术装备等重要物资的进口,同时鼓励广大企业积极加大对外投资。国家外汇当局在面向进口的外汇提供方面应给予更大的支持。

第四,强化人民币汇率的预期管理,防止人民币异常波动。正如本书的分析所指出的,人民币预期汇率的波动是影响我国外汇储备规模的重要因素,积极推动放开资本项目下的外汇管制,有利于为我国经济体系中的过多流动性资本找到新的出路,从而减少对外汇资产的投机活动,进而有利于加强对人民币汇率的预期管理,防止人民币汇率异常波动。

二、人民币升值预期与东南亚人民币化

在第二节的分析中,笔者指出人民币汇率失衡的主要表现是升值与升值压力并存。在本节的第一部分,笔者主要通过理论研究和实证研究两种方法考察了人民币汇率失衡与外汇储备规模失衡的相互影响。在本节的这一部分,笔者将着重考察人民币汇率失衡可能带来的积极作用,主要是人民币升值预期对人民币国际化的积极作用。

2010 年 9 月以来,人民币又开始了新一轮的升值过程,这是自2005 年 7 月 21 日人民币汇率生成机制改革以来所经历的第二轮升值过程。从 2005 年到 2014 年,在大约 10 年左右的时间里,人民币累计升值26%左右。与此同时,人民币升值预期也依然没有得到充分释放。同一时期,人民币国际化进程也在加快。作为人民币国际化进程的初始阶段,人民币周边化已经取得了巨大的成绩:在东北边境的朝

鲜、俄罗斯和蒙古国,人民币在迅速地扩大流通规模,人民币甚至已经成为蒙古国的主要外国货币;在西北边境的哈萨克斯坦、吉尔吉斯斯坦和巴基斯坦等国也流通着大量的人民币;在西南边境的越南、老挝和缅甸的相关地区,人民币被当作硬通货使用;在东南边境的中国香港和中国澳门地区,人民币已经成为一种投资货币。

人民币国际化战略的下一步目标就是要推动人民币的区域化,而人民币区域化的首选区域便是东南亚①地区。相对于世界上其他主要经济区域,东南亚地区成为人民币区域化的首选区域是因为其具有不可替代的几大优势:首先,这一地区与中国在地理上相邻;其次,东南亚地区有一个包括几乎东南亚所有国家的区域组织——东盟(东南亚国家联盟,Association of Southeast Asian Nations,ASEAN),便于沟通与协调;再次,随着中国—东盟自由贸易区(China-ASEAN Free Trade Area,CAFTA)的正式建立,两地的经济贸易关系更加密切;最后,东南亚地区各国的金融自由化程度相对较高,为人民币的自由进出创造了良好的政策环境。推动东南亚人民币化是一个长期复杂的过程,需要经济政治等各方面因素的共同作用。从近期来看,形成于人民币持续升值基础之上的不断强化的人民币升值预期会对东南亚人民币化产生怎样的影响,是我们尤其关注的问题。

目前,学术界已经有很多研究在关注人民币持续升值对人民币国际化的影响。例如,凌星光(2002)认为一国货币的国际地位,主要取决于该国货币的稳定性、安全性和经济总量,而人民币升值就意味着人民币的稳定性和经济总量上升,这势必提高人民币在国际金融活动中的地位,从而逐渐成为准国际储备货币。赵海宽(2003)认为高度的国际信用水平是一国货币发展成为国际货币的基础性条件,而高度的国

---

① 东南亚一共有11个国家,除了东盟10国之外,还有2002年才独立建国的东帝汶民主共和国。因为东帝汶与中国的经贸关系刚刚起步,本书所指的"东南亚"只包括东盟10国,在不引起歧义的前提下,本书不加区别地使用了"东南亚"和"东盟"两个概念。

际信用水平又集中体现在一国货币币值的稳定性水平,人民币币值长期以来稳中有升的变化态势将有助于人民币的国际化。李婧等(2004)指出人民币相对周边国家货币的不断升值,增强了非居民使用和持有人民币的信心,人民币成为受欢迎的流通手段和资产形式,对人民币的需求量因此大增。李稻葵、刘霖林(2008)通过对各国央行国际储备、贸易结算和国际债券中的各国货币比重进行计量分析,发现汇率升值对提高一国货币在国际储备、贸易结算和国际债券中的比重有正向的影响,在考虑人民币升值等因素的基础上,他们模拟了2020年人民币在国际货币中可能占据的比重。钟伟(2008)研究了人民币在周边国家流通的现状,认为人民币对美元的平稳升值是推进人民币国际化的战略机遇期,此时应当积极采取相关措施以加速推进人民币国际化进程。黄梅波、熊爱宗(2009)认为一国货币要成为国际货币,必须使人们对该货币的币值充满信心,而这种信心来源于该货币的稳定程度,从1994年起,人民币就一直处于缓慢向上的升值过程,即使面临地区性和全球性的金融危机,人民币依然坚持不贬值的政策大大增强了人们对人民币的信心,从而为人民币国际化提供了有利条件。张礼卿(2009)认为人民币在我国周边国家和地区受到欢迎,与我国通货膨胀率较低且人民币呈升值趋势有较大的关系。刘力臻(2010)在分析人民币升值所带来的风险的基础上,指出在短期应该充分利用人民币升值的正效应以减少损失,在长期应该积极推动人民币国际化进程。

通过回顾已有研究,我们发现还没有研究来专门分析人民币升值预期在人民币国际化中所起的作用,并且缺乏从货币替代角度专门针对东南亚人民币化的研究。面对东南亚地区特殊的经济社会背景,人民币持续升值预期对东南亚人民币化是机遇还是挑战?在预期人民币升值的背景下,为了促进东南亚人民币化,我们应该做怎样的策略选择?围绕这两个问题,本书通过建立东南亚国家代表性居民效用最大化的跨期均衡货币替代模型,希望能找到满意的答案。

(一) 小国视角的跨期均衡货币替代模型

早在几个世纪以前,人们就开始关注货币替代问题,英国金融家托马斯·格雷欣注意到金本位制条件下的"劣币驱逐良币"现象,于1580年提出了著名的"格雷欣法则"(Gresham's Law)。不过,在金本位制崩溃以后,"良币驱逐劣币"成为一种更为普遍的货币替代现象。切蒂(Chetty,1969)明确提出了"货币替代"的概念,指的就是这种"良币驱逐劣币"的货币替代现象。具体而言,货币替代是指经济发展过程中国内公众对本国货币币值的稳定失去信心或本国货币资产收益率相对较低时发生的货币兑换(姜波克和李心丹,1998),进而发生外币代替本币行使全部或部分货币职能的现象。

到目前为止,有四类主要模型可以用于研究货币替代问题:货币服务生产函数模型(迈尔斯,1978)、货币需求效用函数模型(波尔多和乔德理,1982)、货币需求资产组合模型(托马斯,1985)、货币预防需求理论模型(波洛兹,1986)。接下来,本书将以货币需求效用函数模型为基础进行理论分析,这类模型已经被广泛运用于研究货币需求与货币替代问题(奥博斯菲尔德和罗格夫,1996)。为了得出更加准确的结论,理论模型必须符合中国—东盟自由贸易区的基本特征。在中国—东盟自由贸易区的区域内,有很多其他区域所不具备的特殊性:

第一,区域内只有中国一个大国。

第二,区域内只有人民币一种有区域化潜力的货币。

第三,区域内各国的经济贸易合作程度较高。

第四,东南亚各国经济背景和发展水平较为相似。

基于上述中国—东盟自由贸易区的区域特征,我们可以合理地假定东南亚各国为同质的小型开放经济。在一个小型的开放经济中,代表性居民在第 t 期的包含货币选择的跨期效用函数可以被定义为:

$$U_t = E_t \left\{ \sum_{s=t}^{\infty} \beta^{s-t} \{ u(C_s) + v[M_s + f(R_s)] \} \right\} \tag{5.36}$$

其中，E_t 表示代表性居民以在第 t 期所能获得的所有信息集为条件的条件期望，β^{s-t} 为代表性居民把在第 s 期进行决策所产生的效用贴现到第 t 期的主观贴现因子，β 为常数。$u(C_s)$ 表示代表性居民在第 s 期进行消费所产生的效用，C_s 表示代表性居民在第 s 期的消费量。$v[M_s + f(R_s)]$ 表示代表性居民在第 s 期所拥有的总货币清偿力所带来的效用，具体而言，持有本国货币所带来的清偿力用本国货币的实际持有量 M_s 来表示，持有人民币所带来的清偿力可以用人民币实际持有量 R_s 的函数 $f(R_s)$ 来表示：

$$f(R_s) = (R_s)^{\alpha} \tag{5.37}$$

其中，$0 < \alpha < 1$。用 $f(R_s)$ 关于 R_s 求导，可得代表性居民持有人民币的边际清偿力：

$$f'(R_s) = \alpha (R_s)^{\alpha-1} \tag{5.38}$$

显然，$f'(R_s) > 0$。用 $f'(R_s)$ 继续对 R_s 求导，可得：

$$f''(R_s) = \alpha(\alpha - 1)(R_s)^{\alpha-2} \tag{5.39}$$

因为 $f''(R_s) < 0$，所以第（5.39）式表明小国代表性居民持有人民币的边际清偿力是边际递减的。之所以设定小国代表性居民持有人民币的边际清偿力递减，是因为货币管制的存在，虽然东南亚各国对于其境内人民币使用的限制较少，但是只要有限制，就必然会导致其代表性居民持有人民币的边际清偿力递减。

假定追求效用最大化的小国代表性居民在每一期的期初进行决策，则其面临的阶段预算约束条件可以用下式来表示：

$$B_t + M_t + \varepsilon_t R_t = B_{t-1}(1 + r_{t-1}) + M_{t-1} + \varepsilon_t R_{t-1} + Y_t - C_t - T_t \tag{5.40}$$

其中，B_{t-1} 表示小国代表性居民在第 $t-1$ 期期末持有的中国债券实际量，r_{t-1} 为第 $t-1$ 期的债券利率，则 $B_{t-1}(1 + r_{t-1})$ 表示小国代表性居民在第 t 期期初持有的中国债券实际量，ε_t 表示以直接标价法表示

的第 t 期小国货币(本币)与人民币之间的汇率,则 $\varepsilon_t R_{t-1}$ 表示第 t 期期初剔除本国(小国)的物价因素之后小国代表性居民所获得的以人民币表示的实际可以支配收入, Y_t 表示小国代表性居民在第 t 期的产出, T_t 表示小国代表性居民在第 t 期所交纳的税收总量。

联立目标函数第(5.36)式和阶段预算约束条件第(5.40)式,可得3个一阶条件:

$$u'(C_t) = (1 + r_t)\beta E_t[u'(C_{t+1})] \tag{5.41}$$

$$u'(C_t) = v'[M_t + (R_t)^\alpha] + \beta E_t[u'(C_{t+1})] \tag{5.42}$$

$$\varepsilon_t u'(C_t) = v'[M_t + (R_t)^\alpha]\alpha(R_t)^{\alpha-1} + \beta E_t[u'(C_{t+1})]E_t(\varepsilon_{t+1}) \tag{5.43}$$

根据第(5.41)式到第(5.43),可以求得小国代表性居民对人民币的实际需求函数,如下所示:

$$R_t = \left[\frac{\alpha r_t}{\varepsilon_t(1 + r_t) - E_t(\varepsilon_{t+1})}\right]^{\frac{1}{1-\alpha}} \tag{5.44}$$

根据第(5.44)式,进一步可得:

$$\frac{\partial R_t}{\partial E_t(\varepsilon_{t+1})} = \frac{(R_t)^\alpha}{1 - \alpha}\frac{\alpha r_t}{[\varepsilon_t(1 + r_t) - E_t(\varepsilon_{t+1})]^2} > 0 \tag{5.45}$$

根据第(5.45)式,我们可以得到结论:小国代表性居民对人民币的实际需求与预期汇率 $E_t(\varepsilon_{t+1})$ 成同向变动。具体而言,当代表性居民预期小国货币相对于人民币会发生贬值时,在其他条件不变的情况下,小国代表性居民会选择增加持有人民币,反之,当代表性居民预期小国货币相对于人民币会发生升值时,在其他条件不变的情况下,小国代表性居民会选择减少持有人民币。正是由于东南亚小国代表性居民关于持有人民币的效用最大化决策影响到东南亚人民币化的进程。

同现实的人民币升值一样,人民币升值预期也是一把"双刃剑",虽然给中国经济制造了很多挑战,但是从人民币国际化的角度来看,人民币持续升值预期为东南亚人民币化创造了机遇。面对机遇,我们必须要采取积极主动的政策行为，以更快更好地推动东南亚人民币化的进程。

（二）东南亚人民币化的策略选择

通过第二部分的模型分析，我们发现：人民币持续升值预期对促进东南亚人民币化是一个很好的机遇。接下来，我们的主要目标是要找到在预期人民币升值的背景下促进东南亚人民币化的可行策略。为此，我们首先想要确定的一个问题是当前人民币升值预期的形成。

1. 当前人民币升值预期的形成

由于数据的限制，为了同时获取中国—东盟自由贸易区内各国货币的汇率数据，在足以说明问题的前提下，笔者只是截取了2004—2008年的中国—东盟自由贸易区内的各国货币对美元的年末汇率，并通过换算，获得了人民币对东盟各国货币的年末汇率（汇率表示方法：对中国而言是间接标价法，对东盟各国而言是直接标价法）。由于人民币对东盟各国货币的汇率相差很大，为了突出汇率变化的趋势特征，我们进一步对所求出的年末汇率进行了取对数处理，结果如图5.18所示。需要说明的是，由于文莱和新加坡自1967年以来一直实行两国货币等值协议，所以人民币与这两个国家货币的汇率是完全一致的，在图5.18中表现为人民币元对文莱元和人民币元对新加坡元的汇率变化趋势线是完全重合的。

图5.18清晰地刻画了人民币对东盟各国货币汇率的变化趋势：

越南盾、印度尼西亚盾（卢比）、马来西亚林吉特、菲律宾比索、泰铢、柬埔寨瑞尔、缅甸元、新加坡元和文莱元对人民币汇率均有不同程度的上升，表明人民币对这9个国家的货币处于升值状态。

人民币对这9个国家的货币升值，直接原因是因为人民币对美元升值。从深层次来看，有内外两方面的原因：外因主要来自于国际社会尤其是美国的压力，这对人民币升值起到诱导的作用；内因则主要包括我国高速的经济增长水平，经济总体实力的上升，国际收支长期巨额顺

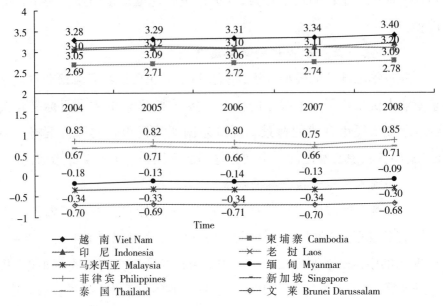

图5.18 人民币对东南亚各国货币的汇率变化趋势

资料来源:中国国家统计局,2008—2010年《国际统计年鉴》。

差,人民币汇率机制改革,等等。就近期而言,这些因素还在进一步加强,因此,可以预期人民币对美元升值还将继续,从而人民币对东南亚各主要国家货币的升值趋势也还将持续。

老挝基普对人民币汇率在稳定中略有下降,表明人民币对老挝基普有处于微弱贬值状态。作为一个特殊现象,老挝基普对人民币稳中微升也有其特殊的原因:一方面,由于老挝民众对人民币非常信任,越来越多的中国企业和个人到老挝境内投资和消费都是直接使用人民币,于是造成短期内大量人民币流入老挝境内;另一方面,老挝银行却很少经营人民币业务,他们更多的是经营与基普、泰铢和美元相关的业务,从而造成资金跨境流通不畅,为了通过当地银行实现资金高效安全地跨境流通和存贷,人们又不得不大量地把人民币兑换成基普,从而造成过多的人民币追逐相对少量基普以至于出现了基普对人民币微弱升值的现象。这一现象实际上反映了以实体经济行为带动的老挝迅速人民币化过程面临着人民币区域化金融服务体系相对落后的瓶颈,不过随着 2010 年 7 月 27 日云南跨境贸易人民币结算试点的正式启动,相信这一瓶颈会得到很大改善,人民币对基普微弱贬值的状态预期会得到扭转。

综上所述,从 2004 年年末(2005 年年初)开始一直到 2008 年年末(2009 年年初)人民币对东南亚各国货币的汇率总体上是稳中有升的,人民币在不断升值。2009 年之后,由于一系列促进人民币对美元升值的内因和外因得到不断加强,人民币对美元继续保持稳中有升的发展态势,这必将进一步强化人民币在东南亚各国的升值预期。

2. 基于人民币升值预期的策略选择

面对人民币持续升值的现实和不断强化的升值预期,可以通过以下几方面积极主动的措施来促进东南亚人民币化的快速推进:

第一,推动中国与东盟金融领域的合作,为东盟人民币化提供机制保障。具体而言:

一方面,扩大中国与东盟各国之间的本币互换协议。中国与东盟各国的本币互换协议不同于《清迈倡议》中以美元为标的的货币互换方式,而是完全以本币为标的的货币互换,这必将有力推动东南亚人民币化的进程。2008 年 12 月以来,中国已经与世界上 8 个国家和地区签订了共计 8035 亿元人民币的本币互换协议,其中与东盟国家的本币互换协议共计 3300 亿元,具体包括:2009 年 2 月 8 日与马来西亚签订的 800 亿元人民币的本币互换协议,2009 年 3 月 23 日与印度尼西亚签订的 1000 亿元人民币的本币互换协议,2010 年 7 月 23 日与新加坡签订的 1500 亿元人民币的本币互换协议。虽然中国与东盟的本币互换规模占到了中国对外本币互换总规模的 41%,但是考虑到东盟地区对人民币国际化的重要意义,无论是从规模还是从范围来看,中国与东盟的货币互换都应该进一步加强。

另一方面,扩大中国与东盟各国银行之间的人民币代理结算协议。

通过境内外金融机构之间的人民币代理结算协议,一方面可以促进中国与东盟之间贸易的发展,另一方面还可以把跨境流通的人民币纳入正规的金融服务和监管体系,以便随时准确掌握人民币跨境流通规模和方向,防止可能出现的短期内大规模人民币进出国境所带来的经济风险。无论是出于促进贸易的目的,还是出于防范风险的目的,扩大人民币代理结算协议的区域和规模将最终有利于东南亚人民币化。2009年4月,跨境贸易人民币结算率先在上海和广东试点,目前正在逐渐向全国推广。由于中国与东盟之间的跨境贸易是推动人民币在东盟地区执行价值尺度和支付手段的重要方式,因此,扩大中国与东盟各国银行之间的人民币代理结算协议,对于东南亚人民币化具有非常重要的意义,在预期人民币持续升值的背景下,为了减少贸易过程中的汇率风险,必然会有更多的东盟国家和地区愿意使用人民币结算的方式。

第二,加大对东盟国家贸易和投资力度,扩大人民币在东盟的流通范围。

巩固和扩大中国—东盟自由贸易区的成果,特别要重视对东盟贸易维持适当的逆差,以确保有更多的人民币流向东盟各国。东盟国家资源丰富,但是由于它们的区位、气候、环境和产业等方面较为相似,相互之间缺乏贸易互补性,东盟国家以原材料资源为主要特色的贸易品目前还是主要被美国购买。如果中国能够取代美国成为东南亚各国出口贸易的最大指向地,其好处是显而易见的:一方面可以加深双边经贸合作,提高东南亚各国对中国的贸易依存度;另一方面,人民币将有机会取代美元,成为东南亚各国的首选外汇。当前在预期人民币持续升值的背景下,我们可以用更少的钱获取更多的原材料等初级产品,效果将会事半功倍。

以人民币作为投资货币来对东盟国家进行直接投资是扩大人民币境外流动性的一个重要手段。人民币持续升值的过程中,对外直接投资的成本将变得越来越低。通过对东盟国家直接投资,不仅可以优化我国的产业结构,提高我国参与国际分工的水平,而且有利于扩大人民币在东盟国家的流通范围。

第三,推动人民币在资本项目下可兑换,疏通人民币流出与回流的渠道。我国的人民币区域化进程之初主要是受到民间推动和市场的自发作用,虽然在东南亚已经具有很高的地位,但是距离区域国际货币还有很大距离。由于我国在资本项目方面的管制,作为一种以国际化为目标的货币,人民币在东南亚更多地还只是发挥了价值尺度和支付手段的功能。通过 2002 年开始推行的 QFII 制度(合格境外投资者,Qualified Foreign Institutional Investors)和 2006 年开始试点的 QDII 制度(合格境内投资者,Qualified Domestic Institutional Investors),中国的资本市场正在有限度地对外开放,虽然取得了很大成效,但是还远远不能满足境内外投资者的投资需求。

只有逐渐放开资本项目,推动人民币在资本项目下可兑换,允许境外人民币资金投资国内债券,疏通人民币流出与回流的渠道,才能确保人民币在东南亚执行更多的国际货币的职能,最终成为真正意义上的国际货币。在当前预期人民币持续升值的背景下,人民币资产的预期收益率也越来越高,这会推动东南亚各国投资者甚至各国政府积极持有人民币资产。

放开资本项目与东南亚人民币化可以互动推进。一方面,逐渐放开资本项目可以促进东南亚人民币化的程度;另一方面,东南亚人民币化的过程也可以成为我国逐渐放开资本项目的一块试验田。

第四,深化人民币的汇率生成机制改革,维持人民币汇率长期相对稳定。预期人民币升值为东南亚人民币化提供了机遇,但是我们不能把推动人民币升值的现实和预期当作是促进东南亚人民币化的一种手段。前面,我们已经提到预期人民币升值是一把"双刃剑",如果试图只是通过强化人民币升值的现实和预期来推动东南亚人民币化显然是非理性的。从长期来看,在合理的汇率生成机制的前提下,稳定人民币汇率预期并事实上保持人民币汇率的相对稳定才能既有利于东南亚人民币化,又有利于中国内外经济的均衡健康发展。

(三)展望

通过建立东南亚国家代表性居民效用最大化的跨期均衡货币替代模型,我们发现人民币持续升值预期是东南亚人民币化的重要机遇。在此基础上,本书结合人民币持续升值的现实和不断强化的升值预期,进一步探讨了基于人民币升值预期背景的东南亚人民币化的可行策略。需要强调的是:人民币持续升值预期只是东南亚人民币化的一个机遇,而不应该让不断强化的人民币持续升值现实和升值预期成为促进东南亚人民币化的一种手段,从长期来看,在合理的汇率生成机制的前提下,稳定人民币汇率预期并事实上保持人民币汇率的相对稳定才能既有利于东南亚人民币化,又有利于中国内外经济的均衡健康发展。

人民币国际化是一个长期复杂的过程,需要经过周边化、区域化和国际化三个阶段。东南亚人民币化是人民币区域化的试验田。相信只要通过不懈努力,随着中国综合国力的不断增强和人民币越发强势的表现,东南亚人民币化是可以逐渐变成现实的,虽然最终实现的形式不一定与我们所期待的完全一致。根据 2010 年 9 月 20 日的英国《金融时报》报道,马来西亚中央银行已经买入人民币计价债券作为其外汇储备,这是人民币第一次被国外的中央银行作为储备货币,这是东南亚人民币化的重大进展。

由于缺乏相关数据,笔者没有对东南亚人民币化的具体程度进行量化分析,这会是我们以后努力的方向。

第四节　中国宏观政策组合的选择

根据第二节的分析可以发现,当前中国宏观经济内外失衡主要表现为经济增长、物价水平、人民币汇率和国际收支四个宏观经济变量的失衡。具体而言,中国经济增长失衡现状的主要表现是总量目标超额实现,增长趋势相对放缓,结构平衡有待改善;中国物价水平失衡的主要表现是通货紧缩压力加大;人民币汇率失衡的主要表现是升值与升值压力并存;中国国际收支失衡的主要表现是经常项目顺差持续扩大,资本与金融项目波动过大。目前,宏观经济内外失衡问题已经成为阻碍中国经济社会进一步发展的主要矛盾,要推动中国经济更好更快可持续发展,政府就必须要制定和实施必要的宏观经济政策来应对中国宏观经济的内外失衡问题。

通过前文对相关文献的回顾,可以发现国外关于宏观经济政策的理论研究开始于凯恩斯宏观经济理论,目前已经取得了很多新的进展,不过最新的理论研究可操作性较弱,在指导实践方面要弱于凯恩斯宏观经济理论;国内关于宏观经济政策的研究主要是基于凯恩斯理论的应用研究,研究结论通常集中于财政政策与货币政策两类政策工具,而缺少对于多种政策工具的组合研究。不同于以往研究,本研究接下来将以政策组合理论为指导,探索实现中国经济内外均衡发展的包含多种政策工具的政策组合。

根据政策组合的相关理论,对于一组不完全兼容的宏观经济目标,一项特定的政策工具可能会同时改善其中存在兼容性的多个目标,但是因为不同目标之间也存在一定程度的冲突性,因此要确保这组目标都得到实现,就必须要有多个相对独立的政策工具共同作用。对于其中一个特定目标而言,由于可能存在的冲突性,改善该特定目标的政策工具可能会恶化其他存在冲突性的相关目标,因此也需要运用互相补充的多个政策工具,才能在改善该特定目标的同时,又不对其他目标产生负面影响。由于内外双均衡的各个具体目标之间既存在冲突性,又存在兼容性,这就意味着这些具体目标下的政策组合并不一定是完全分离的集合,也可能会存在相交的情况。第三章的分析也表明,一项特定的政策工具对于特定的目标变量总是具有特定的力度和方向,同时开放经济内外均衡的各个目标之间既存在一定的冲突性也存在兼容性,这意味着我们不能期望通过一种政策手段解决所有问题,而必须使用政策组合的方式来化解开放经济中的内外失衡问题。接下来,我们将针对本章第二节所分析的每一个宏观经济目标的失衡现状及其原因,有针对性地提出相应的政策组合。

一、均衡经济增长的政策组合

通过前面的分析可以发现,中国经济增长的失衡现状主要表现是总量目标超额实现,增长趋势相对放缓,结构平衡有待改善。具体而言,中国经济虽然总体上超过了预定的增长目标,但是从时间维度来看,经济增长率还是出现了一定程度的下降,经济增长趋势有所放缓,其原因主要在于人民币升值、经济结构调整等因素带来的负面冲击;中国经济增长的结构失衡主要表现为内需结构失衡,具体表现为国内最终消费需求对于宏观经济的拉动不足,中国经济对于投资需求的依赖程度较高,其原因主要在于各级政府的投资冲动抑制了居民的最终消费需求能力。长期以来,我国各级政府都十分重视投资对经济的拉动作用。为了推动经济增长,各级政府不仅会通过各种政策手段来引导企业进行投资,还会动用财政资金直接参与投资,这在短期内的确起到了刺激经济增长的作用。但是其负面影响也十分显著,最主要的表现在于政府的投资冲动不仅挤占了企业的投资行为,还挤占了居民的最终需求。从长期来看,由于企业的投资需求和居民的最终消费需求受到影响,经济增长的可持续性也会受到影响。因此,目前我国促进经济实现均衡增长的宏观经济政策应该集中指向刺激国内最终消费需求,合理引导企业投资需求。如前所述,现实的情况是,相对于对经济增长的贡献率而言,消费对经济增长的贡献率还比较低,所以挖掘消费需求特别是普通居民的消费需求应该是我国当前促增长政策的着力点。笔者认为当前促进我国宏观经济实现均衡增长的具体政策组合如表

5.19所示。

表 5.19　均衡经济增长的政策组合

	政策工具	政策目标
主导政策	定向宽松的货币政策	增加消费领域的货币供给,扩大国内最终消费需求,促进宏观经济稳定增长
	定向扩张的财政政策	增加居民可支配收入,引导居民积极消费,扩大国内最终消费需求,促进宏观经济稳定增长
辅助政策	适度强化资本项目管制	配合货币政策,抑制因定向宽松的货币政策可能导致的国际短期资本出现失控性流出,确保定向宽松货币政策的实施效果
	优化完善社会保障体系	配合财政政策,促进收入分配的更加公平,增加低收入群体的收入水平,提升低收入群体的消费能力,扩大国内最终消费需求,强化财政政策的实施效果

注:笔者自己设计。

在表 5.19 中,针对中国经济增长失衡现状,我们提出了四种具体政策来推动经济实现均衡增长,包括两种主导政策和两种辅助政策。每一项具体政策都有特定的政策目标,通过组合实施这四种具体政策,既可以充分发挥相关政策工具的积极作用,顺利达成均衡经济增长的目标,又能够降低或规避相关政策工具实施过程中的负面影响。

(一)定向宽松的货币政策

宽松的货币政策(Easy Monetary Policy),是中央银行为增加宏观经济体系的货币供应量而实施的货币政策,具体措施包括直接发行货币、在公开市场上购买有价证券、降低存款准备金率、降低贷款利率和放宽信贷条件等等,中央银行实施宽松货币政策是为了确保经济体系中的企业和个人能够更加容易地获得资金支持,从而有利于促进经济增长。然而,作为一种刺激经济增长的有力工具,宽松的货币政策也存在一定的副作用,比如说导致通货膨胀和引发资产泡沫等等。在这种情况下,就可以通过定向宽松的方法来尽可能地扩大宽松货币政策的积极作用,同时降低宽松货币政策可能带来的消极影响。

由此可见,定向宽松的货币政策指的是有方向的宽松货币政策,也就是说,宽松的货币政策是有所指向的,而不是无差异的宽松。当前,由于中国经济增长面临着增长速度放缓和内需结构失衡两方面的问题,因此,中国的定向宽松货币政策应该重点指向国内最终消费需求。只有这样,才能够既有利于促进经济稳定增长,又有利于缓解内需结构失衡的问题,除此之外,还能够尽可能地降低宽松货币政策可能带来的通货膨胀风险。具体而言,中国目前需要实施的定向宽松货币政策可以包括以下主要措施:第一项主要措施是降低消费信贷的利率水平;第二项主要措施是定向购买居民持有的有价证券;第三项主要措施是扩大消费信贷规模;第四项主要措施是降低居民存款利率。

(二)定向扩张的财政政策

扩张的财政政策(Expansionary Fiscal Policy),是国家财政当局通过实施特定的财政分配活动来增加社会总需求的一种财政政策,具体措施包括减税、增加政府支出、转移支付和发行国债等等,国家财政当局实施扩张的财政政策是为了增加社会总需求,从而有利于促进经济增长。同宽松的货币政策一样,作为一种刺激经济增长的有力工具,扩张的财政政策也存在一定的副作用,比如说压缩私人消费、挤占私人投资和增加政府债务等等。在这种情况下,就可以通过定向扩张的方法来尽可能地扩大扩张财政政策的积极作用,同时限制扩张财政政策可能带来的消极影响。

由此可见,定向扩张的财政政策指的是有方向的扩张财政政策,也就是说,扩张的财政政策是有所指向的,而不是无差异的扩张。通过前文的分析,我们知道中国的经济增长目前面临着增长速度放缓和内需结构失衡两方面的问题,因此,中国的定向扩张财政政策也应该重点指向国内的最终消费需求。只有这样,才能够既有利于促进经济稳定增长,又有利于缓解内需结构失衡的问题,除此之外,还能够尽可能地降低扩张财政政策可能带来的挤占私人投资和增加政府债务等等问题。

具体而言,中国目前需要实施的定向扩张财政政策可以包括以下主要措施:第一项主要措施是降低居民税收,提升居民可支配收入;第二项主要措施是增加向低收入者的转移支付,提升低收入者的购买能力。

(三)适度强化资本项目管制

适度强化资本项目管制,是均衡经济增长的辅助政策,主要是为了配合定向宽松的货币政策。通过前面的讨论,我们知道定向宽松的货币政策,可以通过定向增加消费领域的流动性,来促进经济稳定增长和缓解内需结构失衡。也就是说,消费领域中的流动性水平关系到定向宽松货币政策的实施效果。在资本项目管制较弱或没有管制的情况下,定向宽松货币政策带来的消费领域流动性的增加,很可能会流出我国,从而大大削弱甚至完全抵消定向宽松货币政策的政策效果。在这种情况下,我们就需要在实施定向宽松货币政策的同时,适度强化资本项目管制,从而抑制因定向宽松的货币政策可能导致的国际短期资本出现失控性流出,确保定向宽松货币政策的实施效果。

(四)优化完善社会保障体系

优化完善社会保障体系,也是均衡经济增长的辅助政策,主要是为了配合定向扩张的财政政策。通过前面的讨论,我们知道定向扩张的财政政策,可以通过定向增加居民消费收入和消费能力,来促进经济稳定增长和缓解内需结构失衡。也就是说,消费领域中居民的收入水平和消费能力关系到定向扩张财政政策的实施效果。在没有优化完善的社会保障体系的情况下,定向扩张的财政政策也能够增加居民可支配收入,引导居民积极消费,扩大国内最终消费需求,促进宏观经济稳定增长,但是其实施效果可能并不能达到理想的状态。在这种情况下,我们就可以在实施定向扩张货币政策的同时,优化完善社会保障体系,促进收入分配的更加公平,增加低收入群体的收入水平,提升低收入群体的消费能力,扩大国内最终消费需求,强化财政政策的实施效果。

二、稳定物价的政策组合

通过本书第二部分的分析可以发现,中国物价水平失衡的主要表现是:通货紧缩压力加大。具体而言,2013年以来,中国的CPI环指数长期徘徊于100左右,并且反复多次出现价格水平环比下降的情况。笔者认为这种情况出现的主要原因包括两个方面:第一,我国目前的最终消费需求不足;第二,前期中央银行为应对房地产市场泡沫而实施的适度紧缩货币政策。一般来说,对于一个高速增长的经济体而言,CPI保持每年3%左右的增长是比较合理的,过高的CPI增长率会导致通货膨胀,过低的CPI增长率可能会导致通货紧缩。如果不加以应对,通货紧缩可能会抑制经济增长,甚至导致经济衰退。因此,笔者认为目前我国促进物价水平实现均衡的中心目标是要防止通货紧缩,具体政策组合如表5.20所示。

表5.20 稳定物价的政策组合

	政策工具	政策目标
主导政策	适度宽松的货币政策	增加流动性,扩大总需求,进而适度提高并稳定物价水平
	适度扩张的财政政策	在不挤占私人消费需求和企业投资需求的情况下,适度增加政府购买,扩大总需求,进而适度提高并稳定物价水平
辅助政策	优化产业结构	通过产业升级,淘汰结构性过剩的产能,减少总供给,进而适度提高并稳定物价水平
	鼓励产品出口	通过鼓励产品出口,消耗结构性过剩的产能,减少国内市场总供给,进而适度提高并稳定物价水平
	优化完善社会保障体系	促进收入分配的更加公平,增加低收入群体的收入水平,提升低收入群体的消费能力,扩大国内最终消费需求,进而适度提高并稳定物价水平

(一)适度宽松的货币政策

正如前文的分析,中国物价水平当前面临着通货紧缩的压力,而其原因主要包括两个方面:第一,我国目前的最终消费需求不足;第二,前期中央银行为应对房地产市场泡沫而实施的适度紧缩货币政策。在这种情况下,通过适度宽松的货币政策来增加经济体中的流动性规模,一方面,能够抵消前期中央银行为应对房地产市场泡沫而实施适度紧缩货币政策带来的负面影响;另一方面,能够扩大总需求,使国内商品市场向供求双均衡状态回归,进而适度提高并稳定物价水平。

具体而言,中国目前需要实施的适度宽松货币政策应该尽量以定向宽松的货币政策为主,因为适度宽松的货币政策与定向宽松的货币政策是兼容的,定向宽松货币政策的内涵小于适度宽松货币政策,实施定向宽松货币政策既能够起到适度宽松货币政策的作用,又能够避免无差异适度宽松货币政策可能会导致的负面影响。需要注意的是,应对通货紧缩压力应尽量避免直接的价格管制。虽然价格管制在一定程度上能起到提升市场信心的作用,但是它也会造成市场扭曲、价格失灵、影响社会资源配置的严重后果。因此,在应对通货紧缩压力的过程中,应尽量避免直接的价格管制。

(二)适度扩张的财政政策

中国物价水平当前所面临的通货紧缩压力,从本质上看,是中国国内商品市场总供给与总需求的不均衡。由于结构性产能过剩现象的存在,导致目前中国国内商品市场总供给要显著大于总需求,从而促使中国物价水平产生了下行压力。在这种情况下,通过适度扩张的财政政策来增加政府购买,扩大总需求,就能够起到适度提高并稳定物价水平的效果。

具体而言,中国目前需要实施的适度扩张财政政策应该尽量以定向扩张的财政政策为主,因为适度扩张的财政政策与定向扩张的财政政策是兼容的,定向扩张的财政政策的内涵小于适度扩张的财政政策,实施定向扩张的财政政策既能够起到适度扩张的财政政策的作用,又能够避免无差异的适度扩张的财政政策可能会导致的负面影响。需要注意的是,政府在实施适度宽松的财政政策的时候,应该避免挤占私人消费需求和企业投资需求。

(三)优化产业结构

作为一种稳定物价水平的辅助政策,不同于适度宽松的货币政策和适度扩张的财政政策通过影响总需求来间接影响物价水平,优化产业结构是通过影响国内商品市场总供给来间接影响物价水平的。目前,中国国内商品市场总供给与总需求的不均衡,主要是由于结构性产能过剩。在这种情况下,政府可以实施产业结构调整,推动产业升级,来淘汰结构性过剩的产能,减少总供给,进而适度提高并稳定物价水平。需要注意的是,优化产业结构必须要有步骤推进,不能一蹴而就,否则可能会导致经济出现大幅度波动。

(四)鼓励产品出口

作为一种稳定物价水平的辅助政策,不同于适度宽松的货币政策和适度扩张的财政政策通过影响总需求来间接影响物价水平,鼓励产品出口也是通过影响国内商品市场总供给来间接影响物价水平的。具体而言,通过鼓励产品出口,可以为国内结构性过剩的产能找到更广阔的销售市场,从而逐渐消耗国内结构性过剩的产能,减少国内市场总供给,推动国内商品市场的总供给和总需求恢复到均衡状态,进而适度提高并稳定物价水平。

(五)优化完善社会保障体系

作为一种稳定物价水平的辅助政策,优化完善社会保障体系与适度宽松的货币政策和适度扩张的财政政策一样,也是通过影响总需求来间接影响物价水平的。但是,与适度宽松的货币政策和适度扩张的财政政策不同的是,优化完善社会保障体系的作用效果要相对缓慢得多,因此,只能作为一种稳定物价水平的辅助政策。具体而言,通过优化完善社会保障体系来影响物价水平的机理是:通过优化完善社会保障体系能够促进收入分配更加公平,从而增加低收入群体的收入水平,提升低收入群体的消费能力,扩大国内最终消费需求,进而适度提高并稳定物价水平。

三、稳定人民币汇率的政策组合

通过第二部分的分析可以发现,目前人民币汇率失衡的主要表现是:升值与升值压力并存。随着人民币汇率形成机制改革的逐步深化,人民币汇率的波动幅度逐步增长,人民币双向波动的情况越来越明显,但是从一个较长的时期来看,人民币依然表现出明显的升值趋势,并且人民币升值压力并没有随着汇率弹性扩大而明显减弱。具体而言,一方面,人民币表现出长期升值特征;另一方面,人民币升值压力还没有得到完全释放,人民币依然存在较大的升值空间。笔者认为出现这一情况的根本原因,在于人民币汇率与人民币实际价值不对称,人民币币值存在被低估的现象。为了配合我国长期以来以出口为导向的经济发展战略,人民币币值存在被低估的现象,这样做固然有利于出口和拉动经济增长,但是其带来的副作用也不容小视:低估的人民币币值会刺激出口,从而吸引外汇大量流入,外汇的大量流入又反过来给人民币升值形成巨大压力,为了克服这种升值压力,中央银行不得不在外汇市场大量买入外汇,同时抛出人民币,虽然中央银行的行为可以一定程度上抵消人民币升值的压力,但同时又会强化国际投资者对人民币升值的强烈预期,从而又进一步吸引更多外汇的流入,如此反复,人民币升值压力越来越大。在这种情况下,笔者认为我们应该通过多种政策同步组合运用来稳定人民币汇率水平,具体的政策组合如表 5.21 所示。

表 5.21　稳定人民币汇率的政策组合

	政策工具	政策目标
主导政策	增强人民币汇率弹性	进一步扩大人民币汇率波动区间,化解人民币升值预期,削弱人民币升值压力

	政策工具	政策目标
辅助政策	偶尔的外汇供给调节	通过影响中国外汇市场供给来间接影响人民币汇率,以防止人民币汇率偏离实际均衡点的过度异常波动
	适度宽松的财政政策	配合主导政策,扩大国内需求,以抵御人民币汇率波动幅度扩大可能导致的外需冲击
	优化的社会保障体系	配合财政政策,通过提升低收入群体的需求能力来扩大内需,以抵御人民币汇率波动幅度扩大可能导致的外需冲击

(一)增强人民币汇率弹性

增强人民币汇率弹性涉及进一步深化人民币汇率形成机制改革。2005 年 7 月 21 日,人民币汇率制度调整为以市场供求为基础、参考一篮子货币进行调节、有管理的浮动汇率制度。之后,人民币汇率形成机制改革进一步深化的一个重要特征是不断增强人民币弹性,2007 年 5 月 21 日起,银行间即期外汇市场人民币兑美元交易价浮动幅度由 0.3%扩大至 0.5%;2012 年 4 月 16 日起,银行间即期外汇市场人民币兑美元交易价浮动幅度由 0.5%扩大至 1%;2014 年 3 月 17 日起,银行间即期外汇市场人民币兑美元交易价浮动幅度由 1%扩大至 2%。随着人民币汇率弹性的增强,人民币币值持续上升,这表明目前的人民币汇率弹性空间并没有完全释放人民币升值压力。在这种情况下,笔者认为应该通过人民币汇率生成机制改革,进一步增强人民币汇率弹性,让汇率自己去寻找均衡点,从而逐渐削弱升值压力和升值预期。需要注意的是,增强人民币汇率弹性的过程必须是递进的、可控的,以避免人民币汇率波动幅度突然扩大可能导致的负面影响。

(二)偶尔的外汇供给调节

增强人民币汇率弹性并不意味着要完全放弃对人民币汇率的适度管理。通过调节中国外汇交易市场的外汇供给水平来影响人民币汇率,可以作为一种偶尔使用的辅助的政策工具,其主要目的是为了防止人民币汇率偏离实际均衡点的过度异常波动。也就是说,只有当人民币汇率已经出现了过度的异常波动之后，才可以动用外汇储备来进行外汇供给调节。除此之外，当汇率通过市场找到新的均衡点之后，还可以通过偶尔的适度的外汇供给调节，来维持汇率的相对稳定。

（三）适度扩张的财政政策

通过实施增强人民币汇率弹性的政策，可能会导致人民币升值，而人民币升值必然会冲击到我国的净出口。因此，实施增强人民币汇率弹性政策必须具备一个前提：中国经济抵御外部冲击的能力已经足够强大。正如本书前面的讨论所指出的，通过适度扩张的财政政策，尤其是减少低收入人群税收来刺激内需，可以提高中国经济抵御外部需求冲击的能力。同时，由于适度扩张的财政政策与定向扩张的财政政策是兼容的，定向扩张的财政政策的内涵小于适度扩张的财政政策，实施定向扩张的财政政策既能够起到适度扩张的财政政策的作用，又能够避免无差异的适度扩张的财政政策可能会导致的负面影响，因此，中国目前需要实施的适度扩张的财政政策应该尽量以定向扩张的财政政策为主。同样需要注意的是，在政府实施适度宽松的财政政策的时候，应该避免挤占私人消费需求和企业投资需求。

（四）优化的社会保障体系

同适度扩张的财政政策一样，优化社会保障体系的目标也是为了通过扩大国内总需求来抵御因人民币汇率波动可能导致的外部需求冲击。具体而言，通过优化完善社会保障体系来辅助稳定人民币汇率的机理是：优化的社会保障体系可以提升低收入群体的可支配收入，从而扩大国内总需求，当国内总需求水平增加以后，就能够减少中国经济对外部需求的依赖程度，进而起到抵御人民币汇率波动幅度扩大可能导致外需冲击的作用。

四、均衡国际收支的政策组合

在现行的国际货币体系下，国际收支可能无法实现绝对平衡或高度平衡,但是国际收支的平衡程度应该控制在一定的合理范围内。由此可见,我国均衡国际收支的目标不应该是绝对平衡的国际收支,而应该是相对平衡的国际收支。笔者认为,国际收支相对平衡的标准,应该是不引发本币的过度升值和贬值、不损害国内经济增长、有利于经济健康平稳发展。

通过前文的分析可以发现,当前中国国际收支失衡的主要表现是经常项目顺差持续扩大,资本与金融项目逆差过大。随着中国资本项目开放的逐步推进,以及人民币汇率形成机制改革的继续深化,中国国际收支长期以来的双顺差现象有所改观,主要表现为中国国际收支的资本与金融项目开始出现逆差。然而,中国的国际收支依然存在失衡,主要表现为经常项目顺差持续扩大,以及资本与金融项目逆差过大。从原因来看,笔者认为中国国际收支失衡的原因主要来自于三个方面:第一是经济增长失衡特别是内需结构失衡,由于我国国内最终消费需求乏力,导致经常项目贸易顺差的过度被动增加,从而给国际收支平衡造成了一定的负面影响;第二是国内物价水平失衡,由于国内物价水平失衡和内需规模不足,导致国内经济对经常项目的过度依赖,从而间接影响国际收支的平衡程度;第三是人民币汇率失衡,由于人民币汇率失衡,导致资本与金融项目资金出现了大进大出的现象,从而间接影响国际收支的平衡程度。

总的来看,我国目前的国际收支失衡存在的原因是多方面的,既受到我国经济增长失衡的影响,又受到我国物价水平失衡的影响,还受到人民币汇率失衡的影响。由此可见,国际收支的均衡程度,取决于其他几个目标变量的平衡程度。这表明,国际收支均衡的宏观经济目标与均衡经济增长目标、稳定物价目标和稳定人民币汇率目标是兼容的。基于此,我们就没有必要再专门为调节国际收支而进行特殊的政策选择,单纯以调节国际收支为目标的政策并不可取。因为以前面三个目标为指向的政策组合就能够引导国际收支逐渐走向均衡,因此促进国际收支平衡的政策组合实际上就是上述三个政策目标下的所有政策选择的有机组合，这也是同时实现上述四个目标的一个有效政策组合。

五、主要启示

本节以政策组合理论为指导，深入剖析了我国宏观经济内外失衡的原因，探索了实现中国经济内外均衡发展的有效政策组合。当前中国宏观经济内外失衡主要表现为经济增长、物价水平、人民币汇率和国际收支四个宏观经济变量的失衡。具体而言，中国经济增长失衡现状的主要表现是总量目标超额实现，增长趋势相对放缓，结构平衡有待改善；中国物价水平失衡的主要表现是通货紧缩压力加大；人民币汇率失衡的主要表现是升值与升值压力并存；中国国际收支失衡的主要表现是经常项目顺差持续扩大，资本与金融项目波动过大。

由于内外均衡的各个具体目标之间存在一定的冲突性，为了实现一个特定的目标，我们需要运用互相补充的多个政策工具，才能在改善该特定目标的同时，不对其他相关目标产生负面影响；同时又因为宏观经济内外两方面的经济目标并不是完全冲突的，部分目标之间存在一定程度的兼容，这意味着不同目标下的政策组合可能会存在交集。综合各个具体目标下的政策组合，就是同时实现内外均衡总体目标的一个政策组合。然而，宏观经济是一个动态发展的体系，在不同的发展阶段，宏观经济各个目标之间冲突性和兼容性可能会发生变化，这就意味着不同目标下的政策组合也需要不断调整。

参 考 文 献

[1] Adam K., Billi R. M., "Distortionary Fiscal Policy and Monetary Policy Goals", *Economics Letters*, Vol.122, No.1, 2014.

[2] Ardagna S., "Fiscal stabilizations: When Do They Work and Why", *European Economic Review*, Vol.48, No.5, 2004.

[3] Arrow K. J., Debreu G., "Existence of an Equilibrium for a Competitive Economy", *Econometrica*, Vol.22, No.3, 1954.

[4] Arseneau D.M., Chugh S.K., "Optimal Fiscal and Monetary Policy with Costly Wage Bargaining", *Journal of Monetary Economics*, Vol.55, No.8, 2008.

[5] Aruoba S. B., Chugh S. K., "Optimal Fiscal and Monetary Policy when Money is Essential", *Journal of Economic Theory*, Vol.145, No.5, 2010.

[6] Ball L., Mankiw N. G., Romer D., et al., "The new Keynesian Economics and the Output-Inflation Trade-Off", *Brookings Papers on Economic Activity*, 1988.

[7] Barnett R.C., "Coordinating Macroeconomic Policy in a Simple AK Growth Model", *Journal of Macroeconomics*, No.27, 2005.

[8] Ben-Bassat A., Gottlieb D., "Optimal International Reserves and Sovereign Risk", *Journal of International Economics*, Vol.33, No.3-4, 1992.

[9] Bianchi F., "Evolving Monetary/Fiscal Policy Mix in the United States", *The American Economic Review*, Vol.102, No.3, 2012.

[10] Blake N.S., Fomby T.B., "Threshold Cointegration", *International Economic Review*, Vol.38, No.3, 1997.

[11] Blanchard O. J., Watson M W, "Bubbles, Rational Expectations and Financial Markets", *NBER Working Paper*, 1982, No.0945.

[12] Bordo M.D., Choudhri E.U., "Currency Substitution and the Demand for Money: Some Evidence for Canada", *Journal of Money, Credit and Banking*, Vol.14, No.1, 1982.

[13] Cevik E. I., Dibooglu S., Kutan A. M., "Monetary and Fiscal Policy Interactions: Evidence From Emerging European Economies", *Journal of Comparative Economics*, Vol.42, No.4, 2014.

[14]Chan K.S.,"Consistency and Limiting Distribution of the Least Squares Estimator of a Threshold Autoregressive Model",*The Annals of Statistics*,Vol.21,No.1,1993.

[15]Chetty V.K.,"On Measuring the Nearness of Near-Moneys",*The American Economic Review*,Vol.59,No.3,1969.

[16] Corsetti G., Pesenti P., "Welfare and Macroeconomic Interdependence", *The Quarterly Journal of Economics*,Vol.116,No.2,2001.

[17]Davig T.,Leeper E.M.,"Monetary – Fiscal Policy Interactions and Fiscal Stimulus", *European Economic Review*,Vol.55,No.2,2011.

[18]Davig T.,Leeper E.M.,"Monetary – Fiscal Policy Interactions and Fiscal Stimulus", *European Economic Review*,Vol.55,No.2,2011.

[19]Diba B.T.,Grossman H.I.,"The Theory of Rational Bubbles in Stock Prices",*The Economic Journal*,No.98,1988.

[20]Dixit A.K.,Stiglitz J.E.,"Monopolistic Competition and Optimum Product Diversity", *The American Economic Review*,Vol.67,No.3,1977.

[21]Dornbusch R.,"Expectations and Exchange Rate Dynamics",*Journal of Political Economy*,Vol.84,No.6,1976.

[22]Dosi G.,Fagiolo G.,Napoletano M.,et al.,"Fiscal and Monetary Policies in Complex Evolving Economies",*Journal of Economic Dynamics and Control*,No.52,2015.

[23] Fischer S., "Long-Term Contracts, Rational Expectations, and the Optimal Money Supply Rule ",*The Journal of Political Economy*,Vol.85,No.1,1977.

[24]Fleming J.M.,"Domestic Financial Policies under Fixed and under Floating Exchange Rates",*Staff Papers-International Monetary Fund*,Vol.9,No.3,1962.

[25]Fragetta M., Kirsanova T., "Strategic Monetary and Fiscal Policy Interactions: An Empirical Investigation",*European Economic Review*,Vol.54,No.7,2010.

[26] Frenkel J. A., Jovanovic B., "Optimal International Reserves: A Stochastic Framework",*The Economic Journal*,Vol.91,No.362,1981.

[27]Fukuta Y.,"Rational Bubbles and Non-risk Neutral Investors in Japan",*Japan and the World Economy*,No.8,1996.

[28]Graham B.,"External Financing and Balance of Payments Adjustment in Developing Countries:Getting a Better Policy Mix",*World Development*,Vol.25,No.9,1997.

[29] Hamilton J. D., " On Testing for Self-Fulfilling Speculative Price Bubbles ", *International Economic Review*,Vol.27,No.3,1986.

[30]Hansen A.,*A Guide to Keynes*,New York:McGraw Hill,1953.

[31]Heller H.R.,"Optimal International Reserves",*The Economic Journal*,Vol.76,No.302,1966.

[32] Hicks J. R., " Mr. Keynes and the ' Classics ': *A Suggested Interpretation* ",

Econometrica, Vol.5, No.2, 1937.

[33] Holmes J. M., "Monetary and Fiscal Policies in a General Equilibrium Underemployment Trade Model under Fixed Exchange Rates", *International Economic Review*, Vol.13, No.2, 1972.

[34] Hutchison M. M., Noy I., Wang L, "Fiscal and Monetary Policies and the Cost of Sudden Stops", *Journal of International Money and Finance*, Vol.29, No.6, 2010.

[35] Jeanne O., Ranciere R., "The Optimal Level of International Reserves for Emerging Market Countries: A New Formula and Some Applications", *CEPR Discussion Paper*, No.DP6723.

[36] Kirman A.P., "Pareto as an Economist", In: John Eatwell, Murray Milgate and Peter Newman, eds. *The New Palgrave: A Dictionary of Economics (First Edition)*, London/Basingstoke: Palgrave Macmillan, 1987.

[37] Koustas Z., Serletis A., "Rational Bubbles or Persistent Deviations from Market Fundamentals?", *Journal of Banking & Finance*, No.29, 2005.

[38] Krugman P.R., "Target Zones and Exchange Rate Dynamics", *The Quarterly Journal of Economics*, Vol.106, No.3, 1991.

[39] Krugman P., "The External Triangle: Explaining International Financial Perplexity", http://web.mit.edu/krugman/www/triangle.html, 1998-10-13.

[40] Lehkonen H., "Bubbles in China", *International Review of Financial Analysis*, No.19, 2010.

[41] Leith C., Thadden L., "Monetary and Fiscal Policy Interactions in a New Keynesian Model with Capital Accumulation and Non-Ricardian Consumers", *Journal of Economic Theory*, Vol.140, No.1, 2008.

[42] Lucas R., "Econometric Policy Evaluation: A Critique", In: Brunner K, Meltzer A, eds. *The Phillips Curve and Labor Markets*, Carnegie-Rochester Conference Series on Public Policy. New York: American Elsevier, 1976.

[43] Mahfoudh S., "The Policy Mix in Emerging Countries: The Case of Tunisia", *Procedia-Social and Behavioral Sciences*, Vol.131, No.15, 2014.

[44] Marattin L., Marzo M., Zagaglia P., "A Welfare Perspective on the Fiscal – Monetary Policy Mix: The Role of Alternative Fiscal Instruments", *Journal of Policy Modeling*, Vol.33, No.6, 2011.

[45] Mckinnon R., Ohno K., "The Foreign Exchange Origins of Japan's Economic Slump and Low Interest Liquidity Trap", *The Word Economy*, Vol.24, No.3, 2001.

[46] Miles M. A., "Currency Substitution, Flexible Exchange Rates, and Monetary Independence", *The American Economic Review*, Vol.68, No.3, 1978.

[47] Mundell R.A., "Capital Mobility and Stabilization Policy under Fixed and Flexible Exchange Rates", *The Canadian Journal of Economics and Political Science*, Vol.29, No.4, 1963.

[48]Mundell R.A.,"The Appropriate Use of Monetary and Fiscal Policy for Internal and External Stability",*Staff Papers-International Monetary Fund*,Vol.9,No.1,1962.

[49]Muscatelli V.A.,Tirelli P.,Trecroci C.,"Fiscal and Monetary Policy Interactions: Empirical Evidence and Optimal Policy Using a Structural New-Keynesian Model",*Journal of Macroeconomics*,Vol.26,No.2,2004.

[50]Mussa M.,"The Exchange Rate,the Balance of Payments and Monetary and Fiscal Policy under a Regime of Controlled Floating",*The Scandinavian Journal of Economics*,Vol.78, No.2,1976.

[51] Muth J.F.," Rational Expectations and the Theory of Price Movements ", *Econometrica*,Vol.29,No.3,1961.

[52]Nash J.F.,"Equilibrium Points in N-person Games",*Proceedings of the National Academy of Sciences of the United States of America*,Vol.36,No.1,1950.

[53] Nash J.F., "Non-Cooperative Games", *The Annals of Mathematics*, Vol. 54, No. 2,1951.

[54]Nasir M.,Ahmad A.,Ali A.,Rehman F.,"Fiscal and Monetary Policy Coordination: Evidence from Pakistan", *International Research Journal of Finance and Economics*, No. 35,2010.

[55]Nelson C.R.,Piger J.,Zivot E.,"Markov Regime Switching and Unit-Root Tests", *Journal of Business & Economic Statistics*,Vol.19,No.4,2001.

[56]Obstfeld M.,Rogoff K.,*Foundations of International Macroeconomics*,Massachusetts: The MIT Press,1996.

[57]Obstfeld M.,Rogoff K.,"Exchange Rate Dynamics Redux",*The Journal of Political Economy*,Vol.103,No.3,1995.

[58] Obstfeld M., Rogoff K., " Risk and Exchange Rates ", *NBER Working Paper*, 1998,NO. 6694.

[59] Özatay F., " Sustainability of Fiscal Deficits, Monetary Policy, and Inflation Stabilization:The Case of Turkey",*Journal of Policy Modeling*,Vol.19,No.6,1997.

[60] Papageorgiou D., "Fiscal Policy Reforms in General Equilibrium: The Case of Greece",*Journal of Macroeconomics*,Vol.34,No.2,2012.

[61] Phelps E.S., Taylor J.B., "Stabilizing Powers of Monetary Policy under Rational Expectations",*The Journal of Political Economy*, Vol.85,No.1,1977.

[62]Poloz S.S.,"Currency Substitution and the Precautionary Demand for Money",*Journal of International Money and Finance*,Vol.5,No.1,1986.

[63] Schmitt S., Uribe M., "Optimal Simple and Implementable Monetary and Fiscal Rules",*Journal of Monetary Economics*,Vol.54,No.6,2007.

[64]Solow R.,"A Contribution to the Theory of Economic Growth",*The Quarterly Journal*

of Economics, Vol.70, No.1, 1956.

[65] Swan T., "Longer-Run Problems of the Balance of Payments", In: Arndt H, Corden M, eds, *The Australian Economy: A Volume of Readings*, Melbourne: Cheshire Press, 1963.

[66] Thadden L., "Active Monetary Policy, Passive Fiscal Policy and the Value of Public Debt: Some Further Monetarist Arithmetic", *Journal of Macroeconomics*, Vol.26, No.2, 2004.

[67] Thomas L.R., "Portfolio Theory and Currency Substitution", *Journal of Money, Credit and Banking*, Vol.17, No.3, 1985.

[68] Tirole J., "Asset Bubbles and Overlapping Generations", *Econometrica*, Vol.53, No.5, 1985.

[69] Tong H., "On a Threshold Model", In: Chen C, eds., *Pattern Recognition and Signal Processing*, Amsterdam: Sijthoff & Noordhoff, 1978.

[70] Tong H., "Threshold Models in Non-linear Time Series Analysis", In: Brillinger D, Fienberg S, Gani J, Hartigan J, Krickeberg K, eds, *Lecture Notes in Statistics*, New York: Springer-Verlag, 1983.

[71] Tong H., Lim K.S., "Threshold Autoregression, Limit Cycles and Cyclical Data", *Journal of the Royal Statistical Society*, Vol.42, No.3, 1980.

[72] Tsay R.S., "Testing and Modeling Multivariate Threshold Models", *Journal of the American Statistical Association*, Vol.93, No.443, 1998.

[73] Tsay R.S., "Testing and Modeling Threshold Autoregressive Processes", *Journal of the American Statistical Association*, Vol.84, No.405, 1989.

[74][法]莱昂·瓦尔拉斯:《纯粹经济学要义》,蔡受百译,商务印书馆1989年版。

[75][荷]简·丁伯根:《经济政策:原理与设计》,张幼文译,商务印书馆1988年版。

[76][美]克鲁格曼、奥博斯菲尔德:《国际经济学:理论与政策》(英文版),清华大学出版社2008年版。

[77][美]罗纳德·麦金龙、[日]大野健一:《美元与日元:化解美日两国的经济冲突》,王信、曹莉译,远东出版社1999年版。

[78][美]特里芬:《黄金与美元危机——自由兑换的未来》,陈尚霖、雷达译,商务印书馆1997年版。

[79][日]三木谷良一:《日本泡沫经济的产生、崩溃与金融改革》,《金融研究》1998年第6期。

[80][英]马歇尔:《经济学原理》(下卷),朱志泰译,商务印书馆1964年版。

[81][英]希克斯:《价值与资本》,薛蕃康译,商务印书馆1982年版。

[82][英]亚当·斯密:《国民财富的性质和原因的研究》(下卷),郭大力、王亚南译,商务印书馆1983年版。

[83][英]约翰·梅纳德·凯恩斯:《就业、利息和货币通论》,高鸿业译,商务印书馆1999年版。

[84][英]詹姆斯·米德:《国际经济政策理论(第一卷):国际收支》,李翀译,首都经济贸易大学出版社 2001 年版。

[85]巴曙松、吴博、朱元倩:《汇率制度改革后人民币有效汇率测算及对国际贸易、外汇储备的影响分析》,《国际金融研究》2007 年第 4 期。

[86]蔡思复:《财政、货币与外贸政策新运作》,《管理世界》2003 年第 3 期。

[87]蔡一珍、郑榕:《论财政政策与汇率政策——兼论开放经济条件下的内外部均衡及其政策搭配》,《南开经济研究》1999 年第 4 期。

[88]陈传兴:《对内外经济失衡调节及其政策搭配的思考》,《国际贸易》2008 年第 11 期。

[89]陈红:《蒙代尔—弗莱明模型的中国适用性》,《财经科学》1998 年第 5 期。

[90]陈江生:《"泡沫经济"形成的原因分析》,《世界经济》1996 年第 3 期。

[91]陈景耀:《对近期财政政策与货币政策若干问题的研究》,《管理世界》2001 年第 1 期。

[92]陈浪南、刘宏伟:《我国经济周期波动的非对称性和持续性研究》,《经济研究》2007 年第 4 期。

[93]陈煜明、阳建辉:《货币财政政策的区域差异效应:基于交互效应 SVAR 的实证》,《江西财经大学学报》2015 年第 1 期。

[94]陈志龙、黄余送:《M-F 模型:理论发展及其对中国的政策启发》,《江苏社会科学》2007 年第 4 期。

[95]陈智君:《在新开放经济宏观经济学框架下重新解读"三元悖论"》,《西安交通大学学报(社会科学版)》2008 年第 6 期。

[96]程实:《基于均衡视角的财政货币政策搭配研究》,复旦大学博士学位论文,2007 年。

[97]丛明:《宏观经济形势与宏观调控政策取向分析》,《财贸经济》2007 年第 1 期。

[98]崔建军:《财政、货币政策作用空间的历史变迁及其启示——基于中国财政、货币政策实践》,《经济学家》2008 年第 3 期。

[99]崔维:《90 年代美国财政政策与货币政策的协调配合》,《世界经济》1999 年第 3 期。

[100]党印、汪洋:《全球经济失衡的触发机制及中美两国的政策选择》,《国际经贸探索》2009 年第 4 期。

[101]董继华:《汇率、贸易弹性和经常账户》,《数量经济技术经济研究》2008 年第 3 期。

[102]段宗志:《IS-LM 模型与制约当前我国宏观经济政策效果的因素分析》,《统计研究》2003 年第 9 期。

[103]方红生:《一个解释中国通货膨胀的可行框架:1981—2006》,《财贸研究》2008 年第 6 期。

[104]冯维江、何帆:《日本股市与房地产泡沫起源及崩溃的政治经济解释》,《世界经济》2008年第1期。

[105]高坚、杨念:《中国的总供给—总需求模型:财政和货币政策分析框架》,《数量经济技术经济研究》2007年第5期。

[106]龚六堂、邹恒甫:《财政政策、货币政策与国外经济援助》,《经济研究》2001年第3期。

[107]龚敏、李文溥:《中国经济波动的总供给与总需求冲击作用分析》,《经济研究》2007年第11期。

[108]郭洪仙、李晓峰:《我国外汇储备增长原因及变动趋势研究》,《财经研究》2004年第5期。

[109]郭庆旺、赵志耘:《不同汇率制度下的财政货币政策的有效性》,《财贸经济》2000年第2期。

[110]郭晔:《货币政策与财政政策的分区域产业效应比较》,《统计研究》2011年第3期。

[111]何刚:《论开放经济下我国经济内部外部平衡的协调》,《经济评论》2000年第6期。

[112]何振一:《财政政策与货币政策协调配合问题》,《经济研究》1987年第12期。

[113]胡鞍钢:《我国通货紧缩的特点、成因及对策》,《管理世界》1999年第3期。

[114]黄德权:《加入基尼系数的IS-LM模型分析——收入分配因素影响宏观经济的模型分析》,《经济评论》2008年第1期。

[115]黄飞雪、李成:《汇改前后人民币实际汇率对外汇储备增长的非线性影响的实证研究》,《国际贸易问题》2011年第4期。

[116]黄梅波、熊爱宗:《论人民币国际化的空间和机遇》,《上海财经大学学报》2009年第2期。

[117]黄寿峰、陈浪南:《人民币汇率、升值预期与外汇储备相关性研究》,《管理科学学报》2011年第3期。

[118]黄余送、梅鹏军:《开放条件下大国财政和货币政策组合分析》,《经济社会体制比较》2007年第1期。

[119]黄志刚:《关于Robert Mundell模型和T.Swan模型的修正与拓展》,《数量经济技术经济研究》2001年第11期。

[120]贾俊雪、郭庆旺:《财政支出类型、财政政策作用机理与最优财政货币政策规则》,《世界经济》2012年第11期。

[121]简志宏:《基于DSGE模型的货币政策和财政政策联动机制研究》,华中科技大学博士学位论文,2013年。

[122]江其务:《财政与货币政策协调机制的再构造》,《金融研究》1996年第7期。

[123]姜波克、李心丹:《货币替代的理论分析》,《中国社会科学》1998年第3期。

［124］姜波克:《开放经济下的宏观调控和政策搭配研究设想》,《复旦学报(社会科学版)》1998年第1期。

［125］姜波克:《开放经济下的货币调控和政策搭配》,《中国社会科学》1995年第6期。

［126］焦武、许少强:《中国国际收支失衡与战略性政策调节研究》,《财贸经济》2007年第11期。

［127］靳晓婷、张晓峒、栾惠德:《汇改后人民币汇率波动的非线性特征研究——基于门限自回归TAR模型》,《财经研究》2008年第9期。

［128］瞿晓华:《日美外交博弈下的日元升值与泡沫经济》,《国际观察》2008年第4期。

［129］雷强、郭白滢、雷敏:《人民币与国际汇率的非线性特征研究》,《科学技术与工程》2009年第3期。

［130］类承曜、谢觐:《我国财政货币政策为什么要协调配合:一个完全信息条件下的财政货币政策博弈模型》,《经济科学》2007年第2期。

［131］李春琦:《论财政政策与货币政策的有效搭配》,《当代财经》2001年第1期。

［132］李稻葵、刘霖林:《人民币国际化:计量研究及政策分析》,《金融研究》2008年第11期。

［133］李婧、管涛、何帆:《人民币跨境流通的现状及对中国经济的影响》,《管理世界》2004年第9期。

［134］李俊久、田中景:《泡沫经济前后日本宏观经济战略的调整》,《现代日本经济》2008年第3期。

［135］李俊芸、黎志刚:《财政政策与货币政策配套问题研究》,《财经理论与实践》1999年第6期。

［136］李茂生、柏冬秀:《关于目前宏观经济政策选择的若干问题》,《财贸经济》1999年第5期。

［137］李晓西、杨琳:《虚拟经济、泡沫经济与实体经济》,《财贸经济》2000年第6期。

［138］李亚芬:《日元升值对经济影响的综合分析》,《国际金融研究》2008年第11期。

［139］李颖:《基于我国内需结构失衡的财政货币政策协调配合研究》,天津财经大学博士学位论文,2009年。

［140］李众敏:《日本泡沫经济崩溃及其启示》,《国际经济评论》2008年第1期。

［141］凌星光:《试论人民币升值和中国国际货币战略》,《管理世界》2002年第1期。

［142］刘贵生、高士成:《我国财政支出调控效果的实证分析——基于财政政策与货币政策综合分析的视角》,《金融研究》2013年第3期。

［143］刘金全、刘志刚、于冬:《我国经济周期波动性与阶段性之间关联的非对称性检验——Plucking模型对中国经济的实证研究》,《统计研究》2005年第8期。

［144］刘金全、隋建利、闫超:《金融危机下我国经济周期波动态势与经济政策取向》,《中国工业经济》2009 年第 8 期。

［145］刘金全、王大勇:《经济增长的阶段性假说和波动性溢出效应检验》,《财经研究》2003 年第 5 期。

［146］刘金全、郑挺国、隋建利:《人民币汇率与均衡水平偏离的动态非对称调整研究》,《南方经济》2007 年第 11 期。

［147］刘力臻、徐奇渊:《日本经济扩张性财政政策、货币政策双失效的新 IS-LM 模型分析》,《日本学论坛》2002 年第 3 期。

［148］刘力臻:《人民币国际化的独特路径及发展前景》,《华南师范大学学报(社会科学版)》2010 年第 1 期。

［149］刘荣茂、何亚峰、黄烁:《人民币汇率波动对我国国际收支调节的有效性分析》,《金融研究》2007 年第 4 期。

［150］刘溶沧:《关于财政—货币政策协调配合的两个问题》,《财贸经济》1996 年第 7 期。

［151］刘溶沧:《扩大内需的财政—货币政策运用:经验、启示和进一步的对策探讨》,《财贸经济》1999 年第 7 期。

［152］刘尚希、焦建国:《转轨经济背景下的财政—货币政策协调》,《管理世界》2000 年第 2 期。

［153］刘潭秋:《人民币实际汇率的非线性特征研究》,《数量经济技术经济研究》2007 年第 2 期。

［154］刘晓薇:《我国宏观经济政策效应的经济学分析》,《当代经济研究》2003 年第 11 期。

［155］刘晓喆:《米德冲突:国际经验与中国面临的难题》,上海社会科学院博士学位论文,2008 年。

［156］柳欣、王晨:《内生经济增长与财政、货币政策——基于 VAR 模型的实证分析》,《南开经济研究》2008 年第 6 期。

［157］卢锋:《中国国际收支双顺差现象研究:对中国外汇储备突破万亿美元的理论思考》,《世界经济》2006 年第 11 期。

［158］卢向前、戴国强:《人民币实际汇率波动对我国进出口的影响:1994—2003》,《经济研究》2005 年第 5 期。

［159］陆前进:《人民币升值条件下我国宏观经济内外均衡的控制》,《上海财经大学学报》2007 年第 4 期。

［160］雒敏、聂文忠:《财政政策、货币政策与企业资本结构动态调整——基于我国上市公司的经验证据》,《经济科学》2012 年第 5 期。

［161］马理、巫慧玲、张卓:《货币政策与财政政策的区域效应研究——基于中国 31 个省级面板数据的 PVAR 模型分析》,《财经理论与实践》2013 年第 6 期。

[162]马娴:《从实证角度看中国外汇储备规模与汇率的关系》,《世界经济研究》2004年第7期。

[163]毛定祥:《我国货币政策财政政策与经济增长关系的协整性分析》,《中国软科学》2006年第6期。

[164]米建国、宋光茂、张承惠:《财政政策与货币政策协调配合的问题及对策》,《管理世界》1996年第5期。

[165]潘成夫:《人民币升值预期下的我国外汇储备增长实证分析》,《生态经济》2006年第9期。

[166]逄淑梅、陈浪南、刘劲松:《开放型经济下我国宏观需求调控模式研究——两国模型》,《南开经济研究》2015年第1期。

[167]彭志龙、赵春萍、张冬佑:《当前财政政策与货币政策的搭配与协调》,《山西财经大学学报》2003年第6期。

[168]盛斌:《汇率超调、预期冲击和蒙代尔—弗莱明模型》,《经济科学》2001年第2期。

[169]司春林、王安宇、袁庆丰:《中国IS-LM模型及其政策含义》,《管理科学学报》2002年第1期。

[170]苏剑:《IS-LM模型中的政策效果分析:一个重新表述》,《经济科学》1998年第3期。

[171]孙华妤:《浅议财政政策与货币供给的关系》,《经济纵横》1998年第6期。

[172]唐晓彬:《Markov机制转换的状态空间模型及其在我国经济周期中的应用研究》,《统计研究》2010年第2期。

[173]田国强:《为什么中国的宏观调控政策仍未达到预期目的?》,《国际经济评论》1999年第6期。

[174]王彬、马骁、张明:《现行宏观政策分析与改进措施》,《财经科学》2000年第1期。

[175]王建军:《Markov机制转换模型研究——在中国宏观经济周期分析中的应用》,《数量经济技术经济研究》2007年第3期。

[176]王经绫、周小付:《论债务政策的政策定位——兼谈与财政政策和货币政策的协调》,《中南财经政法大学学报》2014年第2期。

[177]王松奇:《论货币政策与财政政策的配合》,《山西财经学院学报》1987年第5期。

[178]王文甫、明娟:《总需求、总供给和宏观经济政策的动态效应分析——AD-AS模型能很好地匹配中国的数据吗?》,《统计研究》2009年第8期。

[179]王文甫:《财政政策与货币政策对经济增长的影响及其相互协调》,《统计与决策》2007年第6期。

[180]王义中、金雪军:《汇率升值、紧缩性政策与经济波动——中国经济会重蹈日本

覆辙吗?》,《金融研究》2009 年第 2 期。

[181]王玉平:《我国货币政策与财政政策的协调配合》,《统计研究》2000 年第 2 期。

[182]王允贵:《"广场协议"对日本经济的影响及启示》,《国际经济评论》2004 年第 1 期。

[183]吴骏、周永务、王俊峰:《对蒙代尔—弗莱明模型的修正——中国经济增长对人民币汇率作用机制》,《数量经济技术经济研究》2006 年第 6 期。

[184]吴少新、许文卿:《货币政策与财政政策协调配合的现实思考》,《财贸经济》1988 年第 9 期。

[185]伍端翌:《人民币升值压力下的政策搭配——基于 Mundell-Fleming 模型的探讨》,《财经科学》2008 年第 11 期。

[186]席克正、丛树海:《宏观经济中财政政策与货币政策的选择》,《财经研究》1993 年第 5 期。

[187]谢赤、戴克维、刘潭秋:《基于 STAR 模型的人民币实际汇率行为的描述》,《金融研究》2005 年第 5 期。

[188]谢建国、陈漓高:《人民币汇率与贸易收支》,《世界经济》2002 年第 9 期。

[189]徐长生、苏应蓉:《从新斯旺模型看我国利率与汇率政策的组合》,《国际金融研究》2006 年第 12 期。

[190]徐晓光:《我国宏观经济调控政策实证分析》,《数量经济技术经济研究》2003 年第 8 期。

[191]许经勇:《我国宏观经济调控政策的回顾与思考》,《财经研究》2003 年第 2 期。

[192]许雄奇、张宗益:《财政赤字、金融深化与通货膨胀——理论分析和中国经验的实证检验(1978—2002)》,《管理世界》2004 年第 9 期。

[193]晏露蓉、姜杰、黄素英、陆正来:《关于财政政策影响货币运行的实证研究——从我国货币当局资产负债表看财政货币政策的相关性》,《金融研究》2008 年第 6 期。

[194]杨帆:《财政手段与货币手段功能混淆》,《财经研究》1996 年第 9 期。

[195]姚枝仲、何帆:《经济增长继续高涨,货币政策应及时退出》,《国际经济评论》2010 年第 1 期。

[196]易行健:《人民币实际有效汇率波动对外汇储备影响的实证研究:1996—2004》,《数量经济技术经济研究》2007 年第 2 期。

[197]虞关涛:《近年来美国的政策搭配及其当前新动向》,《金融研究》1986 年第 7 期。

[198]袁钢明:《日本经济泡沫兴败及其对中国经济的启示——兼论日元升值的正面影响》,《国际经济评论》2007 年第 4 期。

[199]张礼卿:《应该如何看待人民币的国际化进程》,《中央财经大学学报》2009 年第 10 期。

[200]张卫平:《购买力平价非线性检验方法的进展回顾及其对人民币实际汇率的应

用》,《经济学(季刊)》2007 年第 4 期。

[201]张旭华:《台湾经济增长的周期和前景:一项基于 Markov 转换模型的实证研究》,《亚太经济》2006 年第 2 期。

[202]张延:《对 IS-LM 模型中政策效力分析的再研究》,《经济科学》1999 年第 3 期。

[203]张瀛:《金融市场、商品市场一体化与货币、财政政策的有效性——基于 OR 分析框架的一个模型与实证》,《管理世界》2006 年第 9 期。

[204]张志超、王聪:《反通货紧缩和刺激内需的宏观经济政策体系》,《南开经济研究》2000 年第 3 期。

[205]张志栋、靳玉英:《我国财政政策和货币政策相互作用的实证研究——基于政策在价格决定中的作用》,《金融研究》2011 年第 6 期。

[206]章和杰、何彦清:《财政政策与货币政策对国民收入的影响分析》,《统计研究》2011 年第 5 期。

[207]章和杰:《转型期实现内外均衡的政策搭配研究》,《同济大学学报(社会科学版)》2002 年第 3 期。

[208]赵海宽:《人民币可能发展成为世界货币之一》,《经济研究》2003 年第 3 期。

[209]赵丽芬、李玉山:《我国财政货币政策作用关系实证研究——基于 VAR 模型的检验分析》,《财经研究》2006 年第 2 期。

[210]赵儒煜:《两个平衡的最佳目标与政策搭配——评西方经济学家关于内外两个平衡的传统理论》,《吉林大学社会科学学报》1994 年第 3 期。

[211]赵雪恒:《我国财政政策与货币政策的实践及启示》,《当代经济科学》1995 年第 5 期。

[212]赵莹、张华新、刘海莺:《紧缩性货币政策复出的必要性分析》,《财经科学》2008 年第 2 期。

[213]郑超愚、陈景耀:《政策规则、政策效应、政策协调:现阶段中国货币政策取向研究》,《金融研究》2000 年第 6 期。

[214]钟伟:《人民币在周边国家流通的现状、问题及对策》,《管理世界》2008 年第 1 期。

[215]周见:《对日本泡沫经济的再思考》,《世界经济》2001 年第 7 期。

[216]周林薇:《从日本股市暴跌看泡沫经济的特征》,《世界经济》1993 年第 2 期。

[217]朱军:《我国财政政策和货币政策规则选择与搭配研究》,《广东财经大学学报》2014 年第 4 期。

[218]朱萍:《我国当前财政货币政策搭配方式的选择》,《财经研究》1990 年第 1 期。